SPAN
299.93
PIE

APR 2 5 2012

ENCONTRANDO A DIOS

DATE DUE

AUG 1 6 2012			
OCT 0 8 2012			
FEB 0 1 2014			
FEB 0 1 2014			
SEP 2 9 2014			
NOV 2 0 2015			
APR 2 6 2017			
2 8			

Demco, Inc. 38-293

ENCONTRANDO A DIOS EN MI INTERIOR

Eva Pierrakos
Donovan Thesenga

◆

Supervisión editorial
Andrés Leites

EDITORIAL
PAX MÉXICO

EL LIBRO MUERE CUANDO LO FOTOCOPIAN

Amigo lector:

La obra que usted tiene en sus manos es muy valiosa, pues el autor vertió en ella conocimientos, experiencia y años de trabajo. El editor ha procurado dar una presentación digna a su contenido y pone su empeño y recursos para difundirla ampliamente, por medio de su red de comercialización.

Cuando usted fotocopia este libro, o adquiere una copia "pirata", el autor y el editor dejan de percibir lo que les permite recuperar la inversión que han realizado, y ello fomenta el desaliento de la creación de nuevas obras.

La reproducción no autorizada de obras protegidas por el derecho de autor, además de ser un delito, daña la creatividad y limita la difusión de la cultura.

Si usted necesita un ejemplar del libro y no le es posible conseguirlo, le rogamos hacérnoslo saber. No dude en comunicarse con nosotros.

EDITORIAL PAX MÉXICO

Título de la obra en inglés: *Surrender to God Within. Pathwork at the Soul Level.*
Publicada por PATHWORK PRESS Madison, Virginia, EUA.

TRADUCCIÓN: Janet Dondish
EDICIÓN LITERARIA: Matilde Schoenfeld
PORTADA: Patricia Reyes Baca

© 1997 The Pathwork Foundation, Inc.
© 2001 Editorial Pax México, Librería Carlos Cesarman S.A.
     Av. Cuauhtémoc 1430
     Col. Santa Cruz Atoyac
     México D.F. 03310
     Teléfono: 5605 7677
     Fax: 5605 7600
     Correo electrónico: editorialpax@editorialpax.com
     Página web: www.editorialpax.com

Segunda reimpresión
ISBN 968-860-437-2
Reservados todos los derechos
Impreso en México / *Printed in Mexico*

Las personas interesadas en otros textos o en cursos
del Método Pathwork pueden dirigirse a esta editorial

Prólogo

Imagina un tiempo en donde todo es uno: el tiempo previo a la gran explosión que inició nuestro Universo.

En este tiempo que precedió al tiempo, todo en el plano físico, toda materia y energía era uno. En este tiempo que fue el inicio del tiempo, todo en el plano espiritual era uno también.

Ahora imagina que la explosión que inicia el tiempo genera una división de la unidad que se transforma en multiplicidad en el plano físico —y un impulso paralelo crea una división igualmente poderosa en el plano espiritual.

Llama al plano físico Universo.

Llama al plano espiritual Dios.

En el tiempo en que el tiempo empezó, la materia y la energía parecían ser diferentes una de la otra. El Universo se dispersó infinitamente. Este tiempo en que el tiempo empezó también trajo un estado en el que las almas de todos los seres parecían ser diferentes una de la otra. Dios se dispersó infinitamente.

La gran explosión que llevó a una aparente multiplicidad produjo innumerables dualidades aparentes. En toda apariencia exterior, los seres humanos viven en este mundo de dualidad. En esta existencia en el plano material encontramos, por ejemplo, que la vida es opuesta a la muerte, y que ser femenina es no ser masculino; que buscar la luz es dejar la obscuridad, y que arriba puede ser abajo solamente en los sueños.

Ahora, con las investigaciones de nuestros físicos, hemos llegado a saber que la materia y la energía son una, y son formas intercambiables. Hemos aprendido que la onda más leve en cualquier parte del Universo afecta a cualquier otra partícula de materia y onda de energía en todo el Universo.

Sabemos también, profundamente en nuestras almas, que todas las piezas de Dios son una en esencia, y cualquier movimiento que alguno de nosotros hace hacia una realización más profunda de nuestra Divinidad, afecta en todas partes a todas las otras partículas de Dios.

Ahora podemos entender nuestro viaje como un moverse de la unidad original a la multiplicidad fragmentada y regresar a la unidad consciente. Ya que aunque la unidad esencial de toda la materia, de toda la energía y de todo espíritu nunca ha cambiado, nuestra tarea como seres humanos es construir los puentes, hacer el trabajo necesario para trascender la ilusión de estar separados y solos. La cosecha de este trabajo será una vida vivida en un estado de conciencia de unidad, en medio de una aparente multiplicidad.

Esta es la conciencia de unidad de la que estamos sedientos, que buscamos y podemos encontrar en nuestro viaje aquí en la Tierra.

Donovan Thesenga

Reconocimientos

Jan Fowler leyó todo el manuscrito y dio sugerencias para mejorarlo, especialmente ayudándome con las piezas introductorias.

Karen Millnick hizo un trabajo de diseño de manera amorosa y amable.

Judith Saly contribuyó con el glosario.

Gene Humphrey fue un editor cálido y dio todo su apoyo.

Jack Clarke y David Wagner ofrecieron muchas sugerencias útiles.

Los miembros de la Fundación Pathwork pagaron los gastos.

Susan Thesenga frecuentemente me aseguraba que este trabajo era realmente valioso y que un día sería terminado.

Donovan Thesenga

Introducción 1
"Pathwork en el lenguaje del alma"

El lector se preguntará por qué decimos que este libro trata de "Pathwork en el lenguaje del alma", y es justo definir a qué nos referimos con ello.

La búsqueda espiritual ya no es solamente el terreno de los peregrinos errantes y de los monjes solitarios. Muchas personas se han embarcado en el viaje de conocerse a ellas mismas de manera más profunda, y de aprender de la experiencia cómo enriquecer sus vidas, tanto internamente como hacia el exterior. Al principio, la meta consciente para la mayoría de las personas es aprender simplemente cómo sentirse mejor y cómo vivir una vida más efectiva y plena. Aquellos que están involucrados en la búsqueda interior ya han aprendido que esto debe lograrse, no ganando más dinero o cambiando a la pareja por una mejor, sino explorando más profundamente nuestras mentes y nuestros sentimientos —nuestras creencias, esperanzas, sueños, concepciones erróneas y miedos.

Entonces luchamos por encontrar una terapia que nos funcione; por encontrar un camino que lleve a donde necesitamos ir. La gran y maravillosa variedad de caminos y de terapias disponibles es un testamento a la diversidad de seres humanos y al valor de su búsqueda. Supongamos que a su tiempo encontramos que nuestros esfuerzos han dado fruto y que realmente aprendemos a conocernos a nosotros mismos más profundamente y que sigue un grado mayor de sabiduría y felicidad. ¿Qué entonces? Algunos pueden elegir parar ahí. Otros, sienten que su camino aún continúa.

Después de lo que frecuentemente significa muchos años de trabajo en uno mismo, el buscador llega a un umbral que lo lleva a una manera totalmente nueva de trabajar. Cruzar este umbral requiere un cambio profundo de perspectiva, no sólo en el trabajo sino en toda nuestra concepción del ser. En este punto, el trabajo se vuelve específicamente más espiritual, y requiere aprender una nueva relación con el concepto y la experiencia de entregarse. Estaremos explorando este umbral y el cambio que nos pide.

Entonces, este libro no es principalmente sobre el *crecimiento personal* en el sentido usual. No se trata acerca de disolver neurosis o mejorar la personalidad. El cambio hacia la entrega no es un proceso principalmente emocional, y no involucra estar más en contacto con nuestros sentimientos. Tiene poco o nada que ver con sanar las heridas de la infancia.

¿Entonces, qué es este trabajo? Es aprender cómo entregarse a Dios y a la voluntad de Dios. Aprender cómo alinearse con Dios. Aprender cómo tener todas mis moléculas, todos mis pensamientos y sentimientos en armonía con lo Divino. Este es un trabajo espiritual, opuesto al psicológico o emocional. Este libro está dirigido a aquellos que ya han realizado una gran cantidad de trabajo en los niveles anteriores y que ahora están listos para el siguiente paso.

En un sentido, este libro es una invitación paradójica a soltar todo el trabajo anterior, lo cual no significa nulificar la importancia de dicha preparación, ya que aprender cómo desconectarnos de nuestras neurosis dañinas y cómo reclamar más sabiduría y felicidad son metas nobles y prerequisitos esenciales. El trabajo realizado para obtener estas metas ha envuelto indudablemente un esfuerzo serio en examinar y transformar los bloqueos internos y las distorsiones, y hacer los cambios externos necesarios en nuestras vidas y hábitos.

Sin embargo, la premisa que aquí exploramos es que el verdadero trabajo espiritual requiere un cambio completo de perspectiva. Trae un nuevo entendimiento radical del ser y del mundo, que no siempre es placentero o satisfactorio; que quizás no dé, por un largo tiempo, resultados externos placenteros. El trabajo espiritual significa soltar sin miedo cualquier meta o expectativas —aún las más anheladas, como encontrar una pareja o mejorar nuestra salud— y simplemente entregarse a la voluntad de Dios. Esta entrega necesita una base de salud mental y emocional que puede ser en verdad, difícil de obtener. Pero el trabajo de entregarse toma lugar en un nivel nuevo, diferente, con la fe en que esto por si sólo —y no algún deseo o agenda del "pequeño yo"— es lo que guiará y le dará poder a nuestras vidas en lo sucesivo.

Deseo remarcar que esto es un cambio *radical* de énfasis y de dirección. Es posible que lean este libro una vez y que equivocadamente crean que lo entienden por completo. Y de pronto, al continuar su camino (posiblemente más de una vez) sientan que caen a través de lo que pensaban era un piso y se sientan perdidos y desarraigados por un tiempo, hasta que encuentren un nuevo piso. O, para cambiar la metáfora, pueden creer que han llegado a lo que suponían sería la última meta, y descubrir, parados en la cima de la montaña, que ahora alcanzan a ver un nuevo y vasto rango de montañas para escalar.

▼ *Etapas en el trabajo interior* ▼

Frecuentemente, es de gran ayuda pensar que este trabajo interior ocurre en etapas o ciclos. El trabajo empieza poniendo atención al nivel del ser del niño: sanando viejas heridas, liberando episodios infantiles dolorosos. Una vez que el ser del niño es más fuerte y más libre, el proceso de crecimiento puede seguir con el trabajo de fortalecer el ego adulto, ayudándole a aprender su papel apropiado, sin ser demasiado dominante. Ya que somos organismos completos, con todos los aspectos de nuestro ser conectados, también es crucial ocuparse en algún tipo de trabajo para relajar y avivar el cuerpo físico. Entonces el trabajo se mueve hacia" afuera" del individuo y se centra en dar armonía y realidad a las relaciones con otros humanos, con la vida no humana y con la Tierra.

Debe notarse que el proceso que cualquiera atraviesa para sanar y transformar el ser nunca es lineal o sistemático. Algunos aspectos de nuestro trabajo personal parecen llegar muy fácilmente, mientras que otras áreas de distorsión más severa y de dolor pueden resurgir y necesitar atención durante años. Sin embargo, el esquema general presentado aquí traza una progresión de sanación y de alineamiento que parece representativa de las experiencias de muchas personas.

▼ El salto al nivel del alma ▼

Solamente después de haber andado un buen trecho en integrar y armonizar nuestras relaciones humanas y terrenales, es cuando el trabajo transpersonal o al nivel del alma, puede comenzar. Es un trabajo cualitativamente diferente. Principalmente, hasta ahora, hemos trabajado al nivel del "ser". Ahora, empezamos a explorar quiénes somos, *más allá* de nuestro ser, aislado y familiar, al que hemos estado tan ocupados intentando sanar. En lugar de trabajar más en quiénes somos, ahora necesitamos trabajar en no ser un yo contenido y aislado —no porque esto sea más noble o más grandioso, sino porque es el requisito para entender e interactuar con los niveles de realidad que ahora encontraremos. Si respondemos a esta invitación de sacrificar al pequeño ser, obtenemos recompensas multiplicadas en miles, con el surgimiento de nuestro ser real. Desde nuestro ser real, podemos construir y sentir nuestra conexión con el amor infinito y con la sabiduría de la realidad espiritual. Al entregarnos más y más a esta vasta realidad, entramos a un estado de unicidad y unidad.

▼ El Pathwork ▼

El material aquí reunido fue originalmente transmitido por Eva Pierrakos en forma de conferencias, y diseñado para presentarse de manera verbal, no escrita. Eva dió 258 conferencias en el curso de veintidós años. Estos conceptos atrajeron a cientos y luego a miles de personas, y la manera de aplicar y de trabajar con estas ideas llegó a conocerse como "el método Pathwork". Ahora existe una red mundial de centros y de grupos de Pathwork en América del norte y del sur, así como Europa y Australia.

A la fecha, han sido publicados tres volúmenes de conferencias del Pathwork, que se ocupan de los niveles psicológicos y emocionales del trabajo*. Este libro se ocupa de la naturaleza de la realidad espiritual, de las maneras en que lo espiritual y lo material interactúan y de quiénes somos al nivel de lo transpersonal.

* *No temas el mal, Del miedo al amor* y *Vivir sin máscaras*, plublicados por esta misma casa editorial.

Mucha de la sabiduría que el lector podrá encontrar en este volumen contradice al sentido común, y esto es de esperarse. Entrar y moverse a lo largo de un verdadero camino de realización espiritual significa sorprenderse profundamente una y otra vez. Esperamos que el lector permita estas sorpresas, que esté abierto y permeable, y que permita que un estado diferente de conciencia emerja al leer.

Introducción II
Cómo usar este libro

Arreglé este libro para que fluya de principio a fin, pero no es necesario leerlo en secuencia desde el principio. Siéntete libre de dejar que tu intuición te lleve al capítulo que será el correcto en el momento. Con el tiempo, supongo que leerás cada uno de los capítulos y que incluso leerás algunos de ellos varias veces.

Las ideas presentadas en la Primera Parte son más "ligeras" que las de las partes posteriores, y su propósito principal es introducir al lector al espíritu de esta enseñanza; establecer el escenario. Pienso que disfrutarás estas conferencias y que te beneficiarás con ellas, pero leerlas no es esencial para un entendimiento del resto del libro.

La declaración teórica principal de este libro se hace en la Introducción de la Tercera Parte, "La gran transición del auto-centrarse al amor". Quizás elijas empezar a leer primero esta sección, si quieres empezar con un resumen de lo que trata este libro, de su contribución principal al entendimiento del camino espiritual.

Muchos de los capítulos contienen recomendaciones específicas para practicar, varios ejercicios de percepción consciente* y diferentes usos para el estado meditativo. Te pido con urgencia que los practiques, en lugar de entenderlos solamente y continuar leyendo.

Las conferencias del Pathwork usan algunas palabras, tales como "imagen" o "ser real", de una manera específica y poco tradicional. Ya que este volumen puede ser el primer libro de Pathwork que hayas leído, he incluido un glosario que define estos términos y que deberá ayudarte a entender más plenamente los conceptos.

Las conferencias que he elegido para este volumen se extienden en un gran lapso de tiempo, de 1957, el primer año en que Eva empezó este trabajo, a 1979 cuando ella murió. Sin embargo, el tono y el mensaje se mantienen maravillosamente consistentes. En el proceso de convertir este material en un libro, hice muchas elecciones a lo largo del camino sobre qué incluir y qué dejar fuera. La idea de reunir las enseñanzas del Pathwork pertenecientes a la espiritualidad y a la entrega y el trabajo de editar y armar estas enseñanzas, escribiendo los pasajes introductorios y elegir un título, fue mía.

Espero que el trabajo de Eva y el mío se combinen en un todo, y que este todo te nutra a lo largo de tu camino de realización plena.

Donovan Thesenga
Sevenoaks
Madison, Virginia

* *Awareness*, en inglés. [N. del T.]

Índice

Prólogo ix
Reconocimiento xi
Introducción I, "Patwork al nivel del Alma" xiii
Introducción II, Cómo usar este libro xxi

PARTE I: EL MUNDO ESPIRITUAL 1

Capítulo 1. El reino de Dios está en el interior 3
   La realidad de la realidad interior, el ser real elige una tarea • Exponer lo inferior revela lo superior • El viaje del alma
Capítulo 2. Eligiendo tu destino 15
   La voluntad de cambiar • La voluntad de meditar
Capítulo 3. La felicidad como un eslabón en la cadena de la vida 28
   Metas egoístas • Yo seré un eslabón en la cadena • La justicia de Dios • Abriendo el inconsciente

PARTE II: LA NATURALEZA DE DIOS 43

Capítulo 4. La imagen de Dios y el Dios que es 47
   El concepto falso de Dios • Disolviendo la imagen de Dios • Dios no es injusto • El concepto verdadero de Dios •

Las eternas leyes divinas • Dios está en ti y crea a través de ti

Capítulo 5. Las etapas de relación a Dios   62
Ser sin conciencia • La etapa de ateísmo • Creciendo más allá del ateísmo • Ser con conciencia • Libre albedrío y predestinación • Las etapas de la oración

PARTE III: LA GRAN TRANSICIÓN DEL AUTO-CENTRARSE AL AMOR   **79**

Capítulo 6. La gran transición en el desarrollo humano   87
Del aislamiento a la unión • Tu no produces tus sentimientos • Dejando la separación

Capítulo 7. El proceso de crecer de la dualidad a la unidad   100
La conciencia dualista y el crecimiento • El plano unificado • Indicaciones de unidad creciente • El error debe desmoronarse

Capítulo 8. El impulso cósmico hacia la unión   113
El miedo del impulso hacia la unión • El placer negativo • Confía en tus instintos

PARTE IV: LA RELACIÓN DEL EGO AL SER REAL   **127**

Capítulo 9. Respondiendo al llamado de la vida   131
¿Te averguenzas de lo que ahora eres? • Necesitas comprometerte completamente • El profundo conflicto del dualismo • No puedes tener lo mejor a menos que lo des • Las dos llaves importantes

Capítulo 10. La verdadera función del ego   149
   La conciencia de nuestros miedos •
   Ignorancia del ser real • El miedo a la vida
   y al placer • La sabiduría y el extasis de la
   fuerza vital • El ego como un sirviente
   apropiado
Capítulo 11. El fenómeno de la conciencia   164
   El pensamiento es energía y tiene sentimiento
   • El estado de sueño profundo • El estado
   de auto-conciencia • La conciencia cósmica •
   El self, los otros y el universo

   PARTE V: TIEMPO: PRE-NATAL Y POST-NATAL   *183*

*Capítulo 12. La relación de la humanidad
   con el tiempo   185*
   Los límites del tiempo • Huyendo del ahora
   • Siguiendo la Ola del tiempo
*Capítulo 13. Despertando de la anestesia
   pre-encarnatoria   198*

   PARTE VI: LOS ESPECIALISTAS, LOS DEMONIOS
      Y LA ESENCIA DEL MAL   *211*

*Capítulo 14. La influencia entre
   el mundo espiritual y el material   215*
   Los especialistas • Tus creaciones
   espirituales • Encarnaciones anteriores
*Capítulo 15. El mal es igual a la energía
   y a la conciencia en distorsión   229*
   El universo es conciencia y energía • El mal
   visto como conciencia y energía, la energía se

condensa en la materia • Voluntarismo, orgullo y miedo • Conflicto y crisis • Destrucción constructiva

Capítulo 16. *Los tres principios del mal* 245
Separación, materialismo, confusión y verdad a medias • El bien y el mal personificados • Los demonios son causa, efecto y medicina • Las leyes gobernando al mal • El oponente de satanás es Critso • La batalla llevada en cada alma

PARTE VII: ACERCÁNDOSE AL ESTADO UNITIVO 267

Capítulo 17. *Tu capacidad para crear* 271
Un mapa hacia tus regiones interiores • Las leyes divinas en distorsión • Convirtiendo lo negativo a positivo • La paciencia de la creación

Capítulo 18. *El sentimiento cósmico* 286
Una experiencia de unidad • Cuatro llaves para el sentimiento cósmico: 1. Entendiendo tu causa y efecto; 2. Sintiendo todos tus sentimientos; 3. Desarrollando intencionalidad positiva; 4. Desarrollando la capacidad para conectar con tu núcleo divino más interno

Capítulo 19. *Jesucristo y el valor* 300
La entrega total a la voluntad de Dios • Salvación • Los espirituales son valientes

Glosario de términos del Pathwork   315
Nota textual   324
Lista de conferencias del Pathwork   326
Lista de centros del Pathwork: mundial   337
Otros títulos del método Pathwork   345

PARTE I

▼

El mundo espiritual

> El ojo con el que veo a Dios
> es el mismo ojo con el que Dios
> me ve.
>
> MEISTER ECKHART

Las tres conferencias en esta sección son de las primeras transmitidas por Eva Pierrakos. Ellas describen verdades espirituales complejas, en un estilo que es, simultáneamente, retador y comprensible.

Aquí aparecen varios conceptos que, repetidamente están entretejidos a lo largo del material principal del Pathwork. Uno es que nosotros, en esta encarnación y en muchas otras, hemos venido a la Tierra con una misión particular, con una tarea de purificación y de transformación. El ser real trae a la encarnación, aspectos de la conciencia separada que deben ser llevados a la unión para que el amor universal pueda florecer. Más aún, esta tarea debe hacerse en la Tierra, con su sufrimiento, injusticia y sus aparentes imperfecciones.

Solamente en este medio, las imperfecciones que tenemos y que necesitan atención, pueden salir a la superficie y ofrecerse para ser sanadas. Cuando sinceramente tomamos y aprendemos a tener fe en esta verdad, somos bendecidos con alegría y un vasto entendimiento.

Otra enseñanza central es la importancia —la necesidad absoluta— de observar todos los aspectos de nosotros mismos, especialmente aquellas partes que nos pueden disgustar. Solamente al exponer y aceptar sin miedo lo negativo en nosotros, podemos transformar y liberar la energía que ello ha estado reteniendo. El poder que resulta de hacer esto va más allá de lo puramente terapéutico. Revelar nuestro lado obscuro y nuestras corrientes destructivas, no solamente nos ayuda a sanar nuestra personalidad —también nos eleva al reino en donde podemos empezar a entregar o soltar nuestra personalidad y alinearnos totalmente con lo Divino. Se nos asegura que entre más hagamos este trabajo que frecuentemente es difícil y doloroso, más ayuda recibimos de aquellos en el mundo espiritual, que constantemente nos guían hacia el cumplimiento de nuestra tarea.

Ahora que empezamos nuestra inmersión en las enseñanzas del Pathwork, los invitamos a continuar, con una mente abierta y con un corazón confiado.

D. T.

▲ 1 ▲

El Reino de Dios está en el interior

Mis queridos amigos, los saludo en el nombre de Dios. Les traigo bendiciones.

Es difícil entender el verdadero significado de la enseñanza de que el Reino de Dios está en el interior de cada uno. Ustedes se imaginan que esto se refiere a un estado de ánimo y por lo tanto, a una cosa irreal que no puede ser entendida. Las personas solamente toman como real aquello que pueden ver y tocar; pero los estados de sentimiento no pueden ser vistos ni tocados. Si les explico que los pensamientos y los sentimientos son formas, quizá les sea un poco más fácil entender que estas formas construyen panoramas y esferas correspondientes. Sin embargo, es posible que esta explicación todavía no les aclare cómo todo esto puede existir en el interior de cada quien. Los seres humanos creen que no hay un espacio interior para esferas y panoramas, y difícil como es explicar esto en palabras, aún quiero intentar ayudarlos a tener una mayor comprensión de los estados espirituales.

El tiempo, en la Tierra, es totalmente diferente de su verdadera realidad en espíritu, y lo mismo ocurre con el espacio. Las dimensiones espaciales como *arriba, abajo, derecha* o *izquierda*, son conceptos que puedes entender en tu hábitat terrenal, pero éstas no existen de esa manera en la dimensión espiritual. Cuando los seres humanos se despojan de sus cuerpos, van hacia dentro de los mundos espirituales, ya que en verdad, todo el Universo está en el interior del ser humano. Esto es un hecho.

Quizás puedas entender este concepto, si te doy un ejemplo, que podría ser insuficiente: piensa que ves a través de unos binoculares por el lado equivocado y todo se ve muy pequeño. Esta pequeña imagen será la realidad, de acuerdo con tu entendimiento limitado. Ahora, puedes hacer la pregunta: ¿cómo es que todo el Universo, con su gran tamaño, puede existir en cada ser humano? Yo te contestaría de la siguiente manera: tu mundo terrenal no es la realidad verdadera, ni siquiera en un sentido figurativo, simbólico; es solamente un reflejo, una imagen en un espejo, una proyección de lo real.

▼ *Lo real de la realidad interior* ▼

Deseo remarcar una vez más: cuando hablo de realidad interior en este contexto, simplemente me refiero a un estado psicológico o emocional. La realidad interior es el amplio y vasto Universo. Tú como personalidad estás parado en el límite. En un lado está el amplio, vasto e interminable espacio interior de la creación divina, en donde existe cualquier estado concebible de conciencia, expresión y condición; y en el otro lado está el vacío exterior que debe ser llenado con conciencia y luz, con amor y vida. Tu cuerpo material es el límite, el estado fronterizo. La conciencia que hay detrás del cuerpo es el agente transportador cuya tarea es llevar la realidad personal interior hacia el vacío. La única dificultad es que aquellos que están en el estado fronterizo frecuentemente olvidan que la realidad interior es el mundo real, o incluso que existe dicho mundo más allá del reino de la materia.

La obscuridad de la mente limitada hace casi imposible concebir que exista un mundo real en tu interior o que exista a través de ti, y que conduzca a una realidad reflejada. Solamente parece real el espacio tridimensional del estado de conciencia. Sin embargo, hasta los físicos de la actualidad saben que la relación tiempo/espacio/movimiento es de una variedad infinita; por lo tanto, el continuo tiempo/espacio/movimiento del mundo de tu estado de conciencia es relativo y es solamente una de muchas posibilidades, en lugar de una "realidad" fija y exclusiva aplicable a todos los estados interiores. Cuando una conciencia humana "muere", lo que realmente sucede es que ésta se retira de su caparazón hacia otro continuo de tiempo/espacio/movimiento, que es el mundo interior.

Estar en el cuerpo, el cual alberga al espíritu, trae una separación. En el momento en que la pared de separación se cae, porque dejan atrás a su cuerpo, el Universo que existe en cada ser humano se unifica —*bajo la condición*, por supuesto, de que se hayan desarrollado lo suficiente para alcanzar los reinos en donde ya no hay separación. Entre más bajo sea el reino en donde se encuentre una entidad —ya sea en el aquí y en el ahora o en el más allá— más radical debe ser la separación.

Así como el tiempo, el espacio y la relación del movimiento con el tiempo y el espacio dentro de tu realidad específica son resultado de un estado de conciencia correspondiente, los panoramas, los objetos, las condiciones, las leyes naturales, la atmósfera y el clima también resultan de estados de conciencia específicos. Así que tu mundo interior es un producto total de tu estado general de conciencia. En este mundo interior, tú estableces contacto con otros cuyo estado general de conciencia se aproxima al tuyo, para compartir un reino de realidad temporal, creado en común. Por supuesto, esto también se aplica a este reino terrenal, con la única diferencia de que los estados interiores se exteriorizan en la Tierra de una manera que frecuentemente hace más difícil discernir la realidad interior.

Tú sabes también que tu propia conciencia no es un estado unificado. Tú consistes de muchos aspectos de conciencia que muchas veces pueden estar en desacuerdo total entre sí y cuyo estado de desarrollo puede variar en gran medida.

▼ *El ser real elige una tarea* ▼

Cuando el *ser real*[1] toma una tarea antes de personificarse, elige llevar consigo ciertos aspectos de la conciencia, si lo puedo decir de esta manera. En el Path recibes ayuda para cumplir esta tarea que tu ser real entendió, la cual es unificar los aspectos desconectados de tu conciencia y también, refinar, reeducar y purificar estos aspectos divergentes. Tu ego, que es tu conciencia exterior activa y determinante, puede elegir buscar un entendimiento de estas conexiones, o evadirlo. Tu conciencia del ego es el límite entre el mundo de luz interior y el vacío exterior. Como dije, cuando la mente humana se enreda en la realidad parcial de la conciencia tridimensional, puede olvidar fácilmente su tarea. Solamente una lucha puede despertarla hacia la conciencia superior. Quizás agregue aquí también que los seres humanos reciben una gran y constante guía espiritual en esta lucha, si únicamente están dispuestos a darse cuenta de la ayuda.

Cuando la mente desconectada olvida la gran verdad de ser, el ser egóico consciente se identifica temporalmente con los aspectos que necesitan reeducación y purificación; como consecuencia, éste pierde el sentido de su identidad verdadera. Este estado, extremadamente doloroso, surge solamente cuando se permite al orgullo, al voluntarismo y al miedo, gobernar a la conciencia. En el momento en que has expuesto, asumido y evaluado de manera

---

[1] Vea el Glosario para la definición de *ser real*.

realista esos aspectos negativos con los que te habías identificado exclusivamente —y por consiguiente luchabas para no ver— cesa este vergonzoso aislamiento y puedes ver entonces dichos aspectos exactamente como lo que son: simples aspectos del ser total.

Por lo tanto, es extremadamente importante en tu Pathwork que te explores a ti mismo y que dejes de esconder tu parte negativa. Porque entre más la escondas, más te pierdes en ella y más crece la desesperación de la ilusión. Solamente cuando tienes el valor y adoptas la humildad para reconocer y exponer una y otra vez tus partes negativas, ocurre el milagro: entonces, ya no te identificarás de manera secreta con aquellas partes tuyas que deseas esconder. Paradójico como parezca a primera vista, entre más expones tu parte destructiva, más conoces tu belleza; entre más expones tu odio interior y todos sus derivados, más sabes sobre tu ya existente estado de amor que entonces puede brillar.

▼ *Exponer lo inferior revela lo superior* ▼

Solamente imagina el increíble y doloroso predicamento en que te pones cuando escondes aquello de lo que más te avergüenzas y temes. Precisamente debido a este ocultamiento intensificas las mismas actitudes que más odias en ti mismo. Las vuelves infinitamente peores al esconder y después te convences cada vez más, en niveles profundos de tu conciencia, de que ellas forman tu ser real. Este círculo vicioso[2] te hace estar más decidido a esconder y por lo tanto, te sientes más aislado, más negativo y más destructivo, debido solamente a los métodos que utilizas para esconder. Porque para esconder siempre es necesario proyectar tu culpa real en los demás, culpar, maquillar al ser y ser hipócrita, y demás. Por lo tanto, te convences cada vez más de que la parte oculta es tu yo primordial para el que no hay esperanza. Tu verdadera tarea debe empezar exponiendo todo tu ser. Lo he dicho una y otra vez porque no existe otra manera de superar este aspecto del desarrollo espiritual. Todos los que buscan el crecimiento espiritual y evitan esto, se engañan a sí mismos y en un momento u otro, encuentran un despertar rudo y doloroso. Debes atravesar este proceso, debes exponer todas las partes. Y esta exposición también trae, en su propio despertar, la conciencia de que la peor opinión que tienes de ti mismo nunca justificable, sin importar qué tan desagradables sean las características y las actitudes que hayas escondido. Y no son justificables, debido a que estas partes son solamente aspectos aislados de la conciencia total, de la cual tu ser real se ha hecho cargo.

Al dar estos pasos, te haces consciente de tu ser superior, no como una teoría o como una premisa filosófica, sino como una simple realidad, aquí y ahora. Te experimentas a ti mismo como la entidad verdadera que eres, que siempre has sido y siempre serás, sin importar qué locuras y engaños

---

[2] Vea el Glosario para la definición de *círculo vicioso*.

han fabricado los aspectos aislados de la conciencia. ¡Esta, en verdad, es una gran y maravillosa tarea! En el proceso, aprendes sobre tu realidad interior y sobre todos tus aspectos y niveles de conciencia. Ves el evento exterior en relación con tu panorama interior. Entonces, tu panorama interior ya no es más una analogía simbólica y colorida. Es, en verdad, una realidad desnuda.

▼ El viaje del alma ▼

La analogía usada frecuentemente tanto en los sueños como en otros lenguajes simbólicos, es que la estancia en un cuerpo humano es un viaje. Esta analogía revela una profunda verdad: el camino interior está en constante movimiento de uno a otro estado de la materia del alma que debemos atravesar. Este viaje, en verdad, no es sólo una palabra. Es un movimiento que fluye constantemente. Y así es tu camino personal. Un movimiento. Te lleva a lo largo de tus panoramas. Te lleva al panorama de tu ser superior, el cual es bello y brillante. Pero si dejas atrás la tarea que has venido a cumplir, no experimentarás a menudo este bello panorama, ya que te atoras y te quedas en los panoramas de aquellos otros aspectos de tu conciencia que todavía no has unificado e integrado con el ser real.

¿Qué sucede cuando te retiras, después de una vida, al Universo interior con estos aspectos de tu personalidad? Vives en ellos de manera alterna. Los aspectos que no has logrado unificar con el ser superior permanecen como fragmentos separados en sus propios mundos auto-creados. Ocasionalmente, tú resides en estos mundos separados; la cantidad de "tiempo" que vives en ellos depende de la intensidad de cada estado. Cada uno será verdaderamente como este mundo material, por ejemplo, pero con condiciones, dimensiones y leyes diferentes, que parecerán ser la única realidad mientras tu mente esté fija en ellas, de la misma manera como esta esfera parece la única realidad, en tanto estés centrado en ella exclusivamente. Todos estos mundos son mundos de conciencia y acción. Ya que tú tienes muchos aspectos diferentes, habitarás en muchos mundos diferentes. Mientras tu conciencia está centrada en cualquiera de estos otros mundos, olvidas tu verdadera identidad; funcionas exactamente como lo hace un ser humano, pero sin conocer tu verdadera identidad divina, identificándote solamente con los aspectos menos desarrollados de tu ser. Entonces la estancia en los mundos inferiores de aquellos aspectos parece, en verdad, la definitiva. Esto es una ilusión, pero solamente cuando estás en la realidad superior de tu mundo de luz, sabes que la única realidad definitiva es la belleza, el amor, la verdad, la luz y la dicha. Todos los otros estados son temporales.

Más allá de cierto nivel de desarrollo, cada ser espiritual alcanza una etapa de purificación, en donde es capaz de entregarse al flujo divino, disolviéndose y fundiéndose en él. Y también puede reconstruir estos lazos de flujo divino para volverse, una vez más, una entidad con forma y figura, aunque los seres que todavía no han alcanzado un estado superior de desarrollo no pueden percibir esta fina sustancia.

Todos pueden sentir un suave eco de aquella enorme dicha de fundirse en la unicidad, cuando son rebasados por un sentimiento de inmensa dicha. Quizás puedas percibir cuánto anhelo de disolver el ser existe en ti, no sólo en la unión amorosa, sino también en las grandes experiencias del alma cuando se eleva alto y cerca de Dios, de cualquier manera en que esto suceda —con la música, la naturaleza, la meditación, o simplemente cuando el aliento de Dios toca al ser humano. Entonces, realmente sientes que tu cuerpo te limita, y deseas romper sus límites para poder entregarte a la corriente y fundirte con ella. Quizás nunca hayas pensado en estos términos, pero posiblemente confirmarás que por momentos, has conocido estos sentimientos.

Entre menos purificada está el alma —y no sólo me refiero a las fallas y las debilidades, sino también a las ansiedades y a las corrientes insanas— la persona más teme la entrega, a pesar de anhelarla. Entre más espiritualizada esté el alma, menos se resistirá a la entrega. Algunas filosofías humanas han entendido esto. Con este conocimiento, dichas filosofías han llegado a la conclusión de que este estado es el destino final de la humanidad. Sin embargo, esto no es verdad. Aunque existe una fusión y una disolución, la individualidad, la conciencia del "Yo" no se pierde. Una y otra vez, aquellos seres contraerán los lazos de flujo divino y desde el estado puro de ser, se moverán al estado de hacer. En la etapa del hacer, uno debe transformarse en una forma completa y armoniosa. Y ya que Dios es creador —hacedor— este proceso también toma lugar dentro de Dios. El elemento activo de Dios, elemento que crea, se contrae una y otra vez en la forma más pura y más perfecta. Así, el elemento de Dios que simplemente es y sostiene, también se disuelve. Estos conceptos son extremadamente difíciles para que ustedes, los seres humanos, los integren en su entendimiento, pero espero que mis palabras puedan darles un destello de este conocimiento.

Estoy explicando una contradicción que es inherente en el entendimiento humano. También toca el tema del dualismo y de la unidad. Las personas que han experimentado a Dios en el estado de ser, en el estado de disolución, suponen que es la única y última verdad. Otras, sin embargo, que han experimentado a Dios en la otra manifestación, como forma, como creador, creen que esta es la última verdad. Aquí está el origen de la contradicción, y les digo que ambas experiencias de Dios son igualmente verdad.

¿Alguien tiene una pregunta?

PREGUNTA: Nos ha explicado que nuestra realidad solamente es un espejo de la verdadera realidad. No puedo entenderlo. Cuando por ejemplo, tocamos un árbol, la corteza nos es muy real.

RESPUESTA: Es igual de difícil aclarar cómo entender esto. Y si no lo puedes entender ahora, no importa. Más tarde —quizás en uno, dos o cinco años— de repente una luz iluminará el problema. Tendrás una noción, una sensación de lo que esto significa. Entonces, estas palabras te afectarán de una manera muy diferente.

Claro que lo que tocas es real o te parece real. Cuando tocas un espejo, eso también es real. Sientes el espejo. Supongamos que no sabes que el ser vivo que se refleja en el espejo es cálido y que en sus venas fluye sangre; y que no sabes, verdaderamente, qué se siente tocarlo. Entonces puedes confundir la imagen del espejo con la persona real. Imagina que la relación entre las dos realidades es algo así. No sabes cómo se siente, cómo se ve y cómo suena algo en una realidad de la cual no estás consciente. Para ti, el último criterio está en tocar, escuchar y ver, ya que no tienes bases de comparación y, por ahora, careces de una percepción espiritual superior.

Y ahora me retiraré, dándole a cada uno de ustedes las bendiciones de Dios. Que el amor de Dios los fortalezca, los abra y los guíe hacia el crecimiento espiritual.

▲ 2 ▲

Eligiendo tu destino

Mis queridos amigos, les traigo bendiciones de Dios.
Cuando una entidad decide encarnar en otra vida en la Tierra, trae a la Tierra las tareas que tiene que cumplir; el plan está trazado. Y en muchos casos, el mismo espíritu tiene el derecho de discutir su vida futura con aquellos seres espirituales que tienen esta responsabilidad; de esta manera la entidad que va a encarnar puede contribuir —hasta cierto grado, de acuerdo con su visión y su capacidad para juzgar, ya adquiridas— en cuanto a la manera en que se desenvolverá su destino. Esto es porque en el estado de espíritu, la entidad tiene una visión más amplia que cuando está en un cuerpo, y entiende que el propósito de la vida no es vivirla de la manera más confortable posible, sino desarrollarse hacia un estado superior y alcanzar una dicha perfecta lo más rápido posible —un estado que no existe en la Tierra. La entidad sabe que solamente con un esfuerzo espiritual, su sabiduría espiritual puede penetrar a su intelecto; pero también sabe que no lo puede lograr fácilmente y que,

una vez encarnada, las dificultades, las pruebas y hasta los llamados desastres, frecuentemente son necesarios para llevarla al camino correcto y a la actitud adecuada.

La memoria se desvanece automáticamente en el momento en que la materia envuelve al espíritu. Esto es esencial, ya que para lograr la conciencia espiritual hay que luchar, y esto sólo puede suceder cuando uno se toma la molestia de buscar dentro del ser —no sólo afuera y en términos generales— a Dios y las verdades de la Creación. Solamente dentro del alma propia uno puede reconocer el significado especial y el propósito de su vida, junto con las tareas individuales que tiene que cumplir. Sin embargo, aquellos que constantemente se permiten impresionarse por los aspectos externos de la vida en la Tierra, pierden este significado interior y algunas veces, tienen que ir de una vida a otra sin mucho progreso, encarnando una y otra vez con el mismo propósito.

El espíritu conoce el peligro de la vida en la Tierra, pero también sabe que si uno vive la vida de la manera correcta desde el punto de vista espiritual, se puede desarrollar desproporcionadamente más rápido que en el mundo espiritual, exactamente porque es más fácil en aquél. Las dificultades en la Tierra están conectadas principalmente con la materia y con todo lo que implica. Esto es, en parte, porque el recuerdo del reino espiritual ha sido extinguido y necesita volverse a obtener, y en parte, porque la materia contiene tan alto grado de tentación. Sólo aquellos que han superado estas dificultades pueden triunfar y hacer lo mejor de su vida en la Tierra. Los espíritus que están por encarnar saben que necesitan dificultades que los sacudan hacia un despertar, para evitar que se encarcelen en la materia y en todo lo que la materia atrae. Por lo tanto, antes de encarnar, un espíritu puede pedirle a los seres superiores lo siguiente: "Les ruego me ayuden, no sólo con su fortaleza y con su guía, sino también, cuando vean que no estoy cumpliendo mi propósito, envíenme pruebas y dificultades, porque cuando éstas llegan, tengo una mejor oportunidad de despertar y ver mi vida desde un punto de vista diferente que cuando todo funciona regularmente y sin fricción."

Por lo tanto, es importante que reconozcan que muchos de los eventos que en su vida parecen repetirse, fueron elegidos y planeados por ustedes, cuando todavía tenían su más amplia visión, antes de que la materia envolviera a su espíritu. Será de ayuda que lo sepan. A veces, un espíritu muy ambicioso puede pedir un destino particularmente difícil, sabiendo claramente en el estado libre de la materia que el dolor que será sufrido es pequeño y de poca duración, en comparación con la ganancia. Esto debe darles alimento para el pensamiento.

Mis amigos, le sugiero a cada uno de ustedes que piensen sobre su vida, sus pruebas y sus tribulaciones. Pregúntense si pudieron no haber sido elegidas por ustedes, para asegurarse de no permanecer en la ignorancia de algo que deben cumplir. Contemplen desde este punto de vista qué deben todavía encontrar y resolver en ustedes. Si lo buscan con toda su voluntad, la respuesta se les dará, la sentirán, se les darán conocimientos. Ello también es algo que hay que aprender; y necesita práctica. No crean que la habilidad para meditar vendrá por sí misma. Se necesita fuerza de voluntad, perseverancia; necesitan combatir sus corrientes negativas. Pero la recompensa es enorme y les producirá verdadera dicha; el esfuerzo vale la pena. Cuando el mundo espiritual reconoce que una persona hace esto sinceramente y con una buena voluntad, entonces también, desde el exterior, la guía se le dará para ayudarla a lograr lo que intenta.

Cuando, después de la vida y de haber desechado el caparazón material, un espíritu se da cuenta de que no ha cumplido todo lo planeado, frecuentemente se le permite en el estado de espíritu, completar la encarnación pasada para terminar tareas ya iniciadas y quitarse algunas cargas. Entonces, uno puede seguir involucrado con su familia o con cualquier grupo de personas con las que determinó cumplir una tarea, aunque como espíritu solo es mucho más difícil.

Es más fácil en el sentido de que la visión clara ha sido restablecida, la memoria ha sido recuperada y uno entiende de qué se trata todo, pero es más difícil porque la posibilidad de trabajar de manera efectiva es mucho más reducida cuando uno es espíritu.

Por ejemplo, una persona viva puede influir en otra, de manera especialmente efectiva, al superar sus propias fallas. La influencia indirecta siempre es efectiva y duradera. El ejemplo siempre es más convincente que las palabras, que la persuación, o la imposición de la voluntad de uno sobre los demás, sin importar qué tan correcto o bien intencionado sea uno. En el grado en que superes tus propias debilidades, mantengas las leyes espirituales dentro de ti y aprendas a amar, te acercarás más a tus congéneres humanos en donde lo necesitas. Esto debe ser así, de acuerdo con la ley espiritual. Esta es una influencia indirecta, pero finalmente, el resultado se hace evidente para todos. Sin embargo, como espíritu no encarnado no lo puedes hacer, ya que la mayoría de las personas no están abiertas para recibir lo que un espíritu está tratando de transmitir con la inspiración; aún cuando lo perciben, frecuentemente, lo mal entienden o lo olvidan, así que es mucho más difícil y toma mucho más tiempo para que cualquiera, como espíritu, termine la tarea iniciada en la Tierra —si es que puede lograrlo. Uno puede necesitar todavía otra vida en la Tierra para este propósito.

Así, cada ser humano y cada espíritu erige el mundo en el que vive. Después de tu vida en la Tierra construyes tu casa en el mundo espiritual y también construyes tu vida futura en la Tierra. Cada acto, pensamiento, sentimiento, tiene su forma, la cual construye la casa espiritual —aunque sólo temporalmente— de la misma manera como construye los eventos predestinados de la siguiente encarnación. Todo esto no sólo representa el resultado natural de la actitud y de la perspectiva personal, sino que la forma espiritual, construida de esta manera, indica exactamente lo que esta entidad necesita para su desarrollo.

Mediten sobre estas palabras, ya que contienen mucho. Otra vez, ejemplifican que la ecuación siempre debe resultar pareja: la dificultad es producida por uno mismo; sin embargo, precisamente por ello, contiene la única medicina que existe. Con esto, ustedes pueden entender la inmensidad de la sabiduría divina en su legitimidad magnificente. Quien entienda esto, siempre entenderá que el destino y el libre albedrío no son dos factores mutuamente excluyentes, sino que están entretejidos y conectados. Los eventos que el destino les trae son formas espirituales que tienen que manifestarse de una manera concreta. Si por ignorar estas leyes, son creadas formas desfavorables, cada ser humano debe disolverlas por sí mismo, y esto solamente puede suceder entrando a un camino espiritual de disciplina interior, auto-conocimiento y búsqueda en uno mismo.

▼ La voluntad de cambiar ▼

Para todo esto necesitan fuerza de voluntad. Muchos de ustedes, mis amigos, dirán: "Eso está muy bien, pero una persona nace con mucha fuerza de voluntad, y otra no. Entonces, ¿cómo puede alguien que no tiene fuerza de voluntad, hacer uso de ella?" Permítanme explicar.

La fuerza de voluntad, así como cualquier otra cualidad, debe ser generada y construida por uno mismo. No puede ser de otra manera. Una persona nacida con una voluntad fuerte debe haber trabajado para adquirirla en algún momento del pasado, para que él o ella pudiera traer consigo esta maravillosa posesión —si así la puedo llamar— y ahora hacer buen uso de ella. Si esto todavía no ha sucedido, la persona debe trabajar para conseguirla en esta encarnación. Esto es verdad para las demás cualidades, sea para la capacidad de amar, de tener tolerancia, bondad, o cualquier otra. Y me gustaría enseñarles cómo cada uno de ustedes puede adquirir fuerza de voluntad. Ya que, mis muy queridos, Dios nunca pide lo imposible de nadie; nunca.

La fuerza de voluntad es un resultado directo del entendimiento, el conocimiento y la decisión correspondiente. Porque cada ser humano tiene cierto nivel de fortaleza, y depende totalmente de él o ella en qué dirección la canaliza. Muchas personas desperdician esta fortaleza en esfuerzos inútiles que no construyen nada de valor espiritual, o la entregan a corrientes emocionales no purificadas y enfermas. Estas corrientes malgastan mucha energía. Es otra ley espiritual que la energía usada para metas espirituales positivas, siempre se reabastece. Pero cuando su fortaleza está atrapada en círculos negativos de corrientes espirituales no productivas, se agota y se desperdicia, porque no puede ser renovada —al menos, no lo suficiente.

Esta es la razón por la que ustedes ven frecuentemente que las personas que hacen mucho el bien, parecen tener una fortaleza sobrehumana. Aquellos que saben de qué se trata la vida, canalizarán sabiamente su energía a su disposición y reajustarán las válvulas internas. Cuando uno únicamente vaga sin rumbo, sin pensar en el verdadero significado de la vida, mucha de su energía se irá por los canales incorrectos y será usada sin alcanzar suficiente renovación. Así que el primer paso hacia la fuerza de voluntad es la meditación. Porque para alguien que ha obtenido cierto entendimiento será más fácil sacar las conclusiones internas relevantes y desde ellas, tomar las decisiones externas que se desprendan de aquellas.

Es una decisión y una reorientación interna lo que permite a una persona decir: "Bueno, por cierta razón, yo vivo aquí en la Tierra. Quizás me falte la fuerza de voluntad para cumplir el propósito de mi existencia de superar todas mis resistencias lo mejor posible, pero le pediré a Dios esta fuerza de voluntad, ya que básicamente quiero lo que es bueno. Me tomaré el tiempo y haré el pequeño esfuerzo de reflexionar sobre estas cosas; me abriré a la iluminación divina y diariamente dedicaré de veinte a treinta minutos a mi vida espiritual. Cuando al principio encuentre que todavía me falta la fuerza de voluntad, llevaré este problema a la meditación, a mi diálogo con Dios, y de esta manera ayudaré a que mi fuerza de voluntad, aún débil, crezca."

Todos lo pueden hacer. Toda esta fuerza de voluntad, toda esta disciplina está disponible para todos ustedes. No tienen que empezar con lo más difícil; después de todo, uno no comienza por el techo cuando construye una casa, sino por los cimientos. La idea es cambiar la energía y el énfasis. Cuando finalmente una persona toma la decisión y la sigue —una decisión que no es demasiado difícil ni exige demasiado de ella— entonces, el mundo espiritual ayudará también a fortalecer su fuerza de voluntad, para que los siguientes y más difíciles pasos del desarrollo, parezcan más fáciles. Mis amigos, eso yo se los prometo, y algunos de ustedes ya lo pueden confirmar. Y así, hasta la persona que al principio carece de fuerza de voluntad, a su debido tiempo tendrá la misma fuerza de voluntad que aquellos que nacieron con ella.

▼ La voluntad de meditar ▼

Aquellos que entienden qué está en juego y hacia dónde mover su concentración, y que llevan este entendimiento desde un nivel intelectual superficial a niveles más profundos, serán capaces de dar el paso decisivo necesario. Esto sucede por medio de la práctica diaria de la correcta meditación, la cual, por supuesto, debe ser aprendida como parte de este camino. En uno o en otro momento, debes tomar la decisión de desarrollar tu fuerza de voluntad. En resumen: para obtener fuerza de voluntad, primero tienes que entender y, después, tomar la decisión. Por lo tanto, si sientes que no tienes la fuerza de voluntad suficiente, significa que falta el entendimiento iluminador de lo que se trata todo esto. Puedes tener una vaga sensación sobre el significado de la fuerza de voluntad, pero tu alma todavía no ha sido penetrada por ella, quizás porque algo en ti se resiste y se aferra a la vieja actitud confortable e indisciplinada. Entonces, estás escindido en tu interior. Una parte tiene algún conocimiento espiritual, pero otra parte no saca las conclusiones de lo que sientes "vagamente". Este es el porqué el primer paso debe ser profundizar el conocimiento superficial y trabajar en ello, para que toda la personalidad sea penetrada por el entendimiento. Cuando haces esto primero —y lo puedes hacer si te tomas la molestia y un poco de tiempo— seguramente decidirás y tendrás la fuerza de voluntad para dirigir tu vida y tus energías hacia lo espiritual, reconociendo y entendiendo completamente que *solamente así* puedes también resolver los problemas en tu vida terrenal. Y así es como una persona crea dentro del ser esta energía tan poderosa, por la cual cada vez serán más fáciles todos los siguientes pasos hacia adelante en el camino. Como siempre, y como en todo, el principio es lo más difícil.

Desde nuestra perspectiva, frecuentemente observamos que las personas que creen que no tienen la fuerza de voluntad suficiente, la tendrían si dirigieran sus energías disponibles hacia el canal correcto, si sólo ajustaran la válvula. Y lo único que los hará actuar es la comprensión de la necesidad de este cambio. Mientras se engañen a sí mismos creyendo que se las pueden arreglar sin ella, no actuarán, sino que continuarán deambulando. De cualquier manera, la búsqueda de un camino que parezca confortable significa que la relación con Dios no está totalmente en armonía. Quien medite y reflexione sobre esto de esta manera, tendrá que llegar a la conclusión correcta y tendrá que tomar la decisión adecuada, para que la vida se convierta en una religión viviente y no sea solamente una teoría.

¿Crees que esperamos mucho de ti? ¿Es mucho, dedicar diariamente un poco de tiempo y de esfuerzo a mirar dentro de ti para encontrar áreas en donde algo falta y mejorar tu conciencia espiritual? Y cuando no está ahí la fuerza de voluntad y es tan difícil lograr una disciplina diaria, entonces, después de pedir ayuda, busca dentro de ti para encontrar qué es lo que te obstaculiza tanto. Si temes encontrar algo que te gustaría más mantener enterrado, entonces te beneficiarás al usar una lógica simple y sana, que te dirá que nada puede permanecer escondido de Dios y del reino del espíritu —ni de ti mismo, una vez que regresas a ese mundo. Y mientras más pronto salga a la superficie, mejor será para ti y más fácil será manejarlo. Ya que tú sabes que lo que está escondido trae más conflictos que cuando está en lo abierto, reconocido e integrado. Tus psicólogos lo saben también, así que se dan bastante cuenta de que no ganas nada cuando cierras tus ojos a aquello que está en ti. Piensa profundamente sobre esto para que el conocimiento se arraigue en tu alma. Será para tu mayor beneficio.

Cuando hayas superado las dificultades iniciales y hayas ganado cierta maestría sobre ti, por lo menos en este respecto, el mundo espiritual te mostrará el siguiente paso en tu camino: te mostrará por lo que se debe trabajar y luchar. La vida te lo presentará. Cuando hayas aprendido a meditar de la manera adecuada, sabrás cómo ver cada evento de tu vida diaria con los ojos abiertos, para entender sus mensajes.

Aún aquellos amigos que han superado las dificultades iniciales, no siempre usan su hora de silencio de la mejor manera. Meditan frecuentemente en términos generales, siempre de la misma manera, no sólo cuando rezan por otras personas, sino también por ellos. Tus meditaciones y oraciones deben variar; necesitas percibir el siguiente paso de tu desarrollo, y cuando no lo percibas, se te dará la comprensión si la buscas honestamente, observando lo que debes reconocer, aprender, superar y aceptar. Toma el problema específico de encontrar la dirección de tu camino hacia Dios y hacia Cristo, y hacia tus amigos espíritus, quienes están cerca de ti y cuya tarea es ayudarte. De esta manera, tus oraciones cobrarán vida. Entonces, después de que hayas pedido ayuda para reconocer tus problemas y tener la fortaleza para resolverlos, quédate quieto y escucha dentro de tí, permite que tus pensamientos surjan y permíteles que te guíen de manera intuitiva. Después de un tiempo, la conexión será clara. Sabrás de dónde viene el problema, por qué reaccionas como lo haces, y la conciencia de tus corrientes internas te ayudará en adelante.

Decidan, una y otra vez, enfrentar con valor su verdad interior. Cultiven pensamientos verdaderos: Piensen todo de manera clara e independiente. Así, su vida espiritual será más productiva, ya que estará viva y por lo tanto, también cambiando constantemente. Su vida no será de acuerdo a una fórmula rígida que se repite diariamente. Y su relación con Dios se desenvolverá hacia la armonía.

Piensen sobre mis palabras, las cuales se me ha permitido darles este día. Ellas deben llevarlos un poco más adelante en su camino. Y entonces, también, hemos cumplido nuestra tarea.

Nosotros los espíritus que aquí trabajamos, nos regocijamos cuando vemos que estas palabras los acercan un poco más a Dios, a su ser real, a su felicidad y a su armonía interior. Reciban las bendiciones de la salvación, que ellas los penetren. Vayan con Dios, vayan en paz. Que Dios esté con ustedes.

▲ 3 ▲

La felicidad como un eslabón en la cadena de la vida

Saludos. Les traigo las bendiciones de Dios. Al mundo espiritual de Dios, nada le gustaría más que ayudarlos a crecer espiritualmente —en felicidad, en armonía y en la luz. Los espíritus de Dios constantemente tratan de extender su mano para ayudarlos a pasar aquellos obstáculos en donde batallan con las dificultades en su desarrollo espiritual, en este camino hacia la perfección. Sin embargo, nosotros sólo podemos ayudar; no podemos forzar. Primero, ustedes deben querer alcanzar la perfección y abrir la puerta. Sólo entonces percibirán esta ayuda como una realidad palpable. Esto aumentará sus sentimientos de seguridad y hará más profunda su confianza en la realidad y en la verdad del mundo espiritual de Dios. Sin embargo, frecuentemente, los humanos no prestan atención a los espíritus celestiales que hay a su alrededor y así no ven, no escuchan, ni sienten a aquellos que ofrecen su ayuda. Aun si en principio creen en la existencia de Dios, no piensan que ello tenga un efecto en su vida personal con todos sus problemas. Así que cierran la puerta y siguen andando en un camino equivocado. Ir en la dirección incorrecta empieza, frecuentemente, con una elección aparentemente trivial, pero mientras más se aleja uno del punto de elección, más se mete en un callejón sin salida del cual será aún más difícil salir.

Aún cuando las personas aman a Dios y quieren el bien, con frecuencia no ven en sí mismas el factor determinante para su desarrollo y su realización. Lo que parece ser un detalle sin importancia es, muchas veces, la raíz de todas las corrientes insanas en el alma. Sin embargo, ustedes no lo reconocen porque no están dispuestos a despertar a la inspiración que viene de los espíritus divinos. Porque siempre parece más confortable quedarse en el viejo hábito. El resultado es tristeza o insatisfacción con la vida; no entienden por qué; pero, mis queridos amigos, esta es frecuentemente la razón.

Mi tarea es darles pistas, despertalos. Que cada uno de ustedes escuche lo que se aplica a su personalidad —pero aún para esto, la voluntad debe participar. Solamente cuando la sientan, podrán absorber y asimilar el material.

▼ *Metas egoístas* ▼

Siempre que los seres humanos se ponen una meta —sea de manera consciente o emocional— que es egoísta, por lo general no podrán alcanzar lo que desean. Y si lo alcanzan, su efecto y la satisfacción que da, será efímera; se secará, se volverá superficial, y finalmente, se disolverá. Si sólo desean la felicidad para ustedes, no serán felices. Posiblemente dirán: "Pero por supuesto que yo no sólo deseo la felicidad para mí. Estaré muy contento de ver también felices a mis congéneres humanos". Pero es muy diferente si éste es sólo un pensamiento ocasional y superficial, formado desde el sentido del deber, o si el deseo penetra a todo su ser. Cada uno de ustedes puede ver dentro de sí para determinar qué tan profundo es realmente este deseo. Ya que, aquí también, pueden engañarse a ustedes mismos; también aquí pueden querer algo con su mente, mientras otra parte de su personalidad, a la cual llamo el ser inferior, jala sus emociones a una dirección muy diferente. A esta parte no le importa realmente la otra persona —no emocionalmente— y este es el fondo del asunto. Casi cualquier persona, a menos que aún esté en un nivel muy bajo de desarrollo, en teoría se sentirá contento cuando le suceden cosas buenas al otro. Pero incluso las personas más desarrolladas, si son honestas, pueden detectar frecuentemente en ellas alguna envidia, o una ligera dicha maliciosa por la desdicha de los demás.

¿Cuán lejos se encuentra cualquier individuo en este respecto? ¿Estás dispuesto a soltar algo por el bien del otro? Pregúntate: ¿Quiero la felicidad para mi bien, o ésta es una consideración secundaria? Puedes ir hacia Dios y decir: "Es claro, yo no puedo engañarte, así como no me puedo engañar a mí mismo. Es verdad que quiero ser feliz. Pero cuando obtenga esta felicidad, quiero mantenerla volviéndome un eslabón. Lo que reciba de ti, deseo transmitirlo de alguna manera a los demás, aún si tengo que hacer un sacrificio —quizás renunciar a la gratificación de mi ego. Por favor muéstrame cómo puedo darle a los demás lo que de ti he recibido". Si te sumerges una y otra vez en este pensamiento hasta que se arraigue en tu alma, hasta que sea una forma espiritual tan poderosa que penetre a todo tu ser en el nivel más profundo de tus sentimientos, entonces habrás cumplido las condiciones. En tal caso, la ley espiritual en particular se puede manifestar a través de ti, y por lo tanto serás realmente feliz, debido exactamente a que tu propia felicidad ya no es la meta última de tus aspiraciones. Es decir que el "Yo" soltará la importancia de sí mismo por el bien del "Tú". Así pues, buscas la felicidad no sólo porque la deseas; al contrario, la meta será darle felicidad al otro, a los demás, y tu propia felicidad será, por así decirlo, una parada en la estación.

Tu felicidad te será dada para que puedas darla a los demás. Entonces, en verdad, serás un eslabón en la cadena, lo cual es el único requisito para mantener vivo y fluyendo al río de la felicidad. De esta manera, nunca se secará. Cualquier cosa que dé una persona que sirve como eslabón, será correspondida cientos de veces. Dios siempre te mostrará de qué manera tu amor, tu conocimiento y tu felicidad pueden ser dados a los demás; pero primero, debes estar dispuesto a hacerlo. En verdad, hoy, mañana, la siguiente semana y cada día, debes tomar la decisión de estar dispuesto; debes conquistar conscientemente a tu resistencia. No la empujes a tu inconsciente. Debes tratar de llevar esta disposición a la acción. Y así, la ley espiritual puede empezar a cumplirse en ti.

▼ *Yo seré un eslabón en la cadena* ▼

Permítanse ahora pensar cada uno de ustedes de qué bendición en particular goza; puede ser buena salud, fortaleza espiritual o la felicidad y la seguridad de una relación amorosa. En cada uno de ustedes es diferente. Todos han recibido un tesoro especial de Dios. Y una vez que hayan decidido: "Ya no quiero ser la meta última, sino un eslabón en la cadena", se les mostrará cómo dar aquello que han recibido y, también, serán abundantemente correspondidos, ya que esa es la ley.

Al mismo tiempo, no deberán dar por hecho sus regalos y sus tesoros. Esto siempre es una señal de empobrecimiento espiritual y ocasiona que los regalos que poseen, pierdan su brillo, porque la ley de dar y recibir ha sido violada. Si ustedes son un eslabón viviente en la cadena, cada uno de sus regalos volverá a tener su brillo, y se restablecerá la alegría y el placer que habían perdido.

Así como con la felicidad, en general, ocurre lo mismo con cada uno de los componentes que una persona desea: amor, fortaleza, salud, libertad —todo. Cualquier cosa que uno quiere para su propio bien, se disolverá, se marchitará; lo que busque por el bien del otro, como un eslabón en la cadena, brotará y florecerá —tanto para ustedes como para el otro.

Tomen, por ejemplo, a las muchas personas que están preocupadas con ser libres. Ellas evitan todo lo que las pudiera atar. Pero aquí también se aplica la misma ley: Aquellos que desean la libertad para su propio bien, se encontrarán atados en el nivel interior. Por el otro lado, el que desea la libertad para ser un eslabón en la cadena, para hacer una tarea especial en el plan de Dios de salvación y para los congéneres seres humanos, florecerá en libertad sin estar atado por dentro. Al dar energía para seguir el camino del desarrollo de la conciencia humana, esta persona será libre, no sólo en el nivel exterior, sino también en el interior. Quien desee la libertad por puro egoísmo, elevándose por encima de Dios y reclamando la libertad de las leyes espirituales, será cada vez menos libre; la libertad reclamada se volverá un cautiverio y, finalmente, la persona se encontrará encadenada. Aquellos que se alían con Dios y con las leyes de Dios, aumentarán constantemente su libertad y su independencia.

Esta es la ley inmutable, y no puede ser derrocada. Las leyes de Dios fueron creadas en sabiduría y en amor, y aquellos que se rebelan contra ellas por desafío e ignorancia —ya sea porque todavía no pueden entenderlas o porque no quieren comprenderlas por razones emocionales insanas— deben ser cada vez más infelices debido al encadenamiento interno resultante.

▼ *La justicia de Dios* ▼

Muchas personas que se rebelan contra la injusticia humana no pueden comprender que a pesar de los errores humanos, Dios es justo y que en espíritu, reina la inevitable justicia. La justicia espiritual hace uso de la injusticia humana para provocar, en última instancia, la justicia.

Esto les puede parecer contradictorio a algunos de ustedes. Sin embargo, no lo es; la ecuación se restablece. Les daré un ejemplo. Supongamos que un criminal, que ha cometido varios crímenes, se ha salido todas las veces con la suya. Este criminal se burla tanto de la estupidez de las personas como de la falta de justicia, que parece estar en su ventaja. Entonces, un día, es arrestado por un crimen que no cometió. Ustedes encontrarán que exactamente este tipo de personas es el que más fuerte grita sobre la injusticia en este mundo. Salió sin castigo de todas esas otras veces y ahora, cuando es inocente, es forzado a pagar. Entre más obstinada sea esta persona, menos reconocerá la gran justicia que predomina sobre la menor injusticia. Él no querrá ver esto. Pero esta es la manera en que él será puesto a prueba. Porque sería demasiado fácil reconocer la justicia espiritual, con todas sus ramificaciones, si la conexión entre el crimen y el castigo fuera siempre tan evidente. La misma imperfección que los seres humanos han creado para sí, debe ser el remedio que les permita recuperar la perfección perdida.

Si la justicia reinara de manera absoluta en la Tierra —y esto en sí es una imposibilidad, ya que la imperfección surgió del libre albedrío y tiene que ser superada por medio del libre albedrío— entonces sería demasiado sencillo para ustedes los humanos: la Tierra no sería un lugar para realizar pruebas, y no tendría sentido luchar por tener una conciencia superior. La obtención de un estado superior de conciencia es la mayor gracia, y para llegar a ella, la puerta debe ser abierta por la entidad misma. Así que ustedes son puestos a prueba para saber si están dispuestos, o no, a ver más lejos, aunque esto signifique soltar el voluntarismo, el rencor, la terquedad y otras corrientes negativas. La magnitud y la gloria de la creación de Dios radica exactamente en el hecho de que la imperfección es utilizada como medio para obtener la perfección; la injusticia humana es utilizada para atraer la justicia divina.

El ejemplo que acabo de usar es burdo; sin embargo, se aplica a todos, de una o de otra manera. Si uno realmente quiere descubrir si esto es así en su caso, se le dará la comprensión, aunque por supuesto, no es tan fácil verse a uno mismo de forma tan honesta. Frecuentemente uno tiene que pagar por algo que no ha cometido —pero por lo que realmente está pagando yace enterrado en el pasado. Qué es, puede solamente descubrirse llamando a la voluntad interior durante la meditación. Incluso, si la acción por la cual tienes que pagar ahora fue cometida en una vida pasada, la comprensión puede llegar, siempre y cuando sigas este camino de desarrollo y de purificación. El cielo te brinda comprensiones útiles como resultado de tus esfuerzos honestos, por tu humildad y por tu buena voluntad.

También puede ocurrir que no se te pida dar cuentas por una serie de pequeñas faltas. El mundo espiritual está dispuesto a esperar y ver si concluirás por ti mismo, aquello en tu carácter que necesita ser mejorado. Pero si no buscas en esta dirección, el efecto de todas las desviaciones no tomadas en cuenta, descenderá sobre ti de una sola vez; y tendrás que pagar por todas las pequeñas faltas. Esto puede hacer más fácil que despiertes al hecho de que tienes que cambiar algo en ti. Y otra vez aquí, tu actitud será puesta a prueba. ¿Qué dirás entonces: "nunca hice nada lo suficientemente malo para justificar todo lo que ahora me está pasando", o asumirás que Dios no puede ser injusto y por lo tanto, empezarás a explorar aquello que está en ti que necesita ser descubierto? Esta es siempre la pregunta, y tu respuesta hace toda la diferencia, en cuanto a si estás pasando o no la prueba; esto determinará la dirección de tu desarrollo.

Es una gracia especial —y elijo la palabra a propósito— que puedas pagar tus violaciones de la ley espiritual en esta vida y no en la siguiente, ya que es mucho más fácil ver los hilos que se conectan y reconocer la irrevocable justicia, aun cuando llega de una manera indirecta. Dichas experiencias te harán sentir que existe un suelo seguro bajo tus pies y establecerán tu confianza permanente en Dios. Pero, como dije, la gracia del reconocimiento se te dará, aun si lo que pagas es de una encarnación anterior, siempre y cuando estés absolutamente decidido a elegir la conciencia de ti mismo y la purificación. De esta manera, te será más fácil armonizar tu relación con Dios. Y la armonía con Dios trae la felicidad. Te digo todo esto para que puedas pensar en tus dificultades y descubrir si estás pagando por algo que has causado en esta vida o en una anterior.

Cualquiera que sea, todavía puedes encontrar su semilla en ti; con seguridad es una falla especial que debes reconocer y manejar.

▼ *Abriendo el inconsciente* ▼

Cuando los humanos se deshacen de su cuerpo y entran al reino del espíritu, mucho de lo que llaman el inconsciente, está abierto y accesible. Ninguno de ustedes, mis queridos amigos, ni siquiera aquellos que han progresado en este camino o que ya están en un estado de sanación, tienen la más remota idea de la realidad de este inconsciente, el cual frecuentemente está profundamente escindido en corrientes opuestas entre sí y trabaja en contra de la mente consciente. Algunos de quienes están en la sanación, pueden haber tenido una impresión de él. Descubrir estas corrientes y tendencias, antes inconscientes, se siente como encontrarse con una persona totalmente extraña que lleva su propia vida. Se requiere trabajo, disciplina y entrenamiento para sentir estas corrientes y reconocer precisamente qué son. El encuentro con este extraño es una señal de un enorme progreso y tienes por ello razones sobradas para regocijarte. Canta

"Aleluya", ya que la primera batalla se ha ganado, haz dado el primer paso hacia la unificación de tu personalidad.

Es un gran error creer que si no ves las corrientes subterráneas, sus efectos serán menos severos. Ahora ya sabes que todos los pensamientos y los sentimientos crean formas espirituales de realidad máxima, aunque no las puedas ver. Estas formas tienen efectos de gran alcance: En círculos siempre extendiéndose, las acciones crean reacciones, las cuales, a su vez, tienen consecuencias, y así, sigue una larga reacción en cadena. Uno puede controlar algunas de las manifestaciones más externas de la larga cadena, pero esto no es suficiente. Las corrientes desordenadas del alma no pueden ponerse en el cauce correcto sino hasta que uno penetre profundamente dentro de su origen, en el inconsciente.

La mente consciente quiere el bien y quiere actuar bien; una parte del inconsciente, el ser superior, también lucha. Pero en cualquier ser humano, otra parte de la personalidad quiere lo que es malo y falso; sin embargo, este mal o falsedad no tiene que ser del tipo criminal; todo depende del desarrollo de la persona. Las características negativas de un individuo más desarrollado pesan igual que las tendencias criminales de un ser menos evolucionado. Las demandas ciegas e imposibles no pueden ser satisfechas, en parte, porque no son realizables, y en parte porque van en contra de lo que el ser superior desea. Las tendencias opuestas golpean y agotan al alma, crean una falta de armonía y a veces, enfermedad. Sobre todo, impiden el crecimiento espiritual, o por lo menos, frenan el máximo desarrollo. Por lo tanto, no puedo más que pedirte dediques toda tu atención al descubrimiento de lo inconsciente; conoce el inconsciente, hazlo consciente en la meditación, en la oración, en toda tu lucha. Sin esto, no puede haber un progreso significativo. Y cuando te deshagas de tu cuerpo, tendrás que experimentar la manifestación abierta y sin obstáculos de tus corrientes inconscientes. Es entonces cuando debes entrar al conflicto. Esto será una desilusión para las personas, mientras no se enfrenten con ellas mismas, mientras no crean que están mucho más desarrolladas de lo que en realidad están y mientras no asuman que sólo sus acciones cuentan; aunque sus sentimientos también son acciones y tienen consecuencias tangibles. También, el desarrollo de la personalidad toma incomparablemente más tiempo y es mucho más difícil lograrlo en el mundo espiritual. Dios ha arreglado de tal manera la vida en la Tierra para que el ascenso espiritual de los seres se acelere en los alrededores de la imperfección, en la diversidad de las etapas de desarrollo. Sin embargo, sucede frecuentemente que las personas usan más encarnaciones que las estrictamente necesarias para corregir las corrientes imperfectas, ciegas e inconscientes; algunas vidas futuras en la Tierra podrían evitarse con un compromiso de desarrollo más fuerte en el presente.

Déjate guiar totalmente por Dios; ábrete solamente a la voluntad de Dios, para que tu camino se te muestre paso a paso. Mis queridos amigos, Dios es un generoso dador. Se darán cuenta de que cuando ven lo que les llega a través de Dios, es más maravilloso de lo que podían imaginar. La dificultad inicial es solamente para que se confíen a Dios. La cuestión no es dar algo material; esto sería demasiado fácil y conveniente. Cada uno de ustedes tiene que dar de su persona. Es decir, si pueden dar de sí mismos de la manera correcta, pueden darle a todos con los que entran en contacto. Sin embargo, antes de que puedan darse, deben haberse ganado a sí mismos. No pueden dar lo que no tienen.

Pocas personas realmente se poseen a sí mismas, porque no se conocen suficientemente bien. En ese estado, están más o menos perdidas de sí mismas. El grado en que te refugias en los sentimientos generados por tus imperfecciones es el grado en que no te posees. En ese caso, no tienes bajo tus pies un suelo sólido. Casi todos ustedes los seres humanos son todavía esclavos de sus fallas y de sus sentimientos negativos. Solamente al aceptarse como son, podrán manejarlos y manejarse a sí mismos. Así es como empieza la transformación y la consecuente purificación. Sin embargo, por más libertad externa que tengan, seguirán esclavizados mientras se refugien con vergüenza de cada imperfección interior y de verse expuestos en el exterior. Siendo esclavos, no pueden poseerse y por lo tanto, no pueden dar de sí mismos. Una consecuencia de este estado es que son muy dependientes de uno u otro suceso, y por lo tanto, no pueden sentirse en armonía. La armonía solo puede crearse cuando dejan de depender de cosas que están más allá de su control. Aquellos que se han encontrado en este bello camino, el camino de la luz, ya no tienen que dar una cosa específica. Estas personas, pueden darse totalmente, no sólo a un ser amado, sino a cualquier situación en la vida en donde Dios los ha colocado. Pueden darse con toda su alma y con todo su ser.

Parte II

▼

La naturaleza de Dios

"No creo en Dios."
"Es imposible saber si Dios existe."
"La cantidad de dolor y de injusticia en el mundo es tan grande, que si existe un Dios, debe ser un sádico cruel."
"Dios es amor."
"Jesucristo es Dios y Él personalmente me ha salvado."

Todos tienen algo que decir sobre Dios. Algunas personas dicen que son indiferentes a la idea de Dios. No esperan ser capaces de saber si Dios existe y así, eligen no ahondar en el tema. Otras están apasionadas con el tema —ya sean ateos apasionados o apasionados teístas y sectarios. Aquellos que son apasionados, están convencidos de estar en lo correcto y, frecuentemente, sienten desprecio, consciente o velado, por aquellos que piensan diferente.

Independientemente de la pasión o la indiferencia de nadie, parece poco común cambiar la mente de otra persona por medio de un argumento. Sin embargo, las personas cambian sus creencias y pueden mantener apasionadamente en años posteriores, puntos de vista que antes desaprobaban también de manera apasionada.

Aquellos que dudan, dicen que no pueden entender cómo un Dios que es todo poderoso y todo amor puede permitir tanta miseria e injusticia en el mundo. Frecuentemente, estas personas empiezan creyendo que el mundo es cruel e injusto, y entonces, terminan en alguna clase de ateísmo, pensando que han llegado a esta conclusión por medio de un camino lógico.

Otros creen en Dios, pero entre los billones de personas que creen, debe haber millones de creencias diferentes sobre la naturaleza de Dios. Aún entre los cristianos, la variedad de creencias y de prácticas es enorme. ¿Qué se puede hacer con esta confusión? ¿Cómo podemos entenderla?

En cuantó a esto, el Pathwork establece que existen dos principales razones que explican las enormes diferencias que hay entre las personas. La primera es que la imagen específica, formada en la infancia, determinará la naturaleza de los sentimientos y de las suposiciones inconscientes que tendremos sobre Dios al ser adultos. Las conferencias que he elegido para esta sección explican cómo las personas forman su marco básico de lo que Dios es. Las conferencias muestran que, antes de que podamos decir algo de valor, primero debemos explorar la naturaleza de nuestras suposiciones inconscientes en relación con este tema.

Segundo, los seres humanos, al atravesar por la vida evolucionan pasando por diferentes etapas en su relación con Dios; y así continúan al atravesar por muchas vidas. Estas etapas progresan, primero, desde una creencia ingenua y supersticiosa, a un escepticismo y no creencia, hasta llegar, finalmente, a una creencia nueva y arraigada, la cual se ha limpiado a sí misma de la superstición. Al madurar a través de estas etapas de desarrollo, su relación con Dios se altera de manera dramática.

En esta sección ponemos en palabras de la mejor manera posible en nuestro limitado lenguaje humano, *lo que es Dios*, y aprendemos cómo debe cambiar la naturaleza de nuestra oración, al comprender de manera más clara, quiénes somos en relación con Dios.

D. T.

4

La imagen DE DIOS *y el Dios* QUE ES

Saludos. Les traigo bendiciones en el Nombre de Dios. Bendita sea esta hora, mis queridos amigos.

En la Biblia dice que no deben crear una imagen de Dios. Muchas personas creen que esto significa que no deben hacer un dibujo o una estatua de Dios. Pero este no es, por ningún motivo, el significado completo de esta afirmación. Si piensan un poco más profundamente sobre esto, llegarán a la conclusión de que esto no puede ser todo lo que implica este mandamiento. Ahora ustedes deben percibir que se refiere a la imagen interna[1]. Que la existencia de Dios sea puesta en duda con tanta frecuencia y que la Presencia Divina rara vez se experimente dentro del alma humana, es resultado de la imagen distorsionada de Dios, que la mayoría de los seres humanos tienen.

---

[1] En la terminología del Pathwork, una "imagen" es una visión distorsionada de la realidad, que se ha endurecido y formado una conclusión falsa sobre la vida que además es firmemente sostenida. También vea el Glosario, al final de este libro.

▼ *El concepto falso de Dios* ▼

A una edad muy temprana, el niño experimenta su primer *conflicto con la autoridad*. También, aprende que *Dios es la más alta autoridad*. Por lo tanto, no es de sorprender que el niño proyecte las experiencias subjetivas que ha tenido con la autoridad, en lo que imagina de Dios. De ahí, se forma una imagen; cualquiera que sea la relación del niño, y más tarde, del adulto con la autoridad, su actitud hacia Dios tendrá altas probabilidades de estar coloreada e influida por la imagen.

El niño experimenta todo tipo de autoridades. Cuando se le prohibe hacer algo que goza, el niño experimenta a esa autoridad como algo hostil. Cuando la autoridad de los padres complace al niño, sentirá a la autoridad bondadosa. Cuando existe predominio de un tipo de autoridad en la infancia, la reacción hacia ella se volverá la actitud inconsciente hacia Dios. Sin embargo, en muchas instancias, los niños experimentan una mezcla de ambas.

La combinación de estos dos tipos de autoridad formará su imagen de Dios. En la medida en que un niño experimente miedo y frustración, en esa medida sentirá, inconscientemente, miedo y frustración hacia Dios. Entonces, uno cree que Dios es una fuerza castigadora, severa y frecuentemente injusta, con la cual debe lidiar. Mis amigos, yo sé que no lo piensan de manera consciente. Pero en este trabajo están acostumbrados a encontrar las reacciones emocionales que no corresponden a sus conceptos conscientes, en cualquier tema de que se trate. Entre menos coincida el concepto inconsciente con el consciente, más grande es el shock cuando uno se da cuenta de la discrepancia.

Muchas cosas que el niño goza son prohibidas. Muchas cosas que dan placer son prohibidas, generalmente, por el bienestar del niño; el niño no puede entender esto. Sucede también que los padres prohiben cosas debido a su ignorancia y a su miedo. De esta manera, se imprime en la mente del niño que para las cosas más placenteras en el mundo, uno está sujeto al castigo de Dios, la más alta y severa autoridad.

Además, están destinados a encontrar la injusticia humana en el curso de su vida, tanto en la infancia como en la edad adulta. Especialmente, si estas injusticias son cometidas por personas que son autoridad y que por lo tanto son asociadas inconscientemente con Dios, entonces se fortalece su creencia inconsciente en la injusticia severa de Dios. También, estas experiencias intensifican su miedo a Dios.

Todo esto forma una imagen, que si es analizada apropiadamente, hace de Dios un monstruo. *Este Dios, viviendo en su mente inconsciente, realmente es más un Satanás.*

Tú tienes que descubrir en tu trabajo cuánto de esto es verdad para ti personalmente. ¿Está impregnada tu alma con conceptos erróneos similares? Al tomar conciencia, si es que ello ocurre, de que se ha generado esta impresión, un ser humano en crecimiento generalmente no entiende que este concepto de Dios es falso. Entonces, la persona se aleja de Dios y no quiere nada del monstruo descubierto revoloteando en su mente. Esto, frecuentemente, es la verdadera razón del ateísmo. Alejarse es tan erróneo como el extremo opuesto, que consiste en temerle a un Dios severo, injusto, terco y cruel. La persona que mantiene inconscientemente la imagen distorsionada de Dios, teme justamente a esta deidad y recurre a fingir para obtener favores. He aquí un buen ejemplo de dos extremos opuestos; ambos carecen, en el mismo grado, de verdad.

Examinemos ahora el caso de un niño que experimenta una autoridad bondadosa en un grado mayor que el miedo y la frustración con una autoridad negativa. Supongamos que el niño es muy mimado y consentido por padres que lo adoran y que le cumplen cada deseo. Ellos no establecen un sentido de responsabilidad en el niño. Esto causa, en la personalidad, una creencia inconsciente de que se puede salir con la suya en todo, ante los ojos de Dios. El niño cree que le puede hacer trampa a la vida y evitar la responsabilidad consigo mismo. Para empezar, conocerá mucho menos miedo. Pero, ya que no se le puede hacer trampa a la vida, esta actitud errónea producirá conflictos, y por lo tanto, generará el miedo por una reacción en cadena de pensar, sentir y actuar equivocadamente. Surgirá en él una confusión interior, ya que la vida, como es en realidad, no corresponde a la indulgente e inconsciente imagen de Dios y su concepto.

Muchas subdivisiones y combinaciones de estas principales categorías pueden existir en una misma alma, y el desarrollo logrado en encarnaciones anteriores en este aspecto en particular, influye también en la psique. Por lo tanto, es muy importante, mis amigos, descubrir cuál es su imagen de Dios. Esta imagen es básica y determina todas las otras actitudes, imágenes y patrones a lo largo de su vida. No se engañen por sus convicciones conscientes. En lugar de ello, procuren examinar y analizar su reacción emocional a la autoridad, a sus padres, a sus miedos y a sus expectativas. Al hacerlo, descubrirán gradualmente lo que *sienten*, en lugar de lo que *piensan*, acerca Dios. La escala completa entre los dos polos opuestos de monstruo y padres amorosos se refleja en su imagen de Dios; desde la desesperanza y la desesperación en la convicción emocional de un Universo injusto, a la auto-indulgencia y el rechazo de la responsabilidad consigo mismo, y a la expectativa de un Dios que se supone debe consentirlos.

▼ Disolviendo la imagen de Dios ▼

Ahora surge la pregunta de cómo disolver dicha imagen. ¿Cómo se disuelve cualquier imagen, es decir, cualquier conclusión errónea? Primero, tienes que estar totalmente consciente del concepto equivocado. Este debe ser siempre el primer paso. Con frecuencia uno puede estar consciente de una imagen —la cual siempre es falsa; si no, no sería una imagen— pero puede no estar consciente de que *es* falsa. En tu percepción intelectual, estás en parte convencido de que la conclusión de la imagen es correcta. Mientras esto sea así, no te puedes liberar de las cadenas esclavizantes de la falsedad. Entonces, el segundo paso es enderezar tus ideas intelectuales. Es muy importante entender que la formación apropiada del concepto intelectual no debe ser sobreimpuesta en el concepto emocional falso que todavía persiste. Esto sólo causaría supresión. Pero, por el otro lado, no debes permitir que las conclusiones erróneas y las imágenes, que surgen a la superficie debido al trabajo que hasta ahora has hecho, te hagan creer que son verdaderas. Eso es lo que a veces sucede, de manera sutil. Date cuenta de que los conceptos erróneos, hasta ahora suprimidos, tienen que desarrollarse claramente dentro de la conciencia. Formula el concepto correcto. Después, estos dos deben ser comparados. Necesitas revisar constantemente cuánto se desvían emocionalmente, todavía, del concepto intelectual correcto.

Hazlo en silencio, sin apuro o enojo interior hacia ti porque tus emociones no sigan a tu pensamiento tan rápido como te gustaría. Dales tiempo a que crezcan. Esto se logra mejor con una constante observación y comparación entre el concepto erróneo y el concepto correcto. Date cuenta de que tus emociones necesitan tiempo para ajustarse, pero haz todo lo que está en tu poder para darles la oportunidad de crecer; esto sucederá mediante el proceso que apenas has establecido. Observa tus emociones, a pesar de las resistencias y de los pretextos que éstas puedan crear. Porque siempre existe esa parte en uno que se resiste al cambio y al crecimiento. Esta parte de la personalidad humana es muy astuta. Conoce estas tretas.

Amigos míos, las injusticias en el mundo se le adjudican frecuentemente a Dios. Si estás convencido de la existencia de la injusticia, la mejor actitud es examinar tu propia vida y encontrar, en ella, cómo has contribuido e incluso causado sucesos que parecían totalmente injustos. Mientras mejor entiendas la fuerza magnética de las imágenes y la poderosa fortaleza de todas las corrientes psicológicas e inconscientes, mejor entenderás y experimentarás la verdad de estas enseñanzas, y estarás convencido más profundamente de que *no existe la injusticia*. Encuentra *la causa y el efecto* de tus acciones internas y externas.

▼ *Dios no es injusto* ▼

Si haces sólo la mitad del esfuerzo que generalmente haces para encontrar las fallas de los demás, y lo usas para encontrar las tuyas, *verás la conexión con tu propia ley de causa y efecto y esto por sí solo te liberará*, te mostrará que no hay injusticia. Esto te mostrará que ni Dios, ni los destinos, ni el orden de un mundo injusto en donde tienes que sufrir las consecuencias de los defectos de las otras personas, son los que causaron, directa o indirectamente, lo que hasta ahora parecía llegar a tu camino sin haberlo atraído, sino que los causantes son tu ignorancia, tu miedo, tu orgullo y tu egoísmo. Encuentra el eslabón escondido y llegarás a ver la verdad. Te darás cuenta de que *no eres presa de las circunstancias* ni de las imperfecciones de los demás, sino que eres el creador de tu vida. Las emociones son fuerzas creativas muy poderosas, ya que su inconsciente afecta al inconsciente de las personas con que interactuamos. Quizás esta verdad es muy relevante para el descubrimiento de cómo atraes los sucesos a tu vida, buenos o malos, favorables o desfavorables.

Una vez que experimentes esto, puedes disolver tu imagen de Dios, ya sea que temas a Dios porque crees que vives en un mundo de injusticia y temes ser presa de las circunstancias sobre las cuales no tienes control, o que rechaces la responsabilidad por ti mismo y esperes que un Dios indulgente y consentidor lleve tu vida por ti, decida por ti y asuma los problemas auto-infligidos por ti. Darte cuenta de cómo tú causaste los efectos de tu vida, disolverá cualquier imagen de Dios. Este es uno de los principales hallazgos.

Este descubrimiento, por sí solo, te dará el reconocimiento de que no eres una víctima; de que tienes el poder sobre tu vida; de que eres libre y de que estas leyes de Dios son infinitamente buenas, sabias, amorosas ¡y seguras! No hacen un títere de ti sino que te hacen totalmente libre e independiente.

▼ *El concepto verdadero de Dios* ▼

Trataremos de hablar acerca de Dios. Pero, recuerda que todas las palabras, en el mejor de los casos, son sólo un pequeño punto para empezar a cultivar tu propio reconocimiento interior. Las palabras son por lo general insuficientes; pero lo son mucho más cuando concierne a Dios, el cual es inexplicable, lo es todo, y no puede ser limitado por las palabras. ¿Cómo pueden tu percepción y tu capacidad de entender, ser suficientes para sentir la grandeza del Creador? Cualquier pequeña desviación y obstrucción interior, es un obstáculo para el entendimiento. Debemos enfocar nuestra atención en la eliminación de estos obstáculos, paso a paso, piedra por piedra, ya que sólo entonces tendremos un destello de la luz y sentiremos la dicha infinita.

Un obstáculo es que, a pesar de las enseñanzas que has recibido de varias fuentes, inconscientemente todavía piensas en Dios como alguien que actúa, elige, decide y que dispone arbitrariamente y a voluntad. Y además de ello, sobreimpones la idea de que todo esto debe ser justo. Y aunque incluyas la noción de justicia, esta idea es falsa. Ya que Dios **ES**. Las leyes de Dios se hacen de una vez por todas y trabajan automáticamente. Emocionalmente, de alguna manera estás ligado a este concepto erróneo y éste se interpone en tu camino. Mientras esté presente, el concepto real y verdadero no puede llenar tu ser.

Dios, entre muchas otras cosas, es la *vida* y la *fuerza vital*. Piensa en esta fuerza vital como piensas en una corriente eléctrica dotada de inteligencia suprema. Esta "corriente eléctrica" esta ahí, dentro de ti, alrededor y fuera de ti. Depende de ti cómo la usas. Puedes usar la electricidad para propósitos constructivos, hasta para sanar, o la puedes usar para matar. Eso no hace que la corriente eléctrica sea buena o mala. Esta corriente de poder es un aspecto importante de Dios y es uno de los que más te tocan.

Este concepto puede hacer que surja la pregunta sobre si Dios es personal o impersonal, inteligencia directiva o principio y ley. Ya que los seres humanos experimentan la vida con una conciencia dual, tienden a creer que uno, o el otro, es verdad. Sin embargo, Dios es ambos. Pero el aspecto personal de Dios no significa personalidad. Dios no es una persona que reside en cierto lugar, aunque es posible tener una experiencia personal de Dios dentro del ser. Ya que el único lugar en que se puede buscar y encontrar a Dios es dentro de uno —en ningún otro lugar. La existencia de Dios puede deducirse fuera del ser, desde la belleza de la Creación, las manifestaciones de la naturaleza, la sabiduría coleccionada por filósofos y científicos. Pero estas observaciones sólo se vuelven una experiencia de Dios cuando se siente primero, dentro de uno, la presencia de Dios. La experiencia interna de Dios es la más grande de todas las experiencias, ya que contiene todas las experiencias deseables.

▼ *Las eternas leyes divinas* ▼

El amor de Dios también es personal en las leyes divinas, en el *ser* de las leyes. El amor en las leyes se muestra claramente en el hecho de que están hechas de tal manera que puedan llevarte, finalmente, hacia la luz y la dicha infinita, sin importar cuánto te desvíes de ellas. Mientras más te desvías de ellas, más te acercas a ellas por medio de la miseria que inflige la desviación. Esta miseria te hará dar la vuelta en uno u otro momento —algunos más temprano, otros más tarde, pero todos deben llegar al momento en que se den cuenta de que ellos mismos han determinado su miseria o su dicha. Este es el amor en la ley —este es el "Plan de Salvación".

Si tú lo deseas, Dios te permite desviarte de las leyes universales. Fuiste hecho a semejanza de Dios, es decir que eres completamente libre para elegir. No eres forzado a vivir en la dicha y en la luz, aunque puedes hacerlo, si lo deseas. Todo esto expresa el amor de Dios.

Cuando tienes dificultad para entender la justicia del Universo y la responsabilidad por ti y por tu propia vida, no pienses en Dios como "El" o "Ella". Mejor piensa en Dios como el Gran Poder Creativo a tu disposición. No es Dios el que es injusto; la injusticia es causada por tu uso incorrecto de la poderosa corriente a tu disposición. Si empiezas desde esta premisa y meditas sobre ello, y si de ahora en adelante procuras encontrar en dónde y cómo has hecho mal uso, sin saberlo, de la poderosa corriente en ti, Dios te responderá. Esto te lo puedo prometer.

Si buscas sinceramente esta respuesta y si tienes el valor de enfrentarla, entenderás la causa y el efecto en tu vida. Entenderás qué te llevó a creer (aunque hasta ahora, inconscientemente, y por lo tanto, más poderosamente) que el mundo de Dios es un mundo de crueldad y de injusticia, un mundo en el que no tienes oportunidad, un mundo en el que debes temer y sentirte desesperanzado, un Universo en donde la Gracia de Dios les llega a unos pocos elegidos, pero tú estás excluido. Sólo la responsabilidad por ti mismo puede liberarte de esta mentira que distorsiona tu alma y tu vida. Esto te dará confianza y el profundo conocimiento absoluto de que no tienes nada que temer.

El Universo es un todo y la humanidad es una parte orgánica de él. Experimentar a Dios es darse cuenta de que uno es una parte integral de esta unidad. Sin embargo, en el estado presente de desarrollo interior, en el que se encuentra la mayoría de los seres humanos, éstos sólo pueden experimentar a Dios bajo los aspectos dualistas de una conciencia activa espontánea y una ley automática. En realidad, estos dos aspectos forman una unidad interactiva.

El aspecto de la conciencia espontánea es el principio activo que, en términos humanos, es llamado el aspecto masculino. Es la fuerza vital[2] que crea; es una energía potente. Esta fuerza vital permea toda la creación y todas las criaturas. Puede ser usada por todos los seres vivientes conscientes.

El aspecto de la ley automática es el principio receptivo pasivo, la sustancia vital o el aspecto femenino, el cual es moldeado, formado y afectado por el principio creativo. Estos dos aspectos juntos

---

[2] Vea el Glosario para la definición de *fuerza vital*.

son necesarios para crear todo. Ellos son las condiciones de la creación y están presentes en cualquier clase de creación, sea una galaxia o un simple artefacto.

Cuando hablamos de Dios, es importante entender que todos los aspectos divinos son duplicados en el ser humano que viven, y cuyo ser descansa sobre las mismas condiciones, principios y leyes que pertenecen a la Inteligencia Cósmica. Ambos son lo mismo en esencia, y se diferencian sólo en el grado en que ocurren. Entonces, la realización significa activar, en uno mismo, el máximo potencial de Dios.

▼ Dios está en ti y crea a través de ti ▼

Dios, como una inteligencia deliberada, espontánea y directiva, no actúa para ti, sino a través de ti, estando en ti. Es muy importante que entiendas esta diferencia sutil pero definitiva. Cuando tienes un acercamiento equivocado hacia Dios en este respeto, esperas de una manera vaga que Dios actúe por ti. Entonces, resientes las inevitables desilusiones, y desde ahí concluyes que no existe el Creador. Si uno pudiera contactar a una deidad exterior, lógicamente podría esperar que actuara por uno. Pero esperar respuestas afuera del ser significa concentrarse en la dirección equivocada. Cuando contactas a Dios dentro de ti, las respuestas deben llegar y lo que es más, las verás y las entenderás. Estas manifestaciones de la presencia de Dios dentro del ser demuestran el aspecto personal de Dios. Demuestran la inteligencia activa, deliberada y directiva, siempre cambiante y fresca, adaptada en sabiduría infinita a cada situación. Expresan el Espíritu de Dios, manifestándose a través del espíritu del ser humano.

Cuando te descubres a ti mismo y en consecuencia, descubres el papel que juegas para crear tu destino, realmente te adueñas de ti mismo. Dejas de ser manejado y empiezas a ser dueño de tu vida.

Tú debes descubrir esto. Si la vida te forzara a llevar a cabo algo que te corresponde por derecho de nacimiento para salvarte del sufrimiento, jamás podrías ser una criatura libre. El significado de la libertad implica que no se puede usar ninguna fuerza o constricción, ni para obtener resultados buenos o deseables. Ni el más grande de todos los descubrimientos en el camino de tu evolución tendría significado si hubieras sido obligado a experimentarlo. La elección de voltear en la dirección que finalmente dará la verdadera libertad y el poder, debe dejársele a cada individuo.

Las ideas, las intenciones, la voluntad, los sentimientos y las actitudes expresadas por seres conscientes son las más grandes fuerzas en el Universo. Esto significa que el poder del espíritu es superior a todas las demás energías. Si este poder es entendido y usado de acuerdo con su propia ley, entonces supera a todas las demás manifestaciones de poder. Ningún poder físico puede ser tan fuerte como el poder del espíritu. Puesto que el ser humano es espíritu e inteligencia, es inherentemente capaz de dirigir todas las leyes automáticas y ciegas. Es con esta capacidad, que uno experimenta verdaderamente a Dios.

Cuando deliberadamente contactes y le pidas a tu ser superior, el cual contiene todos los aspectos divinos, que te guíe y te inspire, y cuando experimentes el resultado de este acto interior, sabrás que Dios está presente dentro de ti.

Así que, mis amigos, descubran qué imagen distorsionada tienen de Dios, la cual se interpone en el camino de su experiencia de Dios, como el total y dichoso sentimiento cósmico que realmente es. Ábranse a él. Que las palabras que les digo les lleven luz a su alma, a su vida. Permitan que llenen su corazón. Permitan que sean un instrumento para liberarlos de las ilusiones. El mundo de Dios es un mundo maravilloso y solamente hay razón para regocijarse en cualquier plano en el que vivan, en cualquier ilusión o dificultad que temporalmente estén atravesando. Permitan que sean una medicina para ustedes y crezcan fuertes y felices con lo que sea que llegue a su camino. Sean bendecidos. Queden en paz. ¡Queden en Dios!

▲ 5 ▲

Etapas en la relación con Dios

Saludos, mis muy queridos amigos. Dios los bendice a todos. Benditos son sus esfuerzos. Bendito es su trabajo.

▼ *Ser sin conciencia* ▼

Deseo discutir tu relación con Dios a lo largo de las varias etapas del desarrollo por las que pasa toda la humanidad. La primera etapa en este gran ciclo es el estado del ser sin conciencia. Las personas primitivas, durante sus primeras encarnaciones, están todavía en el estado del ser sin conciencia. Viven el momento, atendiendo sus necesidades inmediatas. Sus mentes aún no se han desarrollado y por lo tanto, no están equipadas para hacer ciertas preguntas, para dudar, pensar, discriminar. Viven en el ahora pero sin conciencia. Para poder vivir en el ahora con conciencia, los seres humanos deben atravesar varias etapas de desarrollo.

Al seguir desarrollándose, la mente humana se encargará de las necesidades apremiantes que emergen en cualquier civilización en crecimiento. En otras palabras, la mente es usada primero de manera concreta. Pero más tarde empieza a usarse de manera abstracta, para hacer preguntas importantes: ¿De dónde vengo? ¿A dónde voy? ¿Cuál es el significado de la vida? ¿Cuál es el significado del Universo?

La gente empieza a percibir la naturaleza y sus leyes. Observa la magnificencia de la ley natural y empieza a preguntarse. Este acto de preguntarse representa el primer paso consciente hacia el acto de relacionarse con el Creador.

¿Quién creó estas leyes? ¿Quién hizo todo esto? ¿Existe alguna superstición o mente responsable de esta creación? Con estas preguntas llegan a la existencia los primeros conceptos de Dios. Así, cuando las personas concluyen que debe haber alguien de una infinita superioridad, sabiduría e inteligencia, sienten que deben relacionarse con este Ser Supremo.

Pero simultáneamente, la inmadurez espiritual y emocional de la humanidad produce miedo y muchas otras emociones problemáticas que colorean el concepto de un Creador superior. Por un lado, las personas quieren una autoridad que piense por ellas, decida por ellas y sea responsable de ellas. Se aferran a esta autoridad, esperando ser liberadas de la responsabilidad por ellas mismas. Por el otro lado, proyectan en este Dios sus miedos ante la vida y ante su incapacidad para lidiar con ella. Sienten el poder inmensamente sabio y lleno de recursos del Creador de todas las leyes naturales.

Ya que todavía no pueden separar el poder de la crueldad, empiezan a temerle a este Dios, creado desde sus propias proyecciones. Y empiezan a apaciguar, a halagar, a someterse y a embelesarse por esta representación imaginaria de Dios.

Para recapitular: La primera etapa de despertar hace que las personas pregunten. En esta experiencia espontánea de preguntar, tienen frecuentemente una genuina experiencia de Dios y una relación. Pero entonces, conforme se vuelven más conflictivas y temerosas, y conforme sus deseos se hacen más urgentes, todas estas emociones y actitudes colorean la primera experiencia de Dios y ya no se relacionan genuina, espontánea o creativamente con Dios, sino que presentan una proyección de ellos mismos.

Entre más crezca la mente en una sola dirección, sin estar acostumbrada a resolver sus conflictos inconcientes, la relación con Dios se vuelve más falsa. La relación es falsa porque está basada en necesidades personales, en un pensamiento construido con deseo y miedo. Entre más continúe la distorsión, más falso se vuelve el concepto de Dios —consciente o inconscientemente. Al final, se volverá una superstición, cada vez con menos verdad y con más dogma, haciendo una farsa de Dios.

Eventualmente, la inteligencia de las personas, que ha crecido, evitará que continúen indefinidamente en esta actitud. Esta inteligencia les dirá: "No puede haber un Padre que lleve nuestra vida por nosotros. La vida depende de nosotros; es nuestra responsabilidad. Tenemos libre albedrío".

En ese momento se pone en marcha una reacción y, frecuentemente, las personas se van al otro extremo y se vuelven ateos.

▼ *La etapa de ateísmo* ▼

El ateísmo existe en dos estados: 1. Como una carencia absoluta de conciencia y entendimiento de la vida y las leyes de la naturaleza; 2. Como una reacción a la supersticiosa imagen de Dios y a la autoproyección de la humanidad, la cual surge al negar la responsabilidad por sí misma.

Este último estado, erróneo como es, todavía es un estado superior de desarrollo que la creencia original en Dios, la cual creció principalmente del miedo, la evasión, de la huida, el pensamiento construido con deseos y la negación de responsabilidad. La última es, frecuentemente, una transición necesaria en el camino hacia una experiencia y relación con Dios más realista y genuina. Durante esta etapa se cultivan las facultades humanas más importantes para el crecimiento individual.

Esto no quiere decir que defiendo más el ateísmo que la creencia infantil de Dios. Ambos son etapas. En cada etapa, el alma aprende algo importante que permanece en ella mucho después de que las capas superficiales de la mente se han liberado de los dos falsos extremos.

En el segundo estado de ateísmo, las personas aprenden a asumir la responsabilidad por ellas mismas. Sueltan el deseo de asir una mano que lleve la vida por ellas y que las absuelva de las consecuencias de sus propios errores. El ateísmo hace que las personas abandonen la expectativa de ser recompensadas por su obediencia a las reglas. Simultáneamente, esto las libera del miedo al castigo. De alguna manera, regresa a las personas hacia ellas mismas.

▼ Creciendo más allá del ateísmo ▼

Pero cuando uno pasa cierto punto en esta etapa, ya no es posible permanecer como ateo. Una vez que cualquier hecho científico o filosófico es llevado a su conclusión lógica, ya no es posible mantener una mentira o una verdad a medias —o incluso un estado temporal, que una vez sirvió para una función sana. Cuando las personas pasan a través de estas etapas, están destinadas a llegar al punto en donde usan sus mentes para cuestionar sus propios motivos y empezar a ver dentro de ellas mismas.

Las personas cultivan la conciencia enfrentando la realidad dentro de ellas. Al proseguir, son liberados niveles aún más profundos de la psique. El resultado de esta liberación es inevitablemente una genuina experiencia de Dios, la cual es muy diferente de la creencia infantil en un Dios auto-proyectado, que la mente ha creado por miedo, debilidad y pensamiento de deseos. Uno deja de actuar según lo que siente que Dios demanda o espera de uno. Vive en el ahora. No le teme a su propia imperfección, ni a que Dios lo castigue debido a ella. Puede ver la imperfección sin enfurecerse.

Una vez que las personas entiendan la imperfección sin temerla, verán que la imperfección en sí, no es tan dañina como su falta de conciencia de ella, el miedo de ser castigadas por ella y el orgullo de querer estar por encima de ella. Una vez que dejen de enfurecerse por tener que superarla, se sentirán lo suficientemente en calma para observarla y entender por qué existe. En este proceso, crecen y se superan. Al cultivar esta actitud, las personas son genuinamente capaces de experimentar a Dios. También, el vistazo ocasional de la imperfección promueve la actitud adecuada hacia uno mismo.

La genuina experiencia de Dios es de *ser*. Dios no es percibido actuando —repartiendo castigos o premios o guiándote de tal manera específica para que puedas evitar el esfuerzo humano. Simplemente te das cuenta de que Dios es. Esta experiencia es muy difícil de explicar en palabras, mis amigos, pero es la única manera en que puedo expresarla. Tú no puedes llegar al sentimiento de que Dios *es*, si primero no enfrentas lo que está ahora en ti, sin importar qué tan imperfecto, defectuoso o infantil pueda ser.

Sería falso asumir que cada una de las etapas que he descrito ahora se siguen de manera natural una a la otra. En realidad se superponen. No siempre siguen en este orden, ya que la personalidad humana está hecha de más de un nivel que, como sabes, lucha. Diferentes capas de la personalidad expresan diferentes actitudes en un determinado momento. De ahí que sea posible que en un período de tu vida puedas estar consciente en una etapa e inconsciente en otra. Solamente después de proseguir en un camino de auto-conocimiento como éste, la etapa inconsciente surge frente a uno. Este es el por qué, en una etapa posterior, frecuentemente surge algo que parece pertenecer a una etapa anterior. Esto sucede también cuando cierta etapa necesaria no ha sido plenamente vivida, sino que ha sido reprimida debido a influencias y presiones externas. Así que mi descripción es solamente un bosquejo general. Ten cuidado de juzgarte a ti mismo o a otra persona de acuerdo con lo que ves.

▼ *Ser en conciencia* ▼

La conciencia de uno mismo debe llevar finalmente al estado más general de *estar en conciencia*. Simultáneamente, surge una nueva relación con Dios. Ahora, Dios es experimentado como *ser*. Repito, no puedes entrar a esta etapa si primero no experimentas los aspectos negativos de tu realidad actual. Tampoco puedes llegar a ella aprendiendo conceptos, observando filosofías o prácticas o siguiendo doctrinas. Si no estás dispuesto a experimentar y a estar en tus confusiones actuales, en tus errores y en tus dolores, enfrentándolos y entendiéndolos, nunca podrás estar en Dios. O bien, para decirlo con otras palabras, no puedes estar en un estado de felicidad, de paz o de creatividad sin lucha, si no enfrentas la realidad temporal, que frecuentemente es desagradable. Sólo entonces, la más grande realidad puede ser experimentada. Al principio, vendrá ocasionalmente en destellos vagos, pero inclusive esto te dará un nuevo acercamiento y una nueva relación con Dios. No sólo transformará tu actitud y tu concepto de Dios, sino también, los conceptos sobre ti mismo y tu lugar en la vida.

En tu relación con Dios, tu oración —es decir, tu manera de hablar con Dios— también expresa las diversas fases. Frecuentemente es el caso, como con todas las cosas en la Tierra, que realmente estás interiormente en una nueva etapa, mientras que en el exterior, todavía te aferras a hábitos viejos. Esto puede aplicarse no sólo a la manera en que oras, sino también a ciertos conceptos a los que te aferras. La mente es intrínsecamente formadora de hábitos, pero experimentar el *ser* nunca forma hábitos. La tendencia de la memoria y de la mente a formar hábitos es una fuente de peligro para la verdadera experiencia espiritual. Entre más flexible seas, será menos probable que caigas en la trampa del hábito de aferrarte a las viejas ideas, que una vez te dieron una experiencia que deseas recrear asiéndola con insistencia.

Si te entrenas constantemente para enfrentar lo que ahora está en ti, te liberas de los hábitos que te impiden vivir de manera productiva y te alejan de la verdadera experiencia, ya sea Dios, la vida o tú —todo es lo mismo. Es ser. ¿No es el hábito el que incubó ciertas experiencias tan profundamente en tu mente, que éstas se volvieron imágenes rígidas? ¿No es el hábito el que provoca que te adhieras a tus concepciones erróneas, a tus generalizaciones que siempre son verdades a medias, en el mejor de los casos? Mis amigos, esto se aplica a muchas cosas.

Una vez más, deseo remarcar y advertir que siempre que descubras estas actitudes erróneas en ti, tengas cuidado de sentirte culpable, de enfurecerte o de sentir "No debería ser así". ¡Esta actitud es la más grande de todas las barreras!

▼ *Libre albedrío y predestinación* ▼

Y ahora, mis amigos, vayamos a sus preguntas.

PREGUNTA: Traté de explicarle a dos personas lo que nos dijiste sobre el espíritu y el libre albedrío —una es muy religiosa y la otra es un científico. Y ellos preguntaron: "Si Dios es omnisciente y amoroso, entonces, ¿Él también puede conocer el futuro? Si Él conoce el futuro, y nos da libre albedrío, Él debe saber qué haremos con él". Y no puedo responder a esto.

RESPUESTA: En primer lugar, el futuro es un producto del tiempo. Y el tiempo es un producto de la mente. Por lo tanto, en realidad, el futuro no existe, así como el pasado tampoco existe. Me doy cuenta de que esto es imposible de entender para la mayoría de las personas. Fuera de la mente, está ser —eso es, no hay pasado, presente o futuro, sólo ahora. Esto puede, en el mejor de los casos, percibirse de manera vaga, sintiendo en lugar de pensar.

Es más, esta pregunta surge desde la misma concepción errónea que señalé en esta conferencia, en cuanto a que muestra el concepto de un

Dios que actúa, que hace. La Creación no es, en el sentido verdadero, una acción y ciertamente, no es una acción ligada al tiempo. Cuando Dios creó al espíritu, fue fuera del tiempo, fuera de la mente, lo hizo en el estado de ser. En este sentido, cada espíritu es semejante a Dios y crea su propia vida. Dios no quita ni añade.

Además, debo agregar esto: Es una completa ilusión creer que el dolor y el sufrimiento, en sí mismos, son terribles. Por favor, trata de entender lo que estoy diciendo. El miedo excesivo de la humanidad ante el sufrimiento es extremadamente irreal y, otra vez, es un producto erróneo de la mente. Las personas le temen al dolor y al sufrimiento principalmente porque creen que no tienen relación con él, que puede llegarles sin ser ellos responsables de él —en otras palabras, que es una injusticia o una consecuencia del caos.

El sufrimiento real no es ni la mitad de temible que el miedo a él. En cierto grado, muchos de ustedes han experimentado esto. Te ha ocurrido que cuando temes algo antes de que suceda, parece mucho peor que cuando realmente pasas por ello. Y también has reconocido cómo has creado estos eventos. Si observas dentro tuyo esta cadena de eventos, abandonando el perfeccionismo, sin moralizar ni justificar, el dolor cesa instantáneamente, aún si la situación externa permanece igual. Cuando realmente llegas a un acuerdo con tu realidad, también puedes aceptar la imperfección de la vida. Cuando dejas de rebelarte en contra de la imperfección, muchos patrones cambian, y te causas menos sufrimiento. Pero tu expectativa, consciente o inconsciente, de que la vida debe ser perfecta, te hace rebelarte y poner barreras que causan más imperfección y sufrimiento de lo que la vida, de otra manera, te traería.

Así que es tu actitud hacia el sufrimiento, hacia la vida y hacia ti mismo lo que determina cómo experimentas el sufrimiento. Si tu actitud hacia el sufrimiento estuviera menos distorsionada de lo que generalmente está, encontrarías que los problemas que tienes que resolver para conquistar a la mente y a la materia, son bellos. Son las cosas más bellas en tu vida en la Tierra. Sólo conquistando tu propia resistencia, tu ceguera, y la falta de conciencia de ti mismo, experimentarás la belleza de la vida, aunque algunas veces, atravieses por períodos difíciles.

Cuando las personas se acercan un poco más a este entendimiento, dejan de tener lugar preguntas sobre el libre albedrío y el determinismo. La pregunta es tan confusa, contiene tanta ceguera y falta de conciencia de la realidad, y muestra tal inmadurez espiritual, que no puede siquiera ser respondida de alguna manera que tenga sentido para el que pregunta. No es posible entender con la mente lo que está más allá del reino de la mente. Para eso se necesita otra facultad, pero mientras la existencia de esta facultad sea negada, ¿cómo puedes guiar a la persona a tener un entendimiento definitivo?

Esta pregunta contiene, también, un eterno conflicto entre los conceptos religiosos. Por un lado, postula que Dios es un Padre omnipotente que actúa a voluntad, te premia si obedeces sus leyes, te guía sin tu participación activa en tu propia vida interior, siempre y cuando le pidas humildemente que lo haga. Por el otro lado, postula que los humanos tienen libre albedrío, moldean su propio destino, son responsables de su vida. Mientras que la religión enseña lo último, simultáneamente trunca la libre decisión y la responsabilidad por uno mismo, forzando a las personas a obedecer ciertas reglas prescritas. Las personas se confunden por estos dos conceptos, mutuamente excluyentes, en apariencia. La pregunta que hiciste representa esta confusión.

Un Creador omnipotente y la responsabilidad humana por uno mismo son mutuamente excluyentes sólo cuando son vistos en el tiempo con la mente, y cuando este Creador omnipotente es percibido actuando como un ser humano. No es necesario que hayas alcanzado el estado de conciencia para percibir que, en realidad, no existe conflicto entre los dos. Todo lo que tienes que hacer es enfrentarte a ti mismo sin resistencia, sin la pretensión de ser más de lo que eres, sin luchar por ser más perfecto de lo que eres en este momento. Cada aspecto individual que ves en ti con esta libertad te pone en ese momento en un estado de ser, e internamente percibes la verdad de Dios como un ser sin contradicciones como las que contenía tu pregunta. Entonces, profundamente sabrás que la responsabilidad completa por uno mismo no es exclusiva de un Ser Supremo. Una persona que internamente no está lista, no puede entender esto.

Las etapas de la oración

PREGUNTA: ¿Podría elaborar sobre el significado de la oración en las diferentes etapas?

RESPUESTA: La oración se adaptará a los conceptos conscientes de cualquier fase. En la primera etapa, cuando las personas todavía están en la etapa del ser sin conciencia, no hay oración, porque no hay un concepto de Dios. En la siguiente etapa, cuando las personas empiezan a hacer preguntas, este preguntarse sirve como una oración o meditación. El siguiente paso puede ser darse cuenta de una inteligencia suprema. En esta etapa, la oración toma la forma de admiración de la maravilla del Universo y de la naturaleza. Es adoración. En la siguiente etapa, cuando la confusión, emparejada con la inmadurez y la ineficacia, causa miedo, desesperanza y dependencia, la oración tomará la forma de una súplica, de un pensamiento deseoso y de una negación de la realidad. Cuando las oraciones parecen ser contestadas en este estado, no es porque Dios actúa, sino porque, de alguna manera, las personas son sinceras, a pesar de todos sus auto-engaños y evasiones, y han abierto un canal a través del cual puede penetrar el poder de las leyes del ser. Esta es una diferenciación importante que solamente será percibida en una etapa posterior.

Cuando las personas se dan cuenta de su propia participación en recibir respuesta a una oración, perderán la sensación de impotencia ante un Dios arbitrario y voluntarioso a quien tienen que apaciguar mediante reglas sobreimpuestas y hechas por el hombre. Pero puedo añadir que lo que parece ser una oración respondida, frecuentemente es en realidad el resultado de haber resuelto conflictos internos, por lo menos en este momento.

Cuando las personas entran a la etapa de independencia y sueltan a su Dios imaginario que castiga, premia y lleva la vida por ellas, se encuentran en una etapa de ateísmo, de negación de cualquier ser superior, y no oran, por supuesto —por lo menos no en el sentido convencional. Quizás mediten, quizás se vean sinceramente a sí mismas; y esto, como todos ustedes ya saben, es una oración en el sentido verdadero. Pero las personas en el estado de ateísmo también pueden ser completamente irresponsables y no pensar ni verse a sí mismas. Pueden escapar de ellas mismas de la misma manera como lo hace una persona que usa a Dios como escape.

Cuando las personas alcanzan la etapa de la auto-conciencia activa, de enfrentarse como realmente son, pueden, al principio, estar todavía acostumbradas a la vieja oración de suplicar ayuda, de pedirle a Dios que haga por ellas lo que ellas evaden hacer por ellas mismas. Sin embargo, a pesar de este hábito, empiezan a enfrentarse a sí mismas. Solamente después de alcanzar niveles más profundos al enfrentarse a ellas mismas, las personas gradualmente evitan el tipo de oración al que estaban acostumbradas. Quizás incluso pasen por una etapa de no orar activamente, en el sentido usual. Pero meditan —¡y esa es, frecuentemente, la mejor oración! Meditan viendo sus motivaciones reales, permitiendo que salgan a la superficie sus verdaderos sentimientos y poniéndolos en duda. En este tipo de actividad, la oración tiene, en el sentido viejo, cada vez menos sentido y es contradictoria. De hecho, la oración es el acto de auto-conciencia y de verse a uno mismo en la verdad. La oración es la sincera intención de enfrentar lo que podría ser lo más desagradable. Esto es orar, ya que contiene la actitud de que la verdad por su propia causa es el umbral al amor. Sin la verdad y sin el amor, no puede haber una experiencia de Dios. El amor no puede crecer tratando de pretender una verdad que no se siente. Pero el amor puede crecer al enfrentar la verdad, sin importar qué tan imperfecta sea. Esta actitud es orar. La integridad con uno mismo es orar; estar alerta a las propias resistencias, es orar; confesar algo que uno ha escondido en vergüenza, es orar. Cuando esto sucede, el estado de ser emerge gradualmente, aunque quizás con interrupciones. Entonces, en el estado de ser, la oración ya no es un acto de pronunciar palabras o pensamientos. La oración es un sentimiento de ser en el eterno ahora; de seguir en una corriente de amor con todos los seres; de entendimiento y de percepción; de estar vivo.

Todo lo anterior constituye la oración en el sentido más alto. La oración es la conciencia de Dios en Su realidad. Pero este tipo de oración no puede ser imitada o aprendida mediante cualquier enseñanza, cualquier práctica o disciplina prescrita. Es el resultado natural del valor y la humildad de enfrentarse a uno mismo completamente y sin reservas. Antes de que hayas alcanzado este estado superior de relación con Dios —un estado de ser en donde la oración y el ser son uno— todo lo que puedes hacer es practicar la mejor oración en el mundo, renovando constantemente la intención de enfrentarte a ti mismo, sin ninguna reserva; de eliminar todas las pretensiones entre lo que quieres ser y lo que realmente eres, y de eliminar entonces la pretensión entre tú mismo y los demás. Mi amigo, éste es el camino.

Con esto, bendigo a cada uno de ustedes. Traten de sentir el amor, el calor y la verdad que vienen desde el mundo del ser, el cual puede ser suyo al pedirlo. Ahora tienen una llave. ¡Úsenla! ¡Queden en paz, queden en Dios!

▼▼▼▼▼▼▼▼▼▼▼▼▼▼▼▼▼▼▼▼▼▼▼▼▼▼▼

Parte III

▼

La gran transición desde el egocentrismo hasta el amor

> Dios no pide nada de ti,
> excepto que te dejes ir y permitas
> que Dios sea Dios en ti.
>
> Meister Eckhart

El Pathwork brinda una metáfora poderosa para nuestro trabajo al hablar de la "gran transición". Una parte de la gran transición es nuestra tarea de convertirnos en seres humanos relajados, plenos y libres. La otra parte es soltar todo esto para simplemente alinearnos con la voluntad de Dios.

Por supuesto, nuestra vida de trabajo personal no reflejará precisamente una transición de un estado al otro. Profundamente en nuestras almas, siempre hemos tenido lugares que están alineados ferozmente con la voluntad de Dios. Y podemos tener temas personales persistentes, que requerirán de nuestro constante escrutinio y trabajo, a lo largo de nuestras vidas. Las conferencias del Pathwork reflejan esta naturaleza de un trabajo cíclico y entretejido, alternando entre instrucciones básicas para manejar temas problemáticos de la personalidad, al mismo tiempo que nos dirigen, también, hacia la entrega total a lo Divino. Sin embargo, el espíritu de las conferencias nunca se desvía de la premisa de que nuestra meta final es mucho más grande que simplemente mejorar.

El primer capítulo del primer libro del Pathwork (*No temas el mal. El método Pathwork para transformar el ser inferior*) ofrece un contraste útil entre este trabajo y la corriente psicoterapéutica dominante: "Es esencial manejar las confusiones, concepciones internas erróneas, actitudes defensivas que nos aislan, emociones negativas; trabajo que la psicoterapia también intenta hacer e incluso plantea como su meta final. En contraste, el Pathwork entra a su fase más importante sólo después de que la primera etapa termina. La segunda fase, y la más importante, consiste en aprender cómo activar la conciencia superior que habita dentro de toda alma humana".[1]

¿Qué es esta "conciencia superior que habita dentro de toda alma humana"? Es la capacidad de amar, de estar "en" el amor, en Dios. El Pathwork enfatiza que el amor no es algo que podemos ordenarnos sentir, o que intelectualmente podemos decidir sentir. En realidad el amor no es siquiera un sentimiento. Es un estado de ser, de entrega, de fe perfecta, que trasciende y puede darle poder a todos los sentimientos. El amor es soltar cualquier

---

[1] (De la Conferencia núm. 204 del Pathwork)

sentido de separación, de cualquier parte de uno, de otros seres humanos, del mundo natural y de los reinos espirituales. El amor es eterno y también nace a cada momento. En fin, todas las instrucciones espirituales verdaderas están dirigidas a ayudarnos a entrar a este movimiento eterno de amor.

Antes de la gran transición, todavía creo que me estoy mejorando a mí mismo. Estoy comprometido en un crecimiento personal. Estoy intentando hacer real mi ser. Estoy descubriendo y expresando todos mis sentimientos; estoy recuperando mi cuerpo; estoy expandiendo al máximo mi potencial humano.

Estoy volviendo a reconocer, como mías, partes de mí que antes aprendí a considerar ajenas. En este sentido, estoy en el proceso de hacerme "más grande".

Cuando realmente hago la gran transición, siento como si alguien jalara una alfombra que está debajo de mi ser auto-creado que construí tan cuidadosamente. Pierdo la sensación de que estoy "creciendo". En cambio, por un tiempo puedo sentir que estoy perdiéndome a mi mismo. En lugar de seguir haciéndome grande, siento que me estoy empequeñeciendo, que hasta soy insignificante, y mis metas para mi mismo se desvanecen y parecen volverse irrelevantes.

La transición puede ser descrita como un movimiento del aislamiento centrado en uno mismo hacia un estado de unión. Pero esta no es la "unión" que fantaseo cuando todavía estoy viviendo en la separación. Mientras vivo en mi estado de creer que soy un yo separado, puedo pensar que tengo un sentido de lo que significa estar en unión. Quizás hasta me puedo convencer, a veces, de que he llegado a ese estado. Pero entonces, alguna experiencia me saca del error de esta noción y estoy de regreso en lo que claramente es una existencia separada y centrada en mí mismo.

Sin embargo, paradójicamente, cuando con humildad me permito hacerme pequeño, hago la transición hacia volverme "más grande" otra vez, pero desde una perspectiva totalmente nueva. El "grande" viejo llegó a mí al reincorporar los aspectos obstruidos de mí mismo, construir creencias y hábitos positivos para reemplazar los hábitos viejos y limitantes, y al hacer todo el otro trabajo de fortalecer y mejorar el ser. Y ahora, por el contrario, me hago grande adelgazando mis fronteras, ofreciéndome al flujo infinito de la energía espiritual dentro de mí y a mi alrededor, soltando totalmente cualquier sensación de que tengo el control o de que conozco cuál es el plan de Dios para mí o para el mundo.

En términos del Pathwork, una notable característica de trabajo en este nivel es que ya no involucra a la máscara. La máscara es una creación de la personalidad, y para este punto de nuestro viaje ya habremos trabajado sustancialmente los temas de la personalidad que crearon y mantuvieron nuestro ser idealizado, nuestra máscara.

El efecto es exponer muy claramente el conflicto entre el ser inferior y el ser superior al nivel del alma. Como todo el tiempo lo hemos experimentado, el ser inferior está dedicado al miedo y a la separación, y el ser superior al amor y la verdad. Ahora, en el nivel del alma, la escisión se vuelve mucho más clara. El compromiso del ser inferior con la negatividad y la dualidad se adhiere ahora a fuerzas destructivas mucho más grandes que cualquier cosa que exista en nuestras simples personalidades. Aquí es donde debemos confrontar los arquetipos negativos, los impulsos demoniacos, las profundas distorsiones en la energías masculinas y femeninas básicas —el verdadero mal.

Sin embargo, aquí también, el ser superior revela su verdadero poder, con su compromiso infinito con la unidad, la gracia, la creación. Percibimos a nuestro ser superior como profundamente confiable, en tanto que crea y nos brinda regalos personales para el alma, fomenta un equilibrio fértil entre lo masculino y lo femenino, y obtiene la ayuda de los impulsos angelicales y de los guías espirituales. La última expresión del ser superior es Cristo —no como una figura histórica o como un símbolo religioso, sino como una fuerza fundamental sanadora y de ayuda, disponible para nosotros como un regalo de Dios. Al seguir entregándonos a Dios, como individuos y como especies, el ser inferior colectivo, el cual es generado por prticipación de todos nosotros, sanará y vendrá a casa, al amor y a la alegría, en el centro de la creación.

Una vez más, esta gran transición no me sucede sólo una vez. Es decir, quizás necesita suceder sólo una vez en el nivel espiritual; pero puede tomar toda una vida de trabajo alinear mi ser físico, mental y emocional con este umbral que alegremente he cruzado en mi alma.

Al principio, puede parecer como si las fronteras de todo se han aflojado un poco. Mi esposa y yo descubrimos que, aunque no hayamos hablado uno con el otro durante una hora o más, cada uno hemos tenido el mismo pensamiento al mismo tiempo. El dolor que siento por el sufrimiento de los demás en el mundo va más allá de una empatía común, y me parece que realmente estoy sintiendo el dolor de los demás, de una forma tan viva como si fuera el mío propio. Siento cada vez más que los sentimientos que tengo no son, para nada, mis sentimientos; y en cambio, experimento cómo simplemente me estoy sintonizando con cierta banda en el radio emocional que todos los seres humanos poseen. O, de manera aún más extraña, de repente puedo tener un vistazo de un ser angelical, parado a mi lado.

Estas, por supuesto, son indicaciones iniciales. No significan necesariamente que he hecho la gran transición, pero sí indican que me estoy moviendo en aquella dirección. Y si reacciono a estos eventos con calma y con fe, puedo aprender mejor cómo continuar el proceso de aflojar mis fronteras y darme cuenta de que ahora estoy trabajando no principalmente para mí sino para todos los seres. Puedo dedicar más el espacio de mi corazón al amor de Dios, dentro de mí y fluyendo a través de mí, con fe de que puedo de manera simultánea ser lo suficientemente grande y lo suficientemente pequeño para permitir que este amor guíe mi destino y el del planeta.

Los siguientes tres capítulos describen esta gran transición desde el egocentrismo hasta centrarse con todo, o a centrarse con Dios. Cruzar esta división, hacer el movimiento del trabajo en uno mismo al trabajo de Dios, es el paso más importante en el camino espiritual de todos y cada uno de los seres.

▲ 6 ▲

La gran transición
en el desarrollo humano

Saludos, mis muy queridos amigos. Traigo bendiciones para todos ustedes. Bendita es esta hora.

▼   *Del aislamiento a la unión*   ▼

Existen dos corrientes básicas en el Universo. Una es la fuerza del amor, la cual da, comunica y está por encima del pequeño ser. De hecho, el pequeño ego, que se considera a sí mismo como el centro de todas las cosas es, en realidad, sólo una parte de un todo maravilloso. Tu ser real nunca te considera como el fin último. Cuando logras alcanzar la altura de tus capacidades, dejas de experimentar la vida dentro de los confines de las barreras separatistas y restrictivas de creencias equivocadas y concepciones erróneas. Entonces, encuentras la unión con todas las personas. Te vuelves una persona diferente, y al mismo tiempo permaneces, en esencia, el mismo individuo.

La segunda corriente o fuerza básica es el principio invertido y egocéntrico en que aún vive la mayoría de los seres humanos. En ese estado, sufres y "gozas" la vida solo. No importa cuántos seres queridos estén a tu alrededor amando y compartiendo contigo; tu experiencia de vida resulta esencialmente única y peculiarmente tuya, es intransmisible e imposible de compartir. Tú eres el único que sientes de esta forma específica este dolor y alegría particulares. Puedes no pensarlo así conscientemente. De hecho, tu conocimiento exterior puede estar en contradicción con este estado interior con el que experimentas la vida. Y cuando tiene que ver con tus sentimientos, así es como experimentarás la vida, mientras sigas en el estado de separación centrada en uno mismo.

La transición desde el aislamiento centrado en uno mismo hacia el estado de unión con todo es el paso más importante en el camino de evolución de una entidad espiritual individual. En algún momento, en una vida o en otra, *la transición debe llegar*. Exactamente cuándo sucede, varía en cada individuo. Pero en este camino, tiene que llegar, tarde o temprano el momento en que pases de un estado a otro (y esperemos que llegue mientras todavía estás en esta encarnación).

Las palabras no te transmitirán lo que realmente significa este cambio. Las has escuchado muchas veces en diversas filosofías y enseñanzas. Quizás incluso seas capaz de discutir el tema inteligentemente. En momentos aislados, quizás hayas experimentado lo que estoy describiendo.

Pero luego la experiencia se desvanece y regresas al viejo estado de aislamiento. Se requiere de más trabajo para hacer la transición permanente, y el prerequisito esencial para la permanencia es encontrar y resolver tus conflictos ocultos.

Es más, es de vital importancia que entiendas que la meta final de tu camino espiritual es hacer la transición de un estado hacia el otro. Para poder hacerlo, debes estar completamente consciente de que aún vives en el estado viejo e indeseable. Mientras tengas ilusiones acerca de eso, o mientras sigas confundido y no sepas siquiera que existen dos estados claramente diferentes, tendrás mayores dificultades.

Cuando le des un primer vistazo al nuevo estado de ser, sentirás una liberación de la limitante pared del aislamiento centrado en uno mismo. Sentirás un profundo propósito en la vida, ¡en tu vida, en toda forma de vida! Entenderás el propósito de todas tus experiencias, tanto buenas como malas, y las evaluarás desde un punto de vista completamente nuevo. Experimentarás profundamente la unión con todos los seres y la importancia de su propósito así como del tuyo. Penetrarán en ti una nueva felicidad y seguridad como nunca conociste. La nueva seguridad no estará acompañada del engaño, que no te traerá más sufrimiento, y tampoco te acobardarás ante dicho sufrimiento. Sabrás que no te lastimará.

▼ *Tú no generas tus sentimientos* ▼

Una primera experiencia, común en el nuevo estado, es sentir que lo que sea que experimentas en este momento, también es algo que millones de personas sienten. Que millones lo sintieron en el pasado y millones lo sentirán en el futuro. Desde que empezó el mundo de la materia, todos estos sentimientos —buenos o malos, positivos o negativos, felices o dolorosos— han existido y las personas los han experimentado. Que te parezca que has generado un sentimiento, no significa que realmente lo hayas hecho. Lo que sí produces, es la condición de sintonizarte con una fuerza o principio en particular de una emoción ya existente. Esta diferencia puede parecer exagerada pero no lo es. Percibir la vida desde esta nueva perspectiva es esencialmente una nueva experiencia. Mientras conserves la ilusión de que estás generando la emoción o experiencia de vida respectiva, sigues único, solo y separado. Cuando empiezas a sentir que te estás sintonizando con lo que ya existe, automáticamente te conviertes en una parte del todo y no serás más el individuo separado que sentías que eras.

No espero que estas palabras produzcan inmediatamente este nuevo estado en ti. Pero tu trabajo en el *path* progresa firmemente, y si entrenas a tu percepción interior meditando e intentando sentir estas palabras, puedes acelerar la transición. Reconocer tu afinidad con todos los demás ensanchará tu horizonte considerablemente; te dará una nueva perspectiva de tus penas pasajeras y te ayudará a hacer un uso constructivo de cualquier descubrimiento negativo dentro de ti. También elevará tus habilidades creativas.

El anhelo fundamental de la humanidad es participar realmente en el nuevo estado de ser que sigue a la transición. En tu ignorancia puedes obstruirlo y temerle, pero el anhelo permanece. Porque en el estado que es natural para todas las criaturas de Dios —el estado de unión— no hay soledad. En tu estado presente, estás, en esencia, solo. Lo mejor que ocasionalmente puedes lograr es darte cuenta de que otras personas pasan por experiencias similares y sienten igual que tú. Pero eso no es lo que realmente *es* el nuevo estado.

En el nuevo estado sabrás profundamente que todas las cosas, sentimientos, emociones, pensamientos y experiencias ya existen y que las compartes con todas las corrientes existentes debido a condiciones producidas por ti mismo. Estas fuerzas y principios trabajan en todos lados y dentro de ti. Depende de ti cuál te afectará.

Visualiza todas las experiencias emocionales, desde la menor hasta la mayor, como corrientes o ríos. De acuerdo con el conjunto de características como lo son tu marco personal mental, tu estado emocional, tu desarrollo general, tus tendencias de carácter, así como los estados de ánimo pasajeros o sucesos externos, te sintonizas con una de estas corrientes mientras que simultáneamente, quizás en parte, estás sintonizado con otra que es conflictiva. Con el nuevo estado debe ocurrir un cambio drástico en tu perspectiva total, interna y externa. De un ser separado y centrado en ti mismo, estás destinado a volverte, poco a poco, el ser que realmente eres.

Imaginas, con tu limitada capacidad de pensamiento, que sólo como individuo único tienes dignidad y la oportunidad de ser feliz. También sientes —frecuentemente de manera inconsciente— que si sólo eres un tensor más en la rueda de la bicicleta, tú no cuentas. Estás todavía bajo la ilusión de que eres uno más entre billones, y por lo tanto, tu felicidad no es importante. Otra ilusión mal interpretada es el derecho a la individualidad, que declara que eres un ser separado y que por lo tanto eres, esencialmente separado, solo y único. En el mejor de los casos, crees que los demás pueden estar en un aprieto similar. Esto es una ilusión, pero existe en la mayoría de ustedes en cierta medida. Mientras este malentendido permanezca en ti, estás sosteniendo inconscientemente una batalla innecesaria y trágica. Piensas que debes oponerte a soltar tu derecho individual de ser importante y feliz. Si este error interno —en el que estás luchando por tu individualidad y por tu felicidad, cuando de hecho, estás luchando por preservar tu separación— se aclarara, haría más fácil la lucha.

▼ Abandonando la separatividad ▼

La verdad —y la experimentarás algún día— es ésta: en el nuevo estado verás que ser ni más ni menos que sólo una parte del todo y compartir con tantos más algo que ya existe, te hace una persona más feliz. Tienes el derecho a la felicidad y tienes más (en lugar de menos) dignidad e individualidad debido a este hecho. Tu dignidad aumentará en el grado en que tu orgullo de separatividad disminuya. La plenitud y la riqueza de la vida aumentará al grado en que dejes tu estado de separatividad, en el cual supones que para tener más para ti, debes quitarle a los demás. Ese es el error y ese el conflicto. En el viejo estado, eso es lo que funciona. En el nuevo estado, esto no es verdad. La importancia de tu bienestar es infinitamente mayor, sólo porque eres parte del todo. En el momento en que logres ver, aunque sea sólo por un momento la verdad, nunca más serás desgarrado por el viejo conflicto entre tener una felicidad que es egoísta o elegir abstenerte de este "egoísmo", pensando que tu felicidad no es importante.

Este malentendido inherente causa una profunda culpa en el alma humana, porque no sabes qué hacer con tu deseo de ser feliz. El conflicto se desvanecerá cuando tu punto de vista considere el nuevo enfoque y lo entrenes para hacerlo. En el instante que has experimentado el primer chispazo de entendimiento, reconocerás cuán impregnado estabas de separatividad. En cuanto llegue el conocimiento profundo, realmente verás que el viejo estado de separatividad era, y aún es, tu mundo. Entonces tu deseo consciente de dejar atrás el viejo mundo aumentará.

Cuando me refiero a estar centrado en uno mismo, no lo hago de una manera moralizadora, culpante y castigadora; lo hago filosóficamente. Indica un estado básico de ser, a diferencia de un estado de ser completamente diferente; un mundo, o un principio del alma, frente a otro.

Al hacer gradualmente esta transición, tus valores cambiarán, de manera inevitable. Tu propósito, meta y concepto de la vida cambiarán, también inevitablemente. Este cambio no será la adopción superficial de nuevas opiniones, sino un crecimiento natural, gradual, orgánico interior. Ocurre lentamente; es un cambio interno en lugar de ser externo. Con frecuencia sucede que tus opiniones externas no necesitan pasar por una revisión drástica. Pueden permanecer esencialmente iguales, pero las experimentarás y las sentirás de una forma diferente.

Las personas temen tanto al cambio. Pero, mis amigos, no tienen nada que temer. Gran parte de tu vida y de tus opiniones pueden permanecer iguales mientras cambias. Esto suena paradójico pero no es así. Permanecer igual y, aún así cambiar, es posible de una manera buena, constructiva y natural, porque el llamado de tu vida es crecer al máximo. No obstante, también es posible cambiar y permanecer igual en algunas maneras de ser equivocadas y destructivas.

Realmente, no tienes nada que temer al acercarte a esta gran transición, ya que aquello que es valioso y válido, lo que esencialmente eres, permanecerá igual, sólo que enriquecido. Sólo aquello que no era esencialmente tú, gradualmente se caerá, como una piel usada y vieja. Fuerzas creativas, de las cuales aún eres completamente inconsciente, fluirán de ti.

Cuando logres el nuevo estado de unidad, la dirección de tus corrientes internas más profundas será invertida. En tu estado presente de aislamiento, muchas fuerzas creativas, como el amor o los talentos, tratan de fluir desde ti, pero debido a tu estado básico de separatividad centrada en ti mismo, se regresan. Después del esfuerzo inicial de fluir hacia afuera, alcanzar al cosmos y enseñar a otros, se retiran, se mantienen ocultas y se vuelven inactivas. Tu naturaleza más profunda se rebela contra esta frustración porque va en contra de la naturaleza, en contra de la creación y en contra de la armonía.

Esta rebelión básica de tu naturaleza interior causa muchos conflictos que no pueden ser resueltos completamente con sólo reconocer tus imágenes y tus conflictos, los cuales fueron creados por las circunstancias de tu infancia. Si bien la disolución de los conflictos de la infancia es esencial para abrir paso al nuevo estado de ser, es importante reconocer que disolver conflictos de la infancia no es un fin en sí mismo. Si tu meta es sólo resolver conflictos de la infancia y corregir tus desviaciones psicológicas, entonces fracasarás en satisfacerte a ti mismo. Muchas veces no lograrás resolver realmente estos conflictos, si su solución no es un medio hacia una meta superior: la transición del estado de aislamiento, centrado en uno mismo, hacia el estado de unión con todo. Esto incluye reconocerte a ti mismo como una parte integral de la Creación que lucha constantemente y sin parar por una satisfacción superior.

Solamente cuando asumas como meta personal el propósito superior de unión con todo, serás capaz de satisfacerte completamente. Desarrollarás todas tus capacidades y entonces, el gran río de vida, de salud y fortaleza fluirá a través de ti. Cuando tu perspectiva final de la vida se distorsiona o no se formula claramente, tus fuerzas creativas y dadoras de salud no pueden ser regeneradas por el gran río cósmico. Las fuerzas cósmicas son constantemente obstruidas y detenidas por tu ignorancia, confusión, falta de conciencia o bien por la perspectiva errónea del significado real de la vida. Con la perspectiva apropiada lograrás sin falta acercarte y, finalmente, hacer la transición.

En el nuevo estado, tus propias fuerzas creativas fluirán naturalmente desde ti, permitiendo a las fuerzas cósmicas fluir hacia ti, renovando y regenerando de manera constante todo tu ser. Tus fuerzas tocarán a otros seres, quienes sean, que están sintonizados con ellas, donde estén.

Yo sé que este tema es difícil de entender. Es abstracto y no es fácil ponerlo en práctica. Para hacerlo, es necesario hacer acopio de todos tus sentidos internos, tu naturaleza intuitiva, así como tu deseo sincero de entender realmente el más profundo significado de estas palabras. Con este estudio y meditación, tratando de sentir y de usar tus descubrimientos internos y con la ayuda de la visión general aquí expuesta, llegarás al punto en que estas palabras serán una revelación para ti.

Entonces, se abrirá una nueva puerta y por ella entrarás felizmente. Entonces, reconocerás cuánto tiempo has batallado para cruzar este umbral.

Cultivar este nuevo acercamiento hacia la vida, eventualmente te revelará un entendimiento, no sólo de ti mismo y de los demás, sino también acerca del propósito de la vida y de tu función en ella. Nada más puede darte la seguridad real que aún buscas.

Todos los grandes maestros y todos los sabios han hablado, de diversas maneras, acerca de esta gran transición. Tú que estás en este camino, deberías pensar acerca de esto, imaginarlo y saber que su momento tiene que llegar.

¡Cuánto lucha el alma humana en contra de esto, que es el destino final de todo ser! ¡Cuán temerosa está de abandonar el estado de infelicidad y cambiarlo por un estado de felicidad y seguridad! Qué tontería de tu parte es temer, en el fondo de tu corazón, que al abandonar el mundo viejo y obtener el nuevo debes dejar algo valioso atrás. Intenta localizar ese miedo irracional y la resistencia que lo acompaña. Está ahí mismo dentro de ti. Todo lo que tienes que hacer es verlo. No tienes que buscar muy lejos o muy profundamente para encontrarlo. La resistencia básica a la transición se expresa en innumerables y pequeñas maneras en tu vida cotidiana. Encuéntrala, y habrás encontrado una llave valiosa. Primero, es necesario que te des cuenta de cómo estás luchando para mantener la vida aislada, en la que, en el mejor de los casos, deseas compartir tu vida con unas cuantas personas elegidas. Si puedes darles alguna forma de amor a esas personas, ya estás un paso más allá que otros que, no pueden hacer siquiera esto.

Espero que no malentiendas mis palabras ni las interpretes como que debes hacer un cambio drástico en tu vida exterior. La transición es mucho más sutil que eso. Una vez que empiezas a reconocer los síntomas de tu forma de vida vieja, aislada y centrada en ti mismo, inevitablemente verás cómo cada impulso relacionado con esta perspectiva crea miedo e inseguridad, además de ser inútil y no tener sentido. El nuevo estado es de gozo continuo y profunda seguridad interior. No digo que vas a dejar de tener dificultades. He dicho esto ya muchas veces y no quiero ser mal entendido en este tema. Nadie debe ver este camino y el desarrollo que tiene lugar en él, con la idea de que si actúa correctamente, sus dificultades dejarán de existir. Esa expectativa es, por supuesto, completamente irreal y errónea siempre y cuando sigas encarnando como ser humano. Sin embargo, como he dicho antes, aquello por lo que necesitas atravesar, ya no te asustará. Tendrá sentido para ti, y pasarás por ello valerosamente, creciendo con y gracias a ello. Lo aceptarás como parte de la vida, en lugar de huirle.

Vean por lo tanto, mis queridos amigos, que por lo que realmente está luchando la humanidad es por mantener un estado de obscuridad aislante. Es una lucha sin sentido de la cual cosechan infelicidad y esto, en sí, comprueba que la dirección es la equivocada y que debe cambiarse. Los resultados de cambiar tu dirección interior son la libertad y la alegría, el propósito y la seguridad. Parece como si hubieras estado renunciando a algo a lo que te aferrabas frenéticamente; sin embargo, una vez que decidas soltarlo, verás que no has perdido nada.

Los primeros pasos tentativos en la transición de un estado o un mundo hacia otro son el conocimiento de uno mismo y el entendimiento de tus problemas, conceptos y actitudes inconscientes. El conocimiento y la aceptación de uno mismo son pre-requisitos. Todo lo demás surge de ello. También tienes que darte cuenta de que hay una meta más, que va más allá de la mera disolución de tus problemas internos. O, para decirlo de otra forma, no puedes realmente resolver estos problemas, a menos que consideres esta gran transición básica.

Si ocasionalmente pueden sentir lo que he tratado de transmitirles en esta conferencia, quizás pueda ayudarlos a abrir una pequeña ventana desde la cual pueden tener una nueva percepción. Los dejo con fortaleza y con nuestro amor, y con nuestros deseos de que puedan continuar luchando en este camino específico, un camino para encontrarse a ustedes mismos y desarrollarse para llegar a ser la persona que cada uno está destinado a ser. Porque no existe nada más valioso que puedan hacer y que además tenga sentido, mientras sean realmente honestos con ustedes mismos. La honestidad con uno mismo es el primer paso hacia el amor. Así que sean bendecidos, mis queridos amigos, ¡queden en paz, queden en Dios!

▲ 7 ▲

El proceso de crecimiento: de la dualidad a la unidad

Saludos, mis queridos amigos. Generalmente empiezo estas conferencias dándoles una bendición. Ahora, ¿qué significa la palabra "bendición"? Consideremos su significado más profundo.

"Bendición" significa el vigoroso deseo total por el bien, que viene desde el ser más interno, el ser divino interior. Cuando este deseo no obstruido fluye directamente hacia las regiones más profundas de la conciencia de otra persona, se crea una fuerza de vibrante energía que afecta la conciencia de esa persona.

De ahora en adelante, siempre que escuchen la palabra "bendición" será de mucha ayuda para ustedes recordar que su respuesta es necesaria para hacer efectiva la bendición. La apertura, la voluntad y la completa cooperación interior son necesarias para ayudar a que dos fuerzas se encuentren, ya que una bendición de un solo lado no es bendición.

Nuestro tema ahora es el proceso del crecimiento relacionado con la unidad y la dualidad.[1]

---

[1] Vea el Glosario para la definición de *unidad* y *dualidad*.

Existen dos maneras básicas para acercarse a la vida y al ser. O, para decirlo de manera diferente, existen dos posibilidades fundamentales para la conciencia humana: el plano dualista y el plano unificado. La conciencia, la percepción y la experiencia humanas están generalmente orientadas hacia el principio dualista. Esto significa que todo es percibido en opuestos —bien o mal, deseable o indeseable, vida o muerte. Mientras la humanidad viva en este dualismo, el conflicto y la infelicidad deberán persistir. La verdad absoluta, universal y cósmica está siempre unificada y trasciende los opuestos en el acto de darse cuenta de que la creencia en los opuestos es una ilusión.

Sin embargo, unificación no significa que el *bien* de la disyuntiva dualista "esto o aquello", se realiza. Las personas que creen en esta concepción errónea siguen un camino equivocado: esperan conseguir o alcanzar uno de los opuestos ilusorios como "la salvación". Mientras uno se opone a un lado y se aferra al otro, la realización o la liberación —esto es, el principio unitivo— no se puede lograr.

El bien del principio unitivo es de una naturaleza totalmente diferente al bien del dualismo. El primero une a ambos lados, mientras que el último los separa. Esto puede ser establecido en cualquier problema individual, una vez que haya sido entendido completamente. Es muy importante entender este punto, mis amigos. Porque cuando buscan un lado de un par de opuestos, deben oponerse al otro lado. En esa posición, su alma se agita y se vuelve temerosa, y en ese estado nunca podrán lograr la unidad.

▼ *La conciencia dualista y el crecimiento* ▼

Apliquemos esta diferencia al proceso de crecimiento. Mientras la conciencia humana esté orientada a la dualidad y no pueda trascenderla, el proceso de crecimiento resulta muy problemático. El crecimiento es movimiento en tiempo y en espacio; por lo tanto, el crecimiento en el plano dualista se mueve automáticamente de un extremo hacia su opuesto. Desde el momento en que naces, te mueves hacia la muerte. Desde el momento en que te desarrollas y creces hacia la plenitud, empieza la curva descendente hacia la destrucción. Desde el momento en que luchas por cualquier tipo de felicidad, debes temerle a su opuesto. En un ritmo siempre cambiante, el movimiento cíclico eterno de crecimiento debe inevitablemente acercarse a su opuesto. Se mueve de la vida a la muerte, a la vida y de regreso; de la construcción a la destrucción, a la construcción. Una trae a la otra.

Es extremadamente importante entender este concepto, ya que es una de las principales razones para resistirse al crecimiento. Esta creencia causa una gran resistencia, más allá de las peculiaridades psicológicas de la neurosis. Es posible encontrar esta oposición fundamental al crecimiento aún después de que las neurosis han sido trascendidas y disueltas. Esto explica por qué, mientras percibes la vida en términos dualistas, temes al crecimiento; ya que temes que alcanzar una meta traerá su destrucción. Te engañas luchando contra el tiempo, "posponiendo" la plenitud y también al opuesto temido. El estado de cosas, el estancamiento, crea agitación o movimiento en el sentido distorsionado.

Mientras el crecimiento tome lugar en el plano dualista, siempre hay una cima que debe alcanzarse, y después de esa cima, un descenso. Y así, todo lo viviente en el plano dualista se mueve en un ciclo perpetuo de vida y muerte, construcción y destrucción, ser y convertirse. En la naturaleza, la planta crece en la primavera y florece en el verano. En el otoño muere lentamente. En el invierno ya no existe. Solamente su potencial latente duerme profundamente en la Tierra, esperando una semilla para crecer otra vez en la primavera. Este es el proceso de crecimiento. La alegría durante la curva ascendente nunca puede ser plena y sin preocupación, sin ansiedad, ya que antes de alcanzar la cima, el descenso se anticipará.

▼ *El plano unificado* ▼

En el plano unificado de la conciencia, debido a que no hay más opuestos que temer, no existe la dicotomía. La realización de nuestro ser interno siempre lleva a la experiencia y a la percepción del estado unitivo. Y de manera contraria, el estado unitivo no puede llegar de otra manera más que a través de la realización.

La realización significa deshacerse de las capas del error, para que el ser real, el ser divino y eterno, surja. Puedes deshacerte de estas capas de dolor, error, confusión y limitación sólo cuando ya no huyas de ti mismo; cuando estés dispuesto a verte como realmente eres en lugar de como te gustaría ser; cuando te aceptes en el momento, cuando no luches en contra de tu estado temporal, aunque entiendas su error. Este es el trabajo que estás haciendo en este camino.

Es en verdad erróneo asumir que la percepción unitiva no puede ocurrir en el plano terrestre. Es posible, absolutamente posible, para todos los que están dispuestos a expandir su conciencia. La expansión es un proceso muy sencillo de poner en duda la veracidad de tus limitadas ideas, de cuestionar cuán correcto es lo que asumes como inalterable. Esto, en cambio, puede hacerse solamente cuando de manera honesta observas tus estados de ánimo más sutiles y tus reacciones, y los traduces como palabras concisas. Entonces descubres que estas reacciones y reflejos, estas emociones y estados de ánimo, están basados en ciertas suposiciones que nunca han sido puestas en tela de juicio, ya que todo está guardado en la obscuridad del equívoco y de la fácil racionalización.

Este es el porqué tu Pathwork es de tan gran importancia; ya que sin reconocer las pequeñas deshonestidades cotidianas, los auto-engaños y las suposiciones erróneas, no las puedes poner en duda y soltarlas para darle lugar a una nueva realidad. Siempre que uno examina honestamente una leve dificultad y la verbaliza, el concepto en el cual ésta se basa puede ser revelado y cuestionado. Este paso ensancha tu percepción, ayudándote a trascender tu dualismo y a percibir el estado unitivo. Esto debe hacerse en cada área de la conciencia, en cada faceta de tu existencia, ya que es posible reconocer el principio unitivo en algunas áreas, mientras que otras siguen profundamente sumergidas en la ilusión y el dolor del dualismo. Regresaremos a esto un poco más adelante.

Es imposible enfatizar con suficiente vehemencia que la liberación de uno mismo, o la transición del estado dualista al unitivo, no llega acumulando conocimiento y un entendimiento teórico, estudiando o persiguiendo otra meta. No ocurre por desear ser diferente, ni tampoco luchando por lograr un estado que todavía no existe dentro de ti. Solamente puede ocurrir estando en el ahora, descubriendo que todo ya existe dentro de ti, detrás de los diversos niveles de la confusión y el dolor. Y únicamente puedes liberar y traer a la superficie este estado, que está detrás del otro estado que experimentas aguda y momentáneamente, cuando comprendes totalmente el nivel de la confusión y el dolor.

El flujo cósmico natural, que existe dentro de la psique de cada ser viviente y en todo lo que vive alrededor y dentro de ti, es una poderosa corriente de vida que te lleva de manera automática y natural hacia el estado de realización en donde ya no hay oposición alguna ni conflicto doloroso. Este es el estado natural, así que tienes a la naturaleza de tu lado. Confiándote al río de la vida, permitiéndote percibirlo, facilitarás el desenvolvimiento de tu destino natural.

El problema más insignificante puede mostrarte cómo abrazas el error y la oposición (una no-corriente) por miedo e ignorancia. Puede mostrarte cómo frenas el movimiento cósmico natural del cual eres una parte integral y el cual es una parte integral de ti. Solamente con una observación muy personal de tus reacciones a los sucesos cotidianos, puedes hacer que estas palabras sean una verdad experimentada personalmente. Esto no puede suceder hablando "de dientes para afuera" sobre el principio que hay detrás de ellas, aún cuando intelectualmente entiendas lo que estoy diciendo. El intelecto no será suficiente para llevarte a la transición del dualismo a la unidad.

El crecimiento en el plano dualista tiene siempre que estar lleno de miedo hacia el opuesto indeseable. Por lo tanto, tu proceso de crecimiento estará atrofiado mientras veas tu meta de crecimiento como algo bueno en contraposición a algo malo.

En el estado unitivo, el crecimiento no es amenazado por un opuesto; de ahí que no se le debe temer, ni tampoco oponérsele. Pero el crecimiento no puede llegar oponiéndose a la oposición; éste llega únicamente cuando el opuesto temido puede ser imaginado —y aceptado, si es necesario.

Cuando has dejado de temer a un opuesto y no te aferras ferozmente al otro, entonces, y sólo entonces, puedes alcanzar el estado unitivo. Pero no lo puedes hacer mientras que el miedo esté en tu corazón.

El proceso de crecer en el estado unitivo significa un desarrollo y una expansión que por siempre irán en aumento. Significa una experiencia creciente de las posibilidades infinitas de belleza, vida y bondad. Pero recuerda que la belleza no es el opuesto de la fealdad; la vida no es el opuesto de la muerte; el bien no es el opuesto del mal; porque en el estado unitivo estos nunca son amenazados por un opuesto.

▼ Indicaciones del aumento ▼ del estado unitivo

A lo largo del camino de transición del estado dualista al estado unitivo, es importante entender unas pocas referencias más, que pueden ayudarte a entender ahora mismo tu vida. Cuando estás comprometido en una intensa búsqueda interior, cuando te confrontas vigorosamente y enfrentas la verdad sobre la verdad, poniendo en marcha nuevas condiciones internas, tu psique atraviesa por profundos y violentos cambios. El pasado estado doloroso, como sabes, fue resultado de ideas falsas. Conforme se van desmoronando estas falsas ideas, la destrucción puede traer cambios externos más o menos drásticos.

Cuando estás en un período de transición, es posible que hayas alcanzado, en algunos niveles, el inicio de la experiencia unitiva. Es decir, sientes una profunda paz y alegría en cada momento, sin que importe si la experiencia es acorde con el bien deseado. Percibes que cada momento contiene el potencial para la alegría y la paz.

Al estar en la verdad contigo mismo, ya no necesitas temer nada, y tampoco te aferras fuertemente ni insistes en que tu bien te sea dado. Entonces estás abierto para que la fuente Divina te llene y te transmita la realidad de la vida en donde no hay nada que temer y sólo existe el bien. Puedes alcanzar esto sin urgencia y obtenerlo precisamente porque sabes que es tuyo. No temes perderlo porque obtienes alegría de ambos opuestos del estado dualista. Esta es, brevemente, la mejor manera de transmitir la esencia del estado unitivo.

Ahora, este estado puede empezar parcialmente a existir, particularmente en algunas áreas de la vida de cualquier individuo. Todavía no has logrado la transición total, el despertar en el que descubres que la verdad de la vida ha existido siempre para ti sin que haya sido necesario temer o luchar por nada. Pero tu conciencia emergente trae finalmente un desenvolvimiento y un enriquecimiento crecientes a tus circunstancias externas; y ocurre de una manera tan armoniosa y orgánica que casi puede parecer casual.

Las mejoras externas pueden o no coincidir con las ideas e ideales que has sostenido en el plano dualista; pero la manera en que experimentas estas ideas e ideales es totalmente diferente. En otras palabras, tus metas pueden permanecer inalteradas, pero tu experiencia de las metas será diferente. También, aún cuando no hayas alcanzado la meta, no sufrirás como lo hacías cuando percibías la realidad de manera dualista. El crecimiento en el estado unitivo manifiesta definitivamente una confianza creciente en el ser, en la vida. El crecimiento también trae consigo un gozo apacible que hace que cada momento sea vibrante, interesante y esté libre de ansiedad o de aburrimiento. Cada momento es rico en posibilidades y alberga perspectivas más amplias de percepción que nunca antes habías experimentado.

Al mismo tiempo sigues reaccionando a la manera antigua —con miedo, desconfianza, ansiedad, desesperación y un rígido voluntarismo— generalmente en las áreas en donde tu psique está aquejada por imágenes, patrones de comportamiento neuróticos y concepciones erróneas, todo ello tan profundamente grabado, que requieres de un trabajo más extenso y paciente para cambiar tu imagen interior. De manera muy gradual, este otro lado alcanza el nivel del lado que está ya muy cerca de —y a la vez está ya parcialmente en— la nueva Tierra en donde la luz nunca es amenazada por la obscuridad.

▼ *El error debe desmoronarse* ▼

Has construido el viejo estado sobre una cimentación de errores; y ésta debe desmoronarse primero, antes de que una cimentación de conceptos verdaderos pueda ser construida. Las estructuras construidas sobre conceptos erróneos deben ser inevitablemente destruidas. Esta ley pone en evidencia la falsedad del dualismo, cuya característica es siempre la percepción de que una posición es rotunda e indiscutiblemente deseable y que su opuesto es indeseable. Así que te aferras a la idea de que la construcción siempre es buena, mientras que la destrucción es siempre mala. La unificación de estos dos opuestos únicamente puede llegar en el estado unitivo, al reconciliar ambos opuestos. Para entender el estado unitivo debes reconocer que la destrucción (del error) puede ser deseable, y que la construcción (del error) es indeseable.

Ahora, la destrucción siempre es un proceso doloroso, sea o no deseable. Mientras las edificaciones del error están siendo destruidas, tu vida puede ser molesta. Internamente te sientes amenazado y en estado de pérdida. Externamente, aun los aspectos aparentemente deseables de tu existencia han desaparecido y ninguna estructura adecuada ha tomado su lugar. Entre más grandes sean las construcciones erróneas, mayor será el período de dificultad, el cual es naturalmente doloroso. Pero, mis amigos, es doloroso sólo porque entienden equivocadamente lo que está sucediendo y asumen que significa una recaída y una incapacidad personal. Entonces se desaniman, caen en la desesperación y resisten el flujo que los puede llevar al nuevo estado mental. Sin embargo, este estado puede llegar exclusivamente por medio de la destrucción del viejo estado. Al luchar en contra del movimiento orgánico y deseable, prolongas el período doloroso y de transición —doloroso, principalmente porque es malinterpretado. Sientes: "Aquí estoy, intentando con tanto esfuerzo, y sin embargo ¡mira qué sucede a pesar de todo! Todo parece correr como la arena entre mis dedos; no sólo fracaso para encontrar plenitud, sino que incluso los placeres que tuve se han ido."

Cuando entiendes que el desmoronamiento de la vieja estructura es deseable porque la vieja manera sólo parecía darte satisfacción, entonces no llorarás por algo que realmente no es una pérdida. Tampoco serás engañado creyendo que no has progresado. Este estado puede ser la mejor prueba posible de que, en mayor grado del que conoces, estás evolucionando hacia una nueva realidad, pero todavía la frenas porque te rehusas ferozmente a permitir que tu intuición te diga adónde te está llevando la corriente cósmica de la vida.

En lugar de ello, necesitas sentir profundamente que lo que ocurre no es una recaída, sino la destrucción de lo viejo, un proceso que en realidad es el germen de una nueva construcción. Necesitas sentir que en el acto de destruir el error, la verdad reconcilia la construcción con la destrucción y las hace un movimiento, en lugar de dos opuestos en guerra. Así, cuando no esperes que tu vida sea diferente, ya no te desanimarás, ni sufrirás particularmente porque sabrás que ¡todo es como debe ser! Porque la pérdida real o la ausencia de un bien deseado lastima mucho menos cuando uno no ve esta "pérdida" o ausencia como una señal negativa. Pero cuando uno cree que "Si yo estuviera en donde debo estar, las cosas no sucederían de esta manera", la pérdida es mucho más dolorosa. Cuando, en su lugar, ves este período de transición como un paso orgánico hacia la totalidad, encontrarás más fácil atravesar el dolor.

Esto no debe ser malinterpretado, en cuanto a que signifique que no debes buscar una solución inteligente a un problema en particular. Pero cuando encuentras todas las puertas cerradas y la vida parece mostrarte claramente, desde tu interior y desde el exterior, que no puedes encontrar una solución, entonces puedes estar seguro de que las viejas estructuras, que estaban basadas en el error de la percepción dualista, se están desmoronando. Cuando fomentes esto en tu entendimiento, irás con el río en lugar de oponerte a él.

Extiendo el profundo y vigoroso deseo, que viene de las regiones más profundas de la conciencia universal, que los alcance a todos y cada uno de ustedes. Los tocará si se abren a esta fuerza y se unen con ella. Cuando te unas con esta fuerza dentro de ti, no querrás oponerte, de ninguna manera, a la verdad y querrás seguir tu verdad interior. No empezarás a sentir sino hasta más tarde los efectos de este poder, pero de todas maneras es muy real y está constantemente fluyendo de manera profunda dentro de ti.

Queda en paz, queda en esta profunda región en ti en donde todo es uno.

▲ 8 ▲

El impulso cósmico hacia la unión

Saludos, mis queridos amigos. Una gran corriente de fortaleza divina y de bendiciones fluye a su alrededor como una fuerza poderosa. Estén al tanto de esta fuerza, sintonícense con ella y percibirán su realidad. Con su ayuda, un profundo entendimiento de esta conferencia los ayudará a dar otro paso hacia adelante en su camino para encontrarse a ustedes mismos.

Existe un gran impulso en el Universo manifiesto en el cual vives. Este impulso es parte del principio creativo. Puesto que cada conciencia individual es también parte del mismo principio creativo —está hecha en realidad de la misma sustancia— este impulso debe existir en cada individuo. Está dirigido hacia la unión, como el término es usado generalmente, pero el término puede perder su significado por un sobre-uso. ¿Qué significa realmente la unión? ¿Qué significa realmente la unión con Dios, o con el ser divino? ¿Qué significa la unión con otro individuo? ¿Cómo se aplica a un ser humano?

Primero, todo el plan de evolución se dirige a unificar a las conciencias individuales. La unión como un proceso cerebral, o con un Dios intangible, no es realmente unión. Solamente el contacto real de un individuo con otro establece las condiciones necesarias en la personalidad para una unión interior verdadera. Por lo tanto, este impulso hacia la unidad se manifiesta como una fuerza enorme que impulsa a los individuos a acercarse a los demás, haciendo dolorosa y vacía a la separatividad. Por lo tanto, la fuerza vital no sólo consiste en el impulso hacia otros, sino también en el placer supremo. La vida y el placer son uno. La falta de placer es la distorsión de la fuerza vital y ocurre cuando uno se opone al principio creativo. La vida, el placer, el contacto y la unicidad con otros son la meta del plan cósmico.

El impulso hacia la unidad tiene como objetivo retirarte del aislamiento. Se mueve hacia el contacto y la fusión. Por lo tanto, seguir el impulso cósmico provoca una intensa felicidad; es excitante y, al mismo tiempo, apacible. Sin embargo, la conciencia individual se opone a esta fuerza, debido a la idea equivocada de que ceder a ella significa aniquilación. Así, te pones en una posición paradójica: crees que la vida surge al oponerse a la vida. En consecuencia, vives en un conflicto muy profundo —más profundo que los problemas psicológicos que descubres en el curso de la autoexploración.

Todos estos temas psicológicos, hasta donde llegan, son válidos en sí mismos. Pueden ser experiencias negativas de la infancia, malas interpretaciones de los eventos de la infancia, heridas y miedos que no has entendido y asimilado apropiadamente. Todo esto debe ser explorado para poder encontrar y enfrentar un conflicto metafísico más profundo y universal —el que ahora expongo. El conflicto existe porque este impulso no puede ser eliminado. Es, en sí, la fuerza de evolución, la realidad en todo lo que vive y respira. Permea cada partícula de la existencia y por lo tanto debe existir también profundamente en tu psique, estés o no consciente de él.

▼ El miedo al impulso hacia la unión ▼

El conflicto surge del miedo y de la oposición a este impulso; la personalidad se resiste al flujo natural. En la medida en que, consciente o inconscientemente, iguales la fuerza vital con la aniquilación, luchas en contra de la vida en sí.

Esta es la razón más profunda de tus concepciones erróneas, tus ideas falsas y culpas, tu negatividad y tu destructividad. Profundamente dentro de ti sabes que no confías en la gran fuerza espiritual y, por lo tanto, en la vida en sí. La desconfianza crea una culpabilidad profunda que frecuentemente se mantiene en la superficie como culpas injustificadas que no puedes soltar.

El conflicto también se manifiesta como un miedo a tus instintos más profundos, así que nunca puedes estar relajado y despreocupado en cuanto a ti mismo. Puesto que eres parte de la vida en que no confías, también debes desconfiar de tu propio ser más profundo. Este es el porqué las personas insisten en dividir el cuerpo y el espíritu y el porqué el concepto dualista se perpetúa de generación en generación. Pareces encontrar tu salvación en esta división, porque con ella puedes justificar tu rechazo al principio de la vida que se manifiesta dentro de ti. Así que etiquetas como erróneo y malo aquello que temes, mientras sostienes que la negación de tu naturaleza es correcta y buena. Justificas la actitud irracional apuntando a las manifestaciones más distorsionadas del principio de la vida, de la corriente del placer, como si fueran prueba de su maldad. De esta manera, las personas han predicado a lo largo de los siglos que el cuerpo es pecaminoso, mientras que el espíritu es, según asumen, lo opuesto al cuerpo y, por lo tanto, bueno.

No es cierto que todas tus dificultades se derivan de estas concepciones erróneas que acoges como si fueran la última verdad espiritual. Lo que está más cerca de la verdad es que estas concepciones erróneas provienen del profundo conflicto espiritual que te motiva a acusar al gran principio de la vida de ser lo opuesto de lo que realmente es.

El mal uso de esta poderosa fuerza no comprueba, de ningún modo, que haya una aceptación de y una confianza en ella. Es, más bien, una variación en la lucha que resulta cuando uno se opone a la vida con su propia naturaleza. Una parte de ti se mueve hacia los demás y acepta tus instintos y tu naturaleza, pero otra parte se resiste y retrocede en sentido opuesto a este movimiento. La carencia, el vacío, la insensibilidad y una sensación de pérdida, son el resultado. Entonces puedes sobre-compensar haciendo, de manera rebelde y ciega, un mal uso de tu fuerza vital. Esto lleva a experiencias sin placer y parece justificar tu sensación de peligro y de que algo está mal. Aquí realmente existe un conflicto de vida y muerte.

Este conflicto se manifiesta de manera diferente en cada individuo. Pero algo se puede decir con seguridad: mientras más grande sea el conflicto entre ceder a la fuerza vital y oponerse a ella, mayor será la dimensión de tu dolor y de tus problemas.

Si no te permites fluir libremente con la corriente cósmica en el nivel más profundo de tu ser, entonces debes distorsionar la corriente cósmica dentro de ti. Puesto que te opones y no confías en la fuerza cósmica, y ya que la fuerza cósmica se manifiesta dentro del ser, no confías en ti mismo. Pero si vas a confiar en ti y en tu más profunda naturaleza interior, primero debes confiar en el impulso hacia la unidad. Por lo tanto, cuando separas a la naturaleza del principio divino, o tu más profunda naturaleza interior de la confianza espiritual, estás involucrado en el mayor error, que lleva a las más grandes confusiones. Porque, ¿cómo puede la naturaleza (incluyendo las profundidades de tu propia naturaleza) oponerse al plan divino de la evolución?

Es el contra-impulso en esta lucha lo que crea las capas que parecen justificar tu desconfianza en tu ser instintivo. Solamente el valor que tengas para explorar estas capas dentro de ti podrá llevarte a la verdad subyacente de tu corazón, que es enteramente confiable. Pero esto, como dije, solamente puede experimentarse cuando uno entiende el profundo impulso de la naturaleza, de la evolución y del principio creativo. Aunque al principio el entendimiento intelectual ayuda, es mucho menos importante que el entendimiento intuitivo, ya que solamente el entendimiento intuitivo te permitirá disolver este conflicto.

El conflicto congestiona a la fuerza creativa, la cual es compatible contigo y con tu destino. Aunque obstruyes y te opones al impulso, de todas maneras no puedes evitarlo. Siempre te lleva al contacto con los demás. Tener un fuerte miedo a dicho contacto, lleva a algunos individuos a retirarse temporalmente. Por supuesto, el retiro puede tomar muchas formas: se puede manifestar en tu vida exterior y en tu comportamiento, pero también se puede manifestar de una manera mucho más sutil. Externamente puedes tener contactos pero interiormente permaneces sin involucrarte, aislado y separado. No es posible sostener este aislamiento por mucho tiempo, ya que finalmente se volverá intolerable. Nada que se opone a la fuerza vital puede mantenerse de manera permanente. Después de todo, el principio de la vida representa la realidad última, y el miedo a ella está basado en la ilusión. La ilusión no puede mantenerse indefinidamente. La ansiedad que surge de la ilusión solamente puede ser eliminada después de entender y honrar este profundo conflicto y cuando finalmente te permites armonizar con el principio creativo.

Aún cuando la oposición sea grande, el impulso hacia el contacto y la fusión con otro debe permanecer, ya que ese es un hecho fundamental de la creación. Pero el contra-impulso, con su miedo, su desconfianza y otros sentimientos destructivos debe, entonces, crear un contacto negativo. Todos los seres humanos experimentan algún contra-impulso, incluso los individuos relativamente integrados y sanos. Pero tomemos a los individuos cuyo contra-impulso es relativamente débil y cuya personalidad dominante afirma la vida y sus instintos más profundos, y que por lo tanto está relativamente libre de conflicto. Su contacto con los demás será relativamente alegre y sin problemas. Su principio del placer creará mutualidad, amor genuino y placer supremo.

En el grado en que la oposición al impulso cósmico cree obstrucciones y saque de su curso a la corriente cósmica, el resultado será un contacto negativo y doloroso. El principio del placer estará adherido a una situación negativa, que nació de experiencias en la infancia. Esto impide que la satisfacción y la plenitud ocurran porque la experiencia del placer siempre es amenazada por la negatividad adherida. De esta manera, el individuo se vuelve un tallo indefenso ante los embates de los vientos de los dos impulsos, y es llevado a un contacto doloroso. Así, tanto el impulso hacia el contacto como el miedo a éste —el cual se manifiesta como un impulso que lo aleja de él— están presentes. El último engendra dos reacciones defensivas fundamentales: ya sea el deseo de lastimar o la sensación de ser lastimado, los cuales son subproductos inevitables del contacto. Como el principio del placer es siempre un elemento en la corriente de la vida, entonces éste se adhiere a la forma distorsionada del contacto.

▼ *El placer negativo* ▼

El placer incorporado a la mayor fuerza de la vida humana no puede ser eliminado, pero en donde esta fuerza es distorsionada, el placer se vuelve negativo. Ya que el contacto parece lastimar, el placer se manifiesta lastimando o siendo lastimado, en un mayor o menor grado. La conexión entre el dolor y el placer engendra un círculo vicioso. Entre más dolorosamente se manifieste el principio del placer que es parte del impulso cósmico, mayor serán el miedo, la culpa, la vergüenza, la ansiedad y la tensión. La oposición crece, el conflicto aumenta y el círculo vicioso continúa.

El problema evolutivo que cada ser consciente enfrenta es, por lo tanto, comprender profundamente y experimentar el círculo vicioso, sin mal juzgar la conexión negativa entre el contacto, el dolor y el principio del placer. Debes ver más allá de esto: ¿cómo? comprometiéndote a buscar, con una actitud abierta, tu naturaleza más profunda. No tomes, por error, las emociones negativas que primero encuentres, como la realidad última de tu vida instintiva.

La capa de destructividad, egoísmo ciego, deshonestidad, tanto como los apegos vergonzosos del principio del placer con las situaciones negativas, no es tu naturaleza más profunda. Solamente es una demostración, un resultado, del problema específico, mis amigos. No puedo enfatizar esto lo suficiente; ya que cuando desconfían de su más profunda naturaleza interior, desconfían de todo el Universo espiritual. Uno no puede existir sin el otro.

Llega un punto en el camino hacia la liberación, en que los problemas deben ser atacados desde ambos lados: sólo cuando tienes el valor y la honestidad para enfrentar lo que no te gusta en ti, puedes descubrir que la energía misma y la sustancia de estas actitudes es esencialmente constructiva y confiable. Darse cuenta de ello es lo que puede transformarlas. En consecuencia, los procesos de la vida se volverán confiables y no será necesario oponérseles.

Por el contrario, cuando consideras la posibilidad de que todo el proceso creativo es confiable, desarrollarás la valentía y la honestidad para trascender las obstrucciones que deforman la energía creativa y la sustancia divina, y transformarlas en creatividad.

▼ Confía en tus instintos ▼

Es imposible confiar en Dios, en la vida, en la naturaleza, si uno desconfía de sus instintos más profundos. ¿De dónde vienen estos instintos? No pueden ser aplastados, y tampoco pueden ser negados, desarraigados, o suplantados a la fuerza por elementos extraños que le parecen más apetitosos al alma temerosa. La única salida es entender que los instintos internos más profundos son buenos si uno no interfiere con ellos; son parte del poder más divino y para nada son hostiles al crecimiento espiritual. No entender esto es uno de los más trágicos errores de la humanidad, ya que nada retrasa más el plan de evolución que esta concepción errónea, sostenida por individuos bien intencionados y, con esta excepción, bastante iluminados. Estos instintos probarán, en sí, ser los portadores de la luz cuando no sean malinterpretados, negados ni escindidos de su origen divino en una dualidad artificial que presupone que son malos y los considera como lo opuesto de la vida divina, o de la vida espiritual.

Así que podrás ser tú mismo únicamente cuando entiendas esto y en consecuencia dejes de temer y pelear en contra de ti mismo, de tus instintos, tu cuerpo, tu naturaleza y en contra de la naturaleza en sí.

Esta es la gran lucha de la humanidad. No saberlo, y continuar la ciega complicación de la lucha, te hace incapaz de abandonar tu separatividad. De esta manera, te pones barreras que te impiden completar tu destino espiritual. Te prohiben hacer la paz con tus instintos físicos y emocionales más profundos. La paz entre el cuerpo y el alma es una consecuencia inevitable de la realización. Es erróneo pensar que el cuerpo simplemente puede dejarse de lado en la gran tarea de la integración. Cuando uno abandona el cuerpo antes de que la integración haya tenido lugar, la integración permanece incompleta.

Este conflicto es tan profundo y universal que frecuentemente los individuos más iluminados, evolucionados y desprejuiciados, se inquietan cuando lo encuentran en ellos mismos. Aunque no se suscriban a puntos de vista de corto alcance que niegan la vida, la profunda ansiedad interna que proviene de este conflicto los hace cegarse ante lo que pasa en su interior. Siempre que te falte valor para enfrentar el conflicto —como se manifiesta de manera desnuda en las profundidades de los recovecos del ser— hasta cierto grado, permaneces aislado. Permaneces envuelto en una negatividad dolorosa y dividido internamente, hasta que tu siguiente evolución te lleva al punto en donde dejas de temer a la gran corriente de la que eres parte y la cual es parte tuya, lo que te lleva hacia los demás y disuelve la pared de la separatividad y la defensa. Entonces encontrarás que no sólo no pierdes tu individualidad sino, por el contrario: te expandes y te vuelves más tú mismo.

Ahora, ¿tienen preguntas en relación con este tema?

PREGUNTA: Hablas del impulso cósmico que se vuelve negativo en el individuo en cierto período de su desarrollo. ¿Podrías explicar un poco más esto?

RESPUESTA: Cuando las personas se oponen a su impulso cósmico y luchan en contra de él, surge el conflicto. El impulso cósmico siempre permanece más fuerte que el contra-impulso, ya que es una fuerza primaria, mientras que la lucha contra éste es secundaria y sobreimpuesta. Así que sigues todavía impulsado hacia el contacto. Pero tu contra-impulso niega la fuerza primaria; entonces la negación se combina con la fuerza original, y resulta el contacto negativo. El contacto real que está ocurriendo expresa el impulso hacia los demás; el dolor que surge de éste, expresa el contra-impulso. En el grado en que temas al impulso cósmico y a su destino, el amor —el cual solamente puede crecer en un clima de ausencia de temor— estará ausente en el contacto. El miedo produce defensas, heridas y enojo —todos estos entran en el contacto y se combinan con el principio del placer.

Esto puede manifestarse en cualquier nivel de la personalidad. El contacto negativo que se manifiesta en el deseo de lastimar se expresa en pleitos, hostilidad y agresión. En el nivel sexual, un individuo que se comporta así es un sádico. El contacto negativo que se manifiesta en ser lastimado, se expresa en una tendencia a que se aprovechen de uno; siempre te las ingenias para ponerte en desventaja; tenderás a caer en patrones de comportamiento dañinos. En el nivel sexual, un individuo así es un masoquista. Ahora, por supuesto, nadie es solamente uno o el otro; ambos elementos siempre están representados en la personalidad, pero sólo uno de ellos puede predominar en la superficie. Por ejemplo, solamente porque le temes a tu crueldad y a tu necesidad de obtener placer lastimando a otros, puedes invertirlo y dirigirlo contra ti mismo. Puesto que todo esto toma lugar en un nivel oculto e inconsciente, no sabes lo que estás haciendo; no sabes cómo eres impulsado, así que eres incapaz de detener el proceso destructivo.

Esta conferencia apunta a ayudarte a entender que tu constitución psicológica tiene un origen mucho más profundo de lo que generalmente asumimos. Este origen más profundo es el conflicto metafísico profundo en todos los seres humanos. Cuando uno se percibe y experimenta esto, es mucho más fácil eliminar las distorsiones psicológicas que parecen haberse originado en esta vida. Por el otro lado, también es importante reconocer que la lucha cósmica no puede ser siquiera vagamente consciente a menos que logres un conocimiento profundo considerable de tu inconsciente y tengas conciencia de él.

Les he dado un tema con el que pueden otra vez, si así lo eligen, viajar profundamente en el camino del conocimiento de su ser interior. Úsenlo, explórenlo; no le teman a su ser más profundo. Huir de él es trágico debido a que infligen sobre ustedes mucho dolor innecesario. Nada puede crear tanto dolor como huir del ser. No tienen nada que temer, nada. Vean siempre profundamente dentro de ustedes, sin defensas, sin ansiedad. Y entre más vean dentro de sí, más equipados estarán para establecer el contacto con los demás. Entre más huyan de ustedes mismos, el contacto será más superficial, problemático o insatisfactorio.

Queden en paz, mis amigos, sean bendecidos, ¡queden en Dios!

Parte IV

▼

La relación del ego y ser real

> "La vida hace un llamado."
>
> "El llamado de la vida es universal en cuanto a que se dirige exclusivamente a despertar al ser real, el cual es realidad absoluta."
>
> "El ego obstruye al ser real."
>
> "La transformación del carácter es una necesidad absoluta para desprender la identificación con el ego."

Todas estas citas son del primer capítulo de esta sección.

El Pathwork enseña que es esencial aprender a confiar en tus más profundos instintos ya que éstos instintos más profundos vienen del "ser real".

Al tratar de encontrar a mi ser real y vivir más de acuerdo con él, lo que frecuentemente encuentro es esa parte de mí conocida como el ego —la función ejecutiva en mí que elige y planea y, sistemáticamente, trata de maximizar mi propia satisfacción. Frecuentemente puedo darme cuenta de que este ejecutivo ocupado que sólo piensa en una cosa, no es mi ser real. Pero ¿cuál debe ser mi actitud hacia el ego?

El ego es un desarrollo evolutivo en los seres humanos. Podemos suponer que en las personas más primitivas de la Edad de Piedra, el ego estaba apenas presente. Su conciencia era tribal y su conciencia de sí mismos era limitada. La sensación de ser un ser humano separado era mucho más débil que lo que ahora es en nosotros. Al progresar la evolución, aumentó la conciencia de sí mismo. Esto fue necesario y correcto.

Al pasar los milenios y las encarnaciones, los seres humanos desarrollaron y expandieron la conciencia del ser. Con esto vino la conciencia creciente de su individualidad, de un "yo" aparte de la tribu, un "yo" que podía referirse a ambos a la hora de tomar decisiones diarias y al entender las más grandes complejidades de la vida. Así surgió el ego, y trajo con él, junto con enormes beneficios, nuevos y enormes retos para el desarrollo personal y espiritual.

El fruto de la presencia del ego en nuestra conciencia actual es el claro conocimiento de que *yo* soy responsable de mi vida: de *toda* mi vida, tanto de las luchas como de la satisfacción. Esta convicción es absolutamente necesaria para que el crecimiento y el cambio sucedan. Pero aún después de que acepto esta verdad, todavía puede haber mucha confusión en cuanto a qué parte de mi hace la creación positiva de mi vida, y qué parte sigue limitándome. ¿Es el ego el yo más verdadero y real, o es una barrera egoísta y miope para un entendimiento más profundo? ¿Debería cultivarlo o desarraigarlo? O ¿debería hacer otra cosa totalmente diferente?

El lenguaje usado por algunos caminos espirituales parece indicar la actitud de que el ego es el enemigo. Se hacen referencias de la necesidad de matar al ego, desterrarlo o dejarlo atrás.

La postura del Pathwork es de alguna manera diferente. El Pathwork establece que el problema para la mayoría de las personas, por lo menos al inicio, es que su ego no es lo suficientemente fuerte; y se dan instrucciones en cuanto a cómo fortalecer al ego. Esto se hace no por su propio bien, sino porque solamente un ego fuerte tiene la habilidad de ceder y de rendirse al liderazgo del ser real.

Un ego fuerte es aquel que ha aprendido a ser fuerte en una dirección positiva, en lugar de simplemente ser dominante y de estar ocupado en sí mismo. Una vez que hemos desarrollado un ego positivo más fuerte, entonces la tarea es moverse más allá del ego y descubrir que al hacerlo podemos encontrar una fuente de mucha más sabiduría y felicidad. El ego sigue siendo una gran parte de nosotros, pero cambia de posición. En lugar de creer que es el capitán del barco, se vuelve uno de los miembros humildes y leales de la tripulación.

Sin embargo, en las etapas iniciales de la transición hacia el ser real, encontramos que el ego *es altamente renuente a permitir que algo lo supere y lo deje atrás*. En verdad, el ego generalmente hará lo que pueda para impedir que emerja el ser real.

Entonces el problema se convierte en: estoy trabajando para cambiarme a mí mismo. Encuentro que mi ser se resiste mucho a este cambio y busca socavar el trabajo en cada momento. A veces parece que lo único con lo que tengo que trabajar para hacer esto, es con el ser que también estoy tratando cambiar, y el cual con frecuencia se resiste fuertemente a ser cambiado.

Esta es la serie de acertijos, cajas dentro de cajas, que finalmente confronta a todos los viajeros serios en el camino espiritual.

Esto es lo que hace difícil la tarea. Pero la tarea no es imposible, y se nos mostrará el camino al atravesar los callejones sin salida y los obstáculos.

Finalmente, todo lo que se nos pide es un compromiso total. "Sólo aquellos que consciente y deliberadamente se comprometen de una vez por todas a vivir su vida por el propósito principal de activar al ser real, pueden encontrar la profunda paz interior que existe".

D. T.

▲ 9 ▲

Respondiendo al llamado de la vida

Saludos, mis muy queridos amigos. Las bendiciones dadas son fortaleza y poder que vienen desde los deseos más sinceros y desde el amor de todos los que están involucrados en esta tarea.

La vida hace un llamado; hace una demanda en cada individuo viviente. La mayoría de las personas no sienten este llamado. Solamente al hacerse conscientes de sus ilusiones pueden, al mismo tiempo, hacerse más conscientes de la verdad dentro de su ser, y por lo tanto, en la vida. En consecuencia, entenderán en cada momento lo que les quiere transmitir el llamado de la vida. ¿Cómo responden a éste? ¿Responden con todo su ser? O, ¿se resisten a responder y se ensordecen a él? Esa es la gran pregunta, mis amigos.

El llamado de la vida se manifiesta de manera diferente en cada individuo. Es, al mismo tiempo, universal e intensamente personal. Es universal en el sentido de que su meta es, exclusivamente, despertar el ser real, la realidad absoluta. Y lo hace, completamente, de una manera no sentimental. No toma en cuenta los apegos de las personas, las consideraciones sociales ni cualquier otro valor periférico, incluyendo el dolor y el placer personal.

Si despertar al ser real requiere de lo que temporalmente parece como una destrucción, esta destrucción será, al final, la base para el trabajo de la vida interior real, la preparación necesaria para despertar el centro interior. Si el despertar trae lo que también resulta ser lo más alegre y gozoso para ti, la mera experiencia de alegría te prueba que estás más sintonizado con tu ser real de lo que pensabas.

Las actitudes moralistas auto-derrotantes te inducen con frecuencia a rechazar aquello que pueda llevarte a tu destino y a realizar tus sueños y aspiraciones únicamente porque produce alegría, ya que tienes la idea equivocada de que la realización de tus metas debe significar automáticamente privación y sacrificio de ti mismo. Si las condiciones de tu vida, tarde o temprano, no promueven tu acercamiento a tu ser real, inevitablemente serán destruidas. Las condiciones que promueven el despertar del ser real traen paz, alegría, bienestar y un intenso placer. Así es el río de la vida, el cual frecuentemente es obstruido por la terca resistencia de la humanidad para verlo.

El llamado de la vida es universal. La actitud necesaria para despertar el centro interior se guía por los valores universales. La verdad, el amor y la belleza son aspectos universales de la verdadera corriente de la vida. La existencia aislada del ego también es un estado general que afecta a todas las personas, pero la manera en que el ego obstruye el ser real, es un asunto personal; lo que es universal es el hecho de que la transformación del carácter de uno es necesaria para permitir que la corriente de la vida fluya libremente. Regresaremos un poco más tarde al tema de la transformación.

Uno puede reconocer de manera intelectual estos principios universales, pero no necesariamente sentirlos y experimentarlos. Esto puede suceder sólo cuando uno reconoce la experiencia personal de la corriente de la vida y le responde. Por lo tanto, cualquier camino que lo lleva a la genuina satisfacción de sus aspiraciones debe ser intensamente personal y, de igual manera, tratar con problemas intensamente personales.

Aquellos que creen que al embeberse de verdad general y coleccionar más creencias verdaderas pueden lograr la meta, se engañan a sí mismos. Lo hacen porque no quieren ver la verdad de quiénes son en ese momento; prefieren una noción idealizada de ellos mismos. Su evasión los separa más de la meta, que la honesta aceptación de que no quieren verse a ellos mismos, no quieren permitirse experimentar las emociones que temen o que no aprueban y, sobre todo, no desean transformar sus defectos de carácter. La verdadera —no teórica— activación del ser real, con su vida vibrante, su abundancia ilimitada, sus infinitas posibilidades para el bien, así como su sabiduría suprema y alegría, sucede en el mismo grado en que te atreves a ver la verdad temporal de ti mismo. Esto significa sentir lo que sientes, tener el valor de transformarte en un mejor ser humano –por ninguna otra razón más que por el deseo de contribuir a la vida, en lugar de hacerlo por dar una buena impresión o buscar la aprobación. Cuando las barreras inmediatas para la transformación sean superadas en beneficio de la transformación, entonces el ser real con todos sus tesoros se manifestará claramente.

▼ *¿Te avergüenzas de lo que ahora eres?* ▼

Una de esas barreras es la vergüenza de lo que ahora eres. Esta vergüenza provoca que construyas una pared de lo que es secreto que te hace sentir que estás solo. Uno puede negar o racionalizar la soledad, o culpar a otras circunstancias. En realidad, no es sino tu deseo de esconder a tu ser de ti mismo y de los demás, lo que te separa de ellos. En los profundos recovecos de tu mente temes ser diferente de los demás, peor que ellos, y la vergüenza de tu diferencia no puede ser expuesta. Esta convicción secreta te atrapa en esta ilusión particular de tu separatividad, y te priva de descubrir tu universalidad, la cual ofrece un clima sanador para tu psique. Una vez más, esto no puede lograrse por medio de un entendimiento teórico, sino solamente experimentando realmente aquellas áreas en donde todavía te escondes. Estas son precisamente las principales barreras que te separan de la corriente de la vida. La soledad de la tendencia a guardar secretos interiores no puede ser aliviada, no importa cuán favorables sean tus circunstancias externas. Esta soledad puede ser aliviada sólo cuando superas el orgullo oculto bajo tu vergüenza. El trabajo intensamente personal que implica superar tu orgullo conduce a la realización de los valores universales que por sí solos, pueden darte el valor que necesitas para seguir con la corriente de la vida.

El ser universal frecuentemente contradice las reglas externas que provienen del ser egóico[1] de la humanidad. Por lo tanto, no importa cuánto se rebelen las personas contra la conformidad y las leyes sociales, todavía se encuentran confinadas dentro del ser egóico, profundamente inmersas en la lucha dualista del ego: conformidad (con la sumisión que ésta requiere) *versus* rebelión y desafío. La verdadera emancipación de las reglas externas del ego no requiere de la conformidad ni de la rebelión. Actúa sobre valores internos que pueden o no coincidir con los dictados de la sociedad. En ningún caso será dañada la persona que emplea valores internos. En cambio, será más plena, aún en una dificultad temporal.

La clave no está tan oculta como parece. Solamente pregúntate si estás motivado por el amor y la verdad y si te has comprometido totalmente contigo mismo a seguir un camino de honestidad y de integridad en este tema en particular, sin importar la opinión pública. ¿Sueltas el miedo, el orgullo, el voluntarismo de tu ego y te esfuerzas por seguir la voz de lo divino dentro de ti, sin importarte las apariencias? Este camino está siempre abierto, y siempre que lo elijas te emancipará de la lucha del

---

[1] *Ego-self*, en inglés. [N. del T.]

ego. Sus soluciones te traerán menos dolor y ansiedad. Las respuestas que inevitablemente surjan, resolverán tu conflicto y te traerán paz.

El llamado de la vida hace caso omiso de la moralidad superficial a la que la mayoría de las personas se adhiere con fervor o contra la cual lucha con igual fervor. Esta moralidad está basada en el miedo a la desaprobación. Las personas pueden luchar contra ella porque en sus mentes la bondad es equiparada con la privación. El llamado de la vida no considera las apariencias externas y el sentimentalismo miope. Surge con fuerza para llevar a todos los individuos a cumplir su derecho de nacimiento, ya que está basado completamente en valores universales. Todo lo que importa está contenido dentro de él.

¿Por qué la humanidad lucha tanto contra el cumplimiento de su destino, cuando dicho destino trae únicamente el bien? ¿Por qué te resistes a escuchar el llamado de la corriente de tu vida, cuando te trae todo lo que es seguro, bueno, productivo y alegre? Esta es la trágica batalla de la humanidad. Por un lado, estás muy molesto por la inseguridad de tu existencia. Sientes el desperdicio de tu vida mientras solamente tienes lealtad exclusiva hacia el ser exterior y por lo tanto, a valores externos. Por el otro lado, haces todo lo que está en tu poder para mantener tu estado de infelicidad. De hecho, cada vez más, buscas medios para reforzar tu identificación con el ego: más formas externas, actividades externas, creencias externas y escapes externos. Por momentos, puedes tener éxito sólo volviéndote sordo a la voz de lo más profundo de ti. En otros momentos, sientes la profunda inquietud, pero te rehusas a entenderla.

▼ Necesitas comprometerte ▼ completamente

Solamente aquellos que consciente y deliberadamente toman la decisión y se comprometen de una vez por todas a vivir su vida por el propósito primario de poner en acción al ser real, pueden encontrar la profunda paz interior que existe mientras los errores internos todavía obstaculizan la total realización del ser.

Permítete preguntarte el por qué estás en este camino. ¿Cuál es tu meta en la vida? ¿Vives sólo para arreglártelas lo mejor que puedas? ¿Trabajas en este camino porque desearías no tener ciertos síntomas que sientes interfieren de manera desagradable en tu vida? Ciertamente eres libre para hacerlo. Pero date cuenta del significado real de esto. Ya que mientras procures solamente eliminar ciertos efectos de identificarte con tu ego debido a que ignoras o temes la activación del ser real, aparecerán otros síntomas de esta enfermedad principal. Aunque tengas éxito en eliminar estados temporales de dolor y de privación, no puedes alcanzar el bienestar total. Existe una vasta diferencia entre estas dos metas. Mientras no logres orientarte totalmente hacia la activación del ser real, no podrás conocer la seguridad real, la paz y el bienestar.

Tampoco podrás usar el almacén de potenciales dentro de ti, o experimentar tu libertad para usar recursos ilimitados del Universo en tu beneficio. No poder hacer nada de esto, no poder ser capaz de ser lo que puedes ser, es un dolor interminable que debes permitirte experimentar conscientemente para poder tener el incentivo para resolverlo.

En contraste, los objetivos del ego, sin importar cuán grandes sean tus logros, nunca te darán paz y seguridad, ni la sensación de ser lo mejor que puedes ser. El impulso del ego puede parecer darte poder sobre otros, pero nunca podrá darte autonomía e independencia, así que, tarde o temprano, la ilusión del poder sobre los demás queda expuesta como una farsa.

Les aconsejo a todos aquellos que buscan ayuda que definan muy claramente su meta. ¿Cuál es tu meta? ¿Hasta dónde quieres llegar? ¿Te comprometes completamente? Entonces visualiza los síntomas específicos que deseas eliminar. Cualquier molestia es simplemente un síntoma de la enfermedad básica que es la exclusiva identificación en el ego, no importa cómo la llames: neurosis, enfermedad, distorsión, infelicidad. Eres libre de eliminar los síntomas. Considera qué significa para tu futuro únicamente suprimir tus síntomas. ¿Qué puedes imaginar después? ¿Puedes imaginar que es posible algo más? ¿Qué es ese algo? ¿Cómo sería tu vida con ese algo? O, ¿te comprometes totalmente a descubrir quién realmente eres, y qué es posible para ti?

Creo con firmeza que aquellos que realmente piensen sobre esto y entiendan adecuadamente el significado completo de esta fundamental interrogante y que logren escudriñarse claramente, sin engaños, responderán a la vida con todo su ser. Discutamos ahora este compromiso con el ser real.

Quizás has experimentado, hasta cierto grado, en algunas meditaciones, que el Universo contiene un bien ilimitado, disponible para ti si te abres a él. Existen momentos en donde experimentas vívidamente esta verdad y sabes, sin la menor duda, que tu experiencia no es una coincidencia o una ilusión; sabes que es un hecho. Cuando esto es así, tu actitud completa es clara, libre y relajada. Estás profundamente convencido de tu verdad y confías en ella, te sientes merecedor y por lo tanto no te intimida ni atemoriza la plenitud y por consiguiente, llega. Todo tu ser resuena con una vibración positiva y constructiva, sin ningún conflicto. No te sientes egoísta por desear experimentar la belleza ni tampoco retienes dentro lo mejor de ti.

Pero también, existen otras ocasiones en que las cosas no funcionan así. Aunque en ciertas áreas de tu vida ya has experimentado estas manifestaciones positivas, en otras áreas no puedes atravesar. Tratar de obtener este bien no diferenciado con tu ser egóico, no funciona. En donde está obstruido tu ser real, las puertas del Universo benigno están cerradas. Esto no es porque alguna autoridad prohibitiva decidiera que no eres merecedor de esta o de aquella plenitud particular; es simplemente porque algo dentro de ti pone barreras en el camino, y es importante encontrar este algo para que puedas eliminarlo.

La obstrucción, cualquiera que sea, provoca que temas soltar al ego, así que permaneces centrado en, y orientado hacia el ego. Este ego es incompatible con el mundo de todo lo bueno, el mundo unificado, ya que está escindido de él en dualidad. Sólo puede estar abierto a un bien parcial, para el cual existe —como siempre en las dualidades— otro lado indeseable. Este lado indeseable puede debilitar el deseo del bien —de manera totalmente inconsciente. También, cualquier cosa que se interponga para soltar al ego es siempre, una vez expuesta y entendida completamente, algo que afecta la integridad de uno y que deforma la estructura de carácter. Entonces, la profunda conciencia interior se siente no merecedora de todo lo bueno, a lo que teme al grado de empequeñecerse ante ello. Esa misma inseguridad de la integridad hace que la personalidad sea incapaz de lidiar con el bien aún cuando éste existe.

Solamente el ser total puede relacionarse y unirse con el bien total. Puedes probarlo ahora mismo. Toma cualquier problema en el que estás trabajando, ya sea un problema exterior que deseas cambiar, o una condición interior que deseas superar. Pide con todo tu derecho esta meta completa. ¡Con cuánta frecuencia te ocurre sentir que es imposible hacerlo! Pruébalo ahora mismo.

Aunque realmente quieres reclamar tu meta, aún la sientes imposible. Existe alguna pared que no te deja pasar. Esta pared, bajo ninguna circunstancia, debe dejar de ser tomada en cuenta o minimizada. Nunca debes usar la presión de tu voluntad para superar el "no" de esta pared. Forzar de esta manera te alejará más de tu ser real interior y por lo tanto, de la realidad de la vida en donde todo lo bueno está disponible. En lugar de ello, tienes que interpretar el significado de la pared. Traducirlo en palabras concisas. Ya sea que dudes poder lograr tu meta; te sientas culpable de obtenerla; sientas que no la mereces o te asusten las exigencias que te presentará la vida cuando la logres, estas cláusulas aún no suman la respuesta final. Esta reserva que ocurre dentro de tu ser debe estar ligada con un defecto de carácter que aún no has enfrentado, ni deseas hacerlo, porque no quieres abandonarlo.

La transformación del carácter es una necesidad absoluta para despojarse de la identificación en el ego. Cuando digo "despojarse" no me refiero al sentido de soltar al ego sino a usarlo como una herramienta para encontrar el ser interior, y después, permitirle al ego integrarse con él. Debe entenderse claramente que dicha integración es posible solamente cuando ciertos defectos de carácter ya han sido transformados o cuando la persona está verdaderamente dispuesta a transformarlos con toda sinceridad y sin evasivas. Debe haber un compromiso total, sin pretensión, ni actuando un papel. Cuando ésta sea tu respuesta completa a la vida, tendrás la capacidad de percibir la corriente de la vida y su guía sabia y significativa se volverá una presencia poderosa en tu vida.

▼ *El profundo conflicto del dualismo* ▼

Ahora, ¿por qué temes tanto este compromiso total con la vida? ¿Por qué temes abandonar la identificación en el ego? ¿Por qué temes las manifestaciones positivas que pueden enriquecerte? ¿Por qué te resistes a lo bueno y batallas para mantener la lucha dolorosa y el conflicto irresoluble? ¿Por qué temes al bien que te libera? Y ¿por qué pones tu fe en el ego aprisionante del pequeño ser exterior y en los pequeños valores externos? Existen varias respuestas a estas preguntas, dependiendo del ángulo en que sean analizadas. Elijamos primero el siguiente acercamiento.

Cuando dudas de una realidad más grande y no te arriesga a tomarla, te quedas en un mundo de dualidad. Como sabes, este mundo dualista se caracteriza por el siguiente conflicto: "Yo no soy egoísta, yo debo sufrir. Yo no quiero sufrir. Pero si soy egoísta, seré rechazado, odiado, no amado y me dejarán solo. Y eso, también es sufrimiento". En esta lucha vas, ida y vuelta, buscando una solución. Entre más creas en la "verdad" inevitable de estas dos alternativas, estarás más destinado a experimentar la vida de acuerdo con ellas. No te atreves a ser no egoísta; no quieres ser totalmente no egoísta, ya que significa soltar lo que crees que es una plenitud y una felicidad personal. Tampoco te puedes comprometer a una vida de egoísmo —debido en parte a la presencia siempre existente de tu ser real, y en parte porque temes a la opinión del mundo. Esta es la tragedia de esta lucha sin sentido. No te puedes escapar de sus redes mientras te identifiques y te confíes a los valores, las reglas y los conceptos de la lógica del ego.

Cuando quieres ser transformado, debes querer soltar el egoísmo y el deseo de hacerle trampa a la vida, a ti y a los demás. No puedes arriesgar totalmente esto cuando significa el sacrificio de todo lo que quieres. Pero el estado más doloroso es la indecisión, y esto es verdad en todos los niveles. Es tu destino mientras no hayas trascendido el nivel de la realidad del ego. Como no puedes conciliar la plenitud con el no egoísmo, permaneces indeciso; continúas dudando entre dos campos. Si muchas personas fueran totalmente capaces de comprometerse a una vida de egoísmo, pronto saldrían de él, ya que reconocerían que no lleva a ningún lado; que no lleva a la salvación que buscan en ambos campos con poco entusiasmo.

Todos están en esta lucha, cada uno de ustedes. Todos sus problemas son una expresión y un resultado directo de esta dualidad. Vean sus problemas, vayan lo suficientemente profundo dentro de ellos, y verán que esto es así. Le temen a los impulsos de un ser más grande y más sabio, pero no pueden querer comprometerse de todo corazón con él, mientras crean que alguna desventaja resultará de su decisión.

Que sean capaces de alcanzar y recibir el bien del Universo, sólo cuando sus defectos están siendo superados, puede parecer, a primera vista, como un concepto de recompensa y castigo. Puedo decir que este concepto es una distorsión del proceso que he explicado. La idea de que haya recompensa y castigo presupone una autoridad exterior que da los postres justos a las acciones y las actitudes de los individuos. Los seres humanos creen que la recompensa y el castigo ocurren sólo en un más allá.

▼ *No puedes tener lo mejor,* ▼
a menos que lo des

Sin embargo, lo que explico es un mecanismo que toma lugar dentro de la personalidad. El ser interior más profundo está consciente de la incongruencia de querer lo mejor mientras se niega a dar lo mejor. Es más, obtener lo mejor es una carga que uno teme cuando uno no está dispuesto a dar también lo mejor. Al contrario, dar lo mejor de uno es imposible cuando uno lo asocia con sacrificio y desventaja. La existencia misma de la creencia en el castigo y la recompensa encubre la profunda desesperación producida por la creencia de que el no egoísmo trae privación, así que uno es forzado a retener el deseo total de amar y dar. Las recompensas y los castigos, en cualquier forma que existan, son compensaciones a la intolerable realidad percibida en la dualidad.

Al activar al ser real, desaparece este conflicto. Es posible activar al ser real cuando este conflicto particular en ti es expuesto a la luz, fuera de su escondite. Dentro de la realidad del centro profundo, esta escisión ya no existe. Encontrarás que es igualmente posible dar de ti mismo con todo corazón, que es posible amar, ser no egoísta, ser humilde, renunciar a la egocentricidad del niño asustado, permitirle a otros ser libres sin importar lo que esto significa para ti, y aún así no ser un perdedor. Pronto, el sentimiento de no tener que ser necesariamente un perdedor se transformará en una convicción de que es posible ser un ganador. Primero, entenderás que ser un ganador es posible; más tarde, entenderás que serlo está relacionado con la decencia de manera inseparable. Esto será así porque estás lo suficientemente libre para querer ambos.

Cuando lleves a cabo la transformación de tus defectos, te gustarás lo suficiente como para abrirte a todo lo bueno que quiere llegar a ti. Cuando empieces a tener éxito en esta transformación, serás lo suficientemente fuerte como para tolerar la felicidad. Puedes pedir, con todo derecho, lo mejor, cuando estás en el proceso de transformar cualquier cosa que te haga no gustarte, estés o no consciente de este desagrado de ti mismo, sigas o no proyectando en los demás tu odio a ti mismo. Entonces verás la verdad de la realidad absoluta y de tu ser real, es decir, que la expansión no tiene límite. Al atravesar este desenvolvimiento, tu intuición será más fuerte y confiable. Entonces le harás caso a la demanda de tu propia corriente de vida. Tendrás el valor de ir con ella, parezca o no conformarse con las expectativas, las reglas y los valores externos. Siempre y cuando estés muy decidido a seguir los valores internos, los valores externos dejarán de ser importantes, ya sea en tu propia mente o en la manifestación externa de tu vida. Por lo tanto, ya no tendrás temor cuando tu vida no se conforme a lo convencional. Pronto, la vida exterior seguirá rápidamente y ninguna fricción se acumulará. El mundo se sintonizará contigo.

▼ *Las dos claves importantes* ▼

En esta conferencia hay dos claves importantes que pueden ser los puntos que buscas para salir de un cuello de botella momentáneo. Las recapitularé brevemente:

1. ¿Cuál es tu meta en la vida? ¿Cuál es tu meta en este camino? ¿Qué tan lejos quieres llegar? ¿Quieres eliminar solamente unos pocos síntomas? O, ¿deseas la total realización, la activación de un centro interior en el cual todo es bueno, donde existe la salvación a la ansiedad, la inseguridad y la confusión? Si lo deseas, ¿estás dispuesto a pagar el precio de la perseverancia y el compromiso total? El compromiso total saca a la luz todas tus posibilidades. Las potencialidades ilimitadas de tu ser interno más profundo te ayudan a realizar el bien ilimitado.

2. Encuentra el punto exacto en donde tus deseos positivos están obstruidos, y entonces pregúntate qué defecto de carácter en particular no te permite abandonar la actitud auto-destructiva y negadora de renuncia a tus deseos. Declara con claridad que deseas encontrarlo. Una vez que lo

veas, tienes todavía tiempo para decidir si quieres o no soltarlo. Si no lo deseas, descubre por qué no. Insistir en aferrarte a algo que viola tu integridad y tu decencia impide el paso a lo mejor que tienes para ofrecer y lo mejor que puedes ser. Esto obstaculiza tu respeto por ti mismo. Quizás no sea una densa manifestación externa; puede ser una pequeña desviación escondida que no parece lastimar a nadie, pero siempre lo hace, estés o no consciente de ello.

El progreso experimentado vívidamente por algunos de ustedes tiene proporción exacta con su voluntad y su apertura. No hay misterio acerca de qué es lo que produce progreso, ya que este camino debe funcionar cuando la voluntad y la apertura existen. Aquellos de ustedes que no están satisfechos con su progreso, deben preguntarse profunda y sinceramente: "¿En dónde me he detenido? ¿En dónde no he querido ir hasta el fondo? ¿En dónde perdí la claridad de la meta? Y, ¿en dónde me desligué de la meta de donde estoy en este momento porque no quiero exponerme?" Ustedes evitan ver que se detienen en el miedo y la vergüenza; éstos son obstáculos innecesarios que usan para atrancar las puertas de la liberación.

Aquellos de ustedes que han progresado y sienten la excitación de una nueva vida por venir, tienen mucho por ver adelante, ya que ahora fortalecerán su propios poderes. Serán capaces cada vez más de activarlos para eliminar los obstáculos de las ilusiones que quedan y para orientarse hacia lo que es eterno dentro de ustedes, lo que nunca es conflictuado ni torturado. Aprenderán a experimentarlo como una realidad viviente.

Sean bendecidos. Reciban la fortaleza y el amor que corre hacia adelante. Queden en paz. ¡Queden en Dios!

▲ 10 ▲

La verdadera función del ego

Saludos, mis queridos amigos. Que las bendiciones y la fortaleza, el entendimiento de la verdad y el flujo vital de la energía universal los llenen y los sostengan.

▼ *La conciencia de nuestros miedos* ▼

Muchos de mis amigos que transitan por este intensivo camino de realización del ser interno, han llegado a una encrucijada en donde ven el viejo paisaje interior, el miedo: miedo a la vida, miedo a la muerte, miedo al placer, miedo a soltar el control, miedo de los sentimientos —miedo de ser. Se requiere de una considerable confrontación con uno mismo, como todos ustedes saben, para estar consciente de estos miedos. Generalmente están cubiertos, pero existen.

Al aumentar su conciencia de estos miedos uno también se da cuenta, de manera gradual y automática, de los efectos de dichos miedos (hasta ahora inconscientes) en su vida —lo que le hacen a uno hacer y cómo le hacen a uno retraerse de la vida y no vivir. Entonces uno empieza a comprender aquel vago sentimiento de estarse perdiendo de algo en la vida, que uno generalmente siente, sin saber muy bien por qué; y uno empieza a darse cuenta de cuánto pierde.

La fuente de todos estos miedos es un malentendido de la función del ego y de su relación con el ser real. Esta relación es extremadamente sutil y difícil de poner en palabras, puesto que, como sucede con todas las verdades de la vida, está llena de contradicciones aparentes, al grado de que tú mismo te encuentras pensando y viviendo de manera dualista. En el momento en que trasciendes este dualismo, dos aspectos opuestos y en apariencia mutuamente excluyentes, se vuelven igualmente verdaderos. Esto se aplica al ego en relación con el ser real. Es verdad cuando uno dice que la predominancia del ego, su exagerada fortaleza, es el mayor obstáculo para una vida productiva. Y es igualmente verdad cuando uno dice que un ego débil es incapaz de establecer una manera sana de vivir.

▼ *La ignorancia del ser real* ▼

La condición de tristeza de la humanidad se debe principalmente a la ignorancia sobre la existencia del ser real. En el mejor de los casos, los seres humanos más iluminados aceptan su existencia como un precepto filosófico, pero esto es totalmente diferente de la experiencia —viva y dinámica— de su existencia. Si las personas fueran educadas con la idea y con la meta de que contienen algo profundo dentro de ellas y que es infinitamente superior al ser egóico, se les daría la oportunidad, por medio de la experimentación y de la exploración, para buscar la comunicación con este núcleo. Serían capaces de alcanzar su verdadero ser interior.

Puesto que este no es el caso, las personas se vuelven cada vez más limitadas en sus conceptos y sus metas. Ignoran el hecho de que existe algo más, que está vivo, dentro de ellas, además del ego. Aún aquellos de ustedes que han formado por años un concepto del ser real, de la sustancia creativa que vivifica a cada ser humano, olvidan, en el 95 por ciento de su vida diaria, que este ser creativo vive y se mueve dentro de ustedes y que ustedes viven y se mueven en él. Se olvidan de su existencia. No buscan su sabiduría. Arriesgan toda su seguridad en su limitado ser egóico exterior. Se olvidan de abrirse a los sentimientos y a las verdades más profundas de su ser. Siguen alegremente adelante como si en realidad no existiera nada más que su mente consciente, su ser egóico con sus procesos de pensamiento inmediatamente accesibles y con fuerza de voluntad. Con esta actitud ustedes se reducen enormemente.

Este olvido trae consigo, inevitablemente, varias consecuencias. La primera tiene que ver con la identificación. Cuando te identificas exclusivamente con el ego, o el ser consciente exterior, cuando tu sentido del ser está principalmente asociado con las funciones del ego, te desequilibras completamente y tu vida se vuelve vacía en sustancia y significado. Puesto que el ego no puede reemplazar, o acercarse de alguna manera a los recursos fértiles del ser real, es inevitable que las personas a quienes les ocurre esto —y le sucede a la mayoría de los seres humanos— se vuelvan tremendamente asustadas e inseguras. Por fuerza deben sentirse inadecuadas y su sentido de la vida, del vivir, del ser, debe volverse muy plano y nada alegre. Entonces buscan placeres substitutos, de manera frecuentemente frenética, los cuales son vacíos y las dejan exhaustas e insatisfechas.

El ego no puede agregarle a la vida que vivimos, ni sentimientos profundos ni un profundo sabor. Tampoco puede producir sabiduría profunda y creativa. El ego puede únicamente memorizar, aprender, recopilar el conocimiento creativo de otras personas, repetir y copiar. Está equipado para recordar, escoger, seleccionar, decidir, para moverse en cierta dirección —hacia afuera o hacia adentro. Estas son sus funciones. Pero sentir y experimentar profundamente, lo cual es ser creativo, no es su función. Cuando digo creativo, no sólo me refiero a ser creativo artísticamente. Cada acto sencillo de vivir puede ser creativo, siempre y cuando vivas activado por el ser real. Cada acto no es creativo, no importa con cuánto esfuerzo lo hagas, cuando estás separado del ser real.

Regresemos a esos miedos fundamentales que mencioné antes y considerémoslos a la luz de esta información. Como dije, estos miedos son generados como resultado de cortar el vínculo con el ser real y permanecer en la ignorancia, viviendo con ideas falsas. Empecemos con el miedo a la muerte, ya que este miedo en particular ensombrece la vida de todos. Si te identificas de manera predominante con tu ego, tu miedo a la muerte se justifica verdaderamente, ya que es un hecho que el ego muere. Esto puede sonar como una afirmación bastante amenazante para aquellos que aún no han experimentado la verdad y la realidad de su ser interior. Es amenazante precisamente por la razón que acabo de mencionar, es decir, que muchas personas identifican su sentido del ser, de existir, su yo[1] únicamente con el ego. Esto es el porqué ningún ser humano que haya activado su ser real y lo viva como una realidad diaria, tiene miedo de la muerte. Uno siente y conoce su naturaleza inmortal, uno está lleno de su cualidad de eternidad; esto sólo puede ser un continuo, puesto que ésta es su naturaleza inherente. No es posible explicar esto por la lógica a la que el ego está acostumbrado, dicha lógica es demasiado limitada para comprenderlo.

Quiero agregar aquí que una aceptación intelectual del ser real como un precepto filosófico no aliviará el miedo a la muerte, porque no puede dar un sentido de realidad y una verdadera experiencia del ser real. Esto requiere de más. Requiere una actualización de las facultades del ser real.

---

[1] *Self*, en inglés. [N. del T.]

▼ *El miedo a la vida y al placer* ▼

El siguiente miedo en la lista sería el miedo a la vida. Quien tema a la vida debe temer a la muerte y quien teme a la muerte debe temer a la vida, ya que ambas son realmente lo mismo. Esta declaración puede ser comprendida realmente sólo cuando uno conoce por experiencia al ser real, el cual reconcilia todos los aparentes opuestos. Entonces uno ve que la vida y la muerte son, cada uno, el lado soleado y sombreado, respectivamente, de cierta manifestación de la conciencia; nada más y nada menos.

Ahora: el miedo a la vida es justificado cuando el sentido de identificación de un individuo está exclusivamente apegado al ego. Ya que las capacidades del ego para lidiar con la vida y para vivirla de manera productiva, son extremadamente limitadas. De hecho, son francamente insuficientes y deben dejar al individuo indeciso, inseguro e incapaz. En cambio, el ser real siempre tiene las respuestas, siempre tiene las soluciones, sin importar cuál sea el problema. Siempre hace que cualquier experiencia, sin importar qué tan innecesaria e inútil parezca al principio, se convierta en un paso profundamente significativo en el camino hacia una mayor expansión. Aumenta, enriquece y profundiza la experiencia de vida y la realización de los potenciales inherentes. Por lo tanto, tiene la capacidad de hacerte más vivo, más pleno y más fuerte.

Ciertamente, nada de esto puede decirse sobre el ego. El ego está todo el tiempo entrampado en situaciones aparentemente irresolubles, problemas y conflictos. Está adaptado exclusivamente al nivel de la dualidad: esto *versus* aquello, correcto *versus* incorrecto, negro *versus* blanco, bueno *versus* malo. Como sabes, ésta es una manera inadecuada para acercarse a la mayoría de los problemas de la vida. Además del hecho de que ninguna verdad puede encontrarse si uno ve un lado como negro y el otro como blanco; las dimensiones de estos problemas incluyen muchas otras consideraciones. El ego es incapaz de trascender este nivel, y llevar hacia la armonía la verdad de ambos lados. Por lo tanto, no puede encontrar soluciones y está perpetuamente atrapado y ansioso. De ahí que una identificación en el ego trae, automáticamente, miedo a la vida en su despertar.

El siguiente en la lista puede ser el miedo al placer. Para aquellos cuya auto-exploración no es todavía extremadamente profunda, dicha declaración puede sonar absolutamente increíble —así como el miedo a la felicidad. Entonces se dirán "Esto no se aplica a mí". Pero permítanme decirles que todos —en el grado en que se sientan infelices, insatisfechos y vacíos— temen la felicidad, la plenitud y el placer, no importa cuánto se esfuercen por obtenerlos y los anhelen en el nivel consciente. Esto debe ser así; esta es la ecuación cuyos elementos son iguales. Tu vida demuestra el hecho, puesto que tu vida nunca es el producto de circunstancias más allá de tu control, o de causas ajenas a aquellas que pones interiormente en acción. Siempre es el resultado de tu propia conciencia interior.

El miedo al placer, a la felicidad, a la plenitud, es una realidad aplicable a todos los seres humanos. Al principio, el asunto es sólo conectarse conscientemente con este miedo. En el momento en que lo hagas, por lo menos entenderás por qué tu vida no cede a lo que otra parte de ti desea ardientemente. Entre más se aferre el ego para obtener lo que quieres conscientemente, olvidando que no es el ego solo el que lo puede obtener, será menos posible la satisfacción. Sin embargo, no es el ego consciente el que necesariamente lo obstruye, sino otra parte de tu ser que no es ni ego ni el ser real. Pero el ego consciente es, frecuente y ciegamente, guiado a actuar de la manera en que lo dicta la parte que teme y rechaza la vida. Después, uno racionaliza esto y le da una explicación. Aún cuando uno obedece sólo a la parte activa del ser egóico con su conciencia, incluso entonces, el ser egóico no es más que un agente obediente, lo sepas o no. El asunto es si el ego se guía erróneamente por las fuerzas destructivas o si está activado por el ser real.

De ahí que es absolutamente esencial estar abierto a tus propias reacciones internas que retroceden ante la felicidad y el placer. Para entenderlo en contexto, me gustaría decir ahora que si obtienes tu sentido de ser solamente desde las facultades del ego, soltar al ego debe parecerte terriblemente amenazante. Y es aquí mismo donde estás atrapado en un conflicto irresoluble, mientras permanezcas atorado en él: el desenvolvimiento y el placer, la alegría y el vivir creativo, la plenitud y la felicidad, solamente pueden existir al activar al ser real, cuando no te identificas exclusivamente con el ego, sino cuando estás conectado e identificado con el ser real, con la sustancia eterna y creativa de tu ser. Para lograr esto, es necesario soltar los controles directos del ego. Se requiere de confianza y valor para entregarse a un movimiento interior que no responde al pensamiento exterior y a las facultades de la voluntad.

Es fácil afirmar la verdad de esta declaración cuando examinas un minuto de los momentos elevados, especiales, de tu vida. Lo que fue realmente placentero, inspirado, sin esfuerzo, sin miedo, creativo y profundamente alegre, se debió precisamente a soltar y estar animado por algo más que las facultades comunes que operan bajo la directa determinación del ser exterior. Entonces la felicidad no sólo es posible, sino que es resultado natural. No puedes ser el ser real sin estar feliz y no puedes estar feliz a menos que estés integrado con y animado por el ser real. Este es el tipo de felicidad que no conoce el miedo a terminar o a la pérdida, ni teme a los resultados no deseados. Es el tipo de felicidad que, como dije en otro momento, es al mismo tiempo dinámica, estimulante, excitante, vibrantemente viva y apacible. Ya no existe ninguna escisión por separar estos conceptos y hacerlos mutuamente exclusivos, que es lo que hace el ego dualista. En esta manera escindida de experimentar la vida, lo pacífico excluye a la excitación y trae aburrimiento. La excitación excluye a la paz y trae ansiedad y tensión. Eres confrontado, como en tantas otras instancias, con una elección que deja de ser necesaria cuando entras al reino unificado del ser real.

¿Cómo puedes abrirte y abrazar, sin miedo, un estado que debe expulsar a las facultades del ego, cuando tu sentido de estar vivo viene exclusivamente de estas facultades del ego? Aquí es donde estás atrapado. Si no ves tu miedo a la felicidad bajo esta luz, no encontrarás la salida de esta trampa. Estarás constantemente dudando. Por un lado, estarás aterrorizado de soltar al ego. Por el otro, estarás constantemente en un estado de mayor o menor desesperación, que puede ser más o menos consciente. Una sensación de estar perdiendo tu vida, de una gran falta de algo esencial te perseguirá, porque aquello que es necesario para aliviar esta condición no puede llegar mientras no sueltes la dominación del ego.

Sólo gradualmente puedes acostumbrarte a la nueva condición, al nuevo clima, a las nuevas vibraciones, a las nuevas maneras de funcionar del ser real. Pero, definitivamente, esto no es compatible con vivir en un cuerpo en la esfera terrestre. Simplemente significa una interacción armoniosa entre el ego y el ser real. Significa conocer las funciones del ego, sus limitaciones, pero también su poder.

▼ *La sabiduría y el éxtasis* ▼
de la fuerza vital

El ser real transpira y transmite un flujo vital de energía que consiste en muchas corrientes diferentes. Es lo que generalmente llamo la fuerza vital. Esta fuerza vital no sólo es un poder tremendo, sino que es *conciencia*. Contiene sabiduría profunda y legitimidad inexorable, eterna e inmutable. Es necesario explorar y entender estas leyes. Este entendimiento enriquece la vida de una manera maravillosa, a un grado tal que no puedes imaginar.

Negar el éxtasis intenso de esta fuerza vital, que se manifiesta en algunas áreas con mayor intensidad que en otras, en todos los niveles de la existencia, significa cortejar a la muerte en diferentes grados. Abrazar esta fuerza vital significa vivir sin muerte. La negación del placer supremo es muerte. El hecho de que el ego comenzó a existir significa que la muerte comenzó a existir. El ego es una partícula escindida de la más vasta conciencia, que aún permanece en todas las personas. A menos que esta partícula escindida se integre con su origen, ésta muere. Por lo tanto, escindirse y morir están relacionados, así como están relacionados y son interdependientes la reunificación y vivir. La existencia del ego, el no placer y la muerte están directamente conectados, así como el ser real, el placer supremo y la vida están directamente conectados. Por lo tanto, quien teme soltar al ego, el que teme y niega el placer debido a este temor, debe cortejar a la muerte. Este es el verdadero significado de la muerte. Es una negación de la verdadera semilla original de la vida.

Todo esto, mis amigos, puede llevar al malentendido de que debemos deshacernos del ego.

Desafortunadamente, muchas enseñanzas espirituales han cometido este error y por lo tanto han traído confusión a sus seguidores. Hacer esto, simplemente llevaría al lado opuesto, y siempre, ambos extremos son igualmente erróneos, dañinos y peligrosos.

Las personas que han, a lo largo de una vida — y frecuentemente durante varias vidas— sobre enfatizado al ego, en la idea equivocada de que esto no es sólo seguridad sino la vida en sí, se cansan. Se cansan porque cada movimiento equivocado del alma, basado en concepciones erróneas, es agotador en su naturaleza misma.

Las diversas y falsas maneras de alivio del ego constreñido significan, siempre, la debilitación del ego. Si, por un lado, el ego es demasiado fuerte, inevitablemente debe ser débil en el otro. Lo digo en términos prácticos para ti que estás trabajando en este camino: en el grado en que te asuste soltar el control del ego porque crees en la idea falsa de que soltar el control te hace perder fuerza, en ese grado eres incapaz de afirmarte debido a que tienes miedo. Entre más capaz seas de entregarte a tus sentimientos, al proceso creativo, a las cualidades desconocidas de la vida misma, a una pareja, más fuerte serás. Entonces no temerás tomar decisiones, cometer errores, encontrar dificultades. Confiarás en tus propios recursos y te apoyarás en ellos; tendrás la integridad de tus propios puntos de vista; pagarás el precio de ser tú mismo; afirmarás tus derechos así como cumplirás con tus obligaciones, libre y voluntariamente, no por miedo a la autoridad ni a las consecuencias de la desaprobación. La fortaleza del ego de dicha auto-afirmación[2] sana, hace posible la entrega.

De manera contraria, la debilidad de un ego que teme la responsabilidad hacia el individuo mismo imposibilita la entrega y por lo tanto, el placer. La persona que habitualmente sobrecarga y agota las facultades del ego buscará, entonces, un falso alivio. Este falso alivio puede tomar muchas formas. Una es la locura, en donde el ego está completamente incapacitado. En casos severos toma la forma de manifestaciones neuróticas, en donde el ego es incapaz de usar sus facultades de fortaleza, de ser uno mismo y de responsabilidad por sí mismo. O, puede tomar la forma de alcoholismo, drogadicción o cualquiera otra entre todas las maneras artificiales de obtener alivio ante un ego en extremo tenso que está privado de placer debido a que está demasiado asustado para entregarse al proceso creativo.

▼ *El ego como un sirviente adecuado* ▼

Por lo tanto, es muy importante comprender cuáles son las facultades del ego, cómo usarlas y dónde están las limitaciones del ego. Entraremos en mayor detalle más adelante; todo lo que deseo decir en este momento es que el ego debe saber que sólo es un sirviente de un ser interior mucho mayor. Su

---

[2] Asertividad. [N. del E.]

función principal es buscar deliberadamente el contacto con este ser interno superior. Debe conocer su posición. El ego debe saber que su fortaleza, su potencialidad y su función es decidir buscar el contacto, pedir ayuda al ser superior, establecer contacto permanente con él. Es más, la tarea del ego es descubrir la obstrucción que existe entre él y el ser mayor. Aquí, también, su tarea es limitada. El hecho de darse cuenta siempre viene del interior, del ser real, pero viene como una respuesta al deseo del ego de comprender y cambiar la falsedad, la destructividad, el error. En otras palabras, la tarea del ego es formular el pensamiento, la intención, el deseo, la decisión. Pero su limitación está en la ejecución del pensamiento, de la intención y del deseo.

Después de que el ego ha cumplido su tarea de decidirse por la verdad, la integridad, la honestidad, el esfuerzo y la buena voluntad, debe hacerse a un lado y permitir que surja el ser real con su intuición e inspiración, cualidades que marcan el paso y dirigen el camino individual. Una y otra vez, el ego debe seleccionar, decidir, intentar, para poder seguir este desarrollo. Debe estar dispuesto a aprender desde adentro y a comprender el lenguaje más profundo del inconsciente, que al principio es bastante obscuro, pero después se hace cada vez más obvio. Debe aprender a interpretar los mensajes del inconsciente destructivo, así como del ser real aún más profundamente inconsciente, con toda su maravillosa creatividad y constructividad. El ego debe prestar, al camino interior, su apoyo de todo corazón; su esfuerzo unívoco, su actitud más constructiva y su atención no dividida. Debe conocer su limitación en cuanto a la más profunda sabiduría, el ritmo individual del camino, los tiempos apropiados, la fortaleza para perseverar en tiempos difíciles, y debe llamar a las fuentes ilimitadas del ser real. Debe desarrollar una finura para sentir la interacción sutil entre el ego cada vez más alerta y el ser real cada vez más manifiesto, para que pueda aprender cuándo ser fuerte y asertivo para superar la resistencia, y poner en evidencia las excusas y las racionalizaciones, y cuándo hacerse a un lado con una actitud más pasiva, de escucha y aprendizaje. El ego puede semejarse a manos y brazos que se mueven hacia la fuente de la vida y que dejan de moverse cuando su función no es otra que recibir.

Que todos se beneficien de esta conferencia. Mediten con el deseo de hacer uso de ella, no sólo entendiéndola teóricamente, sino buscando verdaderamente la parte en ustedes que es eterna, que realmente es adecuada y que siempre está en el más maravilloso deleite. Ya que este es su derecho de nacimiento.

¡Queden en paz, sean bendecidos, queden en Dios!

▲ 11 ▲

El fenómeno de la conciencia

Saludos, mis queridos amigos. El amor, la verdad y las bendiciones les son dados en rica abundancia. Abran sus canales más profundos y permitan que el flujo circule libremente desde ustedes y hacia ustedes. En esta conferencia deseo tratar el tema del fenómeno de la conciencia, tan difícil de explicar al nivel humano de conciencia.

La conciencia penetra en todo ser, toda creación, toda existencia —todo lo que es. En tu reino dualista, hablas de la conciencia y de la energía como si fueran dos fenómenos separados. Esto es incorrecto. La conciencia es un creador de energía, y la energía debe contener varios aspectos de la conciencia, quizás "variaciones" de la conciencia, así como grados. No existe ninguna energía física, biológica, eléctrica o atómica que pudiera ser tan potente como la energía de la conciencia directa. Con esto me refiero a la energía del pensamiento, del sentimiento, de la intención, de la actitud y de la creencia.

▼ *El pensamiento es energía* ▼
y tiene sentimiento

Cada pensamiento es energía. Tú percibes a esta energía como sentimiento. No puede haber un pensamiento —ni el más mecánico, muerto, estéril y separado— que no contenga sentimiento también. El pensamiento puro, abstracto, puede parecer totalmente divorciado de algún contenido de sentimiento. Esto no es así. De hecho, entre más abstracto y puro es el pensamiento, más lo es el sentimiento en proporción con el pensamiento. Debes también diferenciar entre el pensamiento separado y el pensamiento abstracto. El pensamiento separado es una defensa en contra de los sentimientos y de los aspectos indeseables del ser. El pensamiento abstracto es un resultado de un estado espiritual altamente integrado. Pero ni aun el primero puede estar divorciado, ni por un momento, del sentimiento —es decir, un contenido energético. El sentimiento subyacente podría ser miedo, aprensión ansiedad en cuanto a la complejidad de lo que el ser sospecha que existe y que no desea eenfrentar.

El odio a uno mismo, y una variedad de sentimientos que conoces bien, pueden coexistir con esto.

El pensamiento abstracto, así como su corriente subyacente de energía, contiene un sentimiento de inmensa paz, de un entendimiento intrínseco de la ley universal que inevitablemente produce alegría y una gran dicha. El pensamiento puramente abstracto creará este tipo de experiencia energética o de sentimiento. Mientras más subjetivo sea el pensamiento, más se teñirá el sentimiento con negatividad. Un pensamiento subjetivo es aquel creado por un deseo personal y por un miedo personal, desde un estado de egoísmo y de separación —yo *versus* el otro. Por lo tanto, nunca está en la verdad.

Examinemos, por ejemplo, el deseo. En el reino de la dualidad, como todo lo demás, el deseo cumple un papel dual. Desde un punto de vista espiritual, el deseo puede ser "indeseable". Ya que demasiado deseo, un deseo intenso, subjetivo —uno que proviene del ego y de sus distorsiones— te aleja del centro de tu ser. Dicho deseo frecuentemente contiene orgullo, voluntarismo, miedo y una falta de confianza en el Universo. Crea un sistema de energía tensa y contraída y evita el flujo de la fuerza vital. Por lo tanto, las enseñanzas espirituales frecuentemente abogan por un estado de no deseo como prerrequisito necesario para conectarse con el ser divino. Es un estado que debe ser valorado y apreciado para alcanzar la realización espiritual por uno mismo.

Al mismo tiempo, es igualmente verdadero que si no hay deseo, no puede haber expansión. No puede existir el hecho de aventurarse a un nuevo terreno, a nuevas realizaciones y estados de conciencia. No puede haber desarrollo ni purificación. Ya que, ¿qué podría motivar a un individuo para reunir el valor, la perseverancia y la estabilidad necesarias para buscar una salida de la obscuridad y el sufrimiento? Únicamente el deseo. Este tipo de deseo contiene valor, paciencia, compromiso y fe en la posibilidad de lograr un mejor estado.

Aquí tenemos un ejemplo típico de la confusión dualista que surge cuando dices que es bueno o malo tener un deseo, dependiendo de qué aspecto del deseo sea percibido. Sólo puedes trascender el estado doloroso, confuso y limitado de la conciencia dualista, cuando ves más allá de la fórmula "esto o aquello" y ves la verdad y las posibilidades distorsionadas de cada uno de estos aparentes opuestos. En el momento en que ves esto, los opuestos ya no existen. Entonces pasas a un estado más profundo y amplio de conciencia, en el que comprendes más allá del limitado estado dualista. Esto se aplica a muchas manifestaciones de tu vida. Casi nunca algo es bueno o malo en sí mismo. Depende de cómo se manifieste, y de cuáles son las verdaderas motivaciones subyacentes. El deseo debe existir en el corazón humano para superar los obstáculos, las tentaciones del auto-engaño, que obstruyen el camino hacia el conocimiento abstracto del Universo. Repito: no digo abstracto en el sentido del pensamiento mecánico, muerto, alejado, superficial, sin sentimiento o defensivo.

¿Cómo puede el conocimiento, el saber —que es conciencia— ser insensible? Aún el saber insensible, que en esta época llaman "conocimiento intelectual", debe tener un contenido de sentimiento. Dicho conocimiento provoca ciertas reacciones en cadena. Y aunque puede estar fragmentado, y las personas pueden usarlo para alejarse del aspecto de la vida que es energía o sentimiento, dicho conocimiento contiene, de cualquier manera, sentimiento, como antes mencioné, aunque las personas no puedan reconocer estos sentimientos. Entonces, la conciencia siempre es un sentimiento, una manifestación de energía, estés o no consciente de ello. Inclusive el pensamiento más mecánico, fragmentado y separado produce una serie de reacciones en cadena en todo tu sistema psíquico. El poder para elegir un pensamiento que pensar proviene, en sí mismo, de fuertes movimientos de energía y resulta en un efecto. Por lo tanto, la conciencia debe ser una con la energía.

En el estado humano promedio, esto no parece ser verdad a primera vista. Sin embargo, si profundizas, verás que cualquier conocimiento que albergas tiene un contenido de sentimiento definitivo. Como dije —y lo repito a propósito, ya que no es posible enfatizarlo suficientemente en este contexto— el conocimiento burdo y aislado también debe contener sentimientos. El sentimiento subyacente puede ser miedo. El estado energético más superficial puede ser aburrimiento. El aburrimiento también es un estado energético, aunque sea un estado negativo —negativo en el sentido de que la ausencia de algo no significa que aquello que está ausente no está intrínseca y esencialmente presente. Sólo está ausente de manera temporal. Si buscas más profundamente en el estado de aburrimiento hacia los recovecos de la sustancia del alma, encontrarás que siempre hay miedo en algún lugar: miedo de saber todo lo que puedes saber ahora, sobre ti y sobre tu relación con el Universo.

La relación entre tú mismo y el Universo se hace cada vez más obvia conforme te descubres a ti mismo, conforme vas siendo más honesto contigo, conforme dejas de actuar. Los estados de conciencia pueden diferenciarse, en general, en los siguientes tres estados: adormecimiento, conciencia de uno mismo y conciencia cósmica.

▼ *El estado de adormecimiento* ▼

El primero y menos desarrollado es el estado de adormecimiento, en el que un ser no sabe que existe. No tiene conciencia de sí mismo. Puede sentir, moverse y crecer, y hasta cierto grado, pensar, pero por debajo del umbral de la conciencia de sí mismo, como un mineral o una planta. Los organismos que están más allá del estado de conciencia de uno mismo, sin embargo, tienen patrones intrínsecos de creación, de auto-creación. Un organismo particular sigue estos patrones de una manera significativa y deliberada, siempre compatible con su autenticidad particular. Estos son estados de conciencia, pero no son estados de conciencia de sí mismo. Considera por ejemplo la vida de una planta: ésta sigue su plan intrínseco. Solamente su conciencia, ahora adormecida, puede crear ese plan, puede crear la impresión con todos sus ciclos legítimos a lo largo de los cuales el organismo vive, se expande, muere, se reincorpora, se da a luz a sí mismo, se expresa y sigue en el mismo ciclo. Esto requiere de una planta inmensamente inteligente, que sólo la conciencia puede fabricar. Algo como esto no puede suceder "por sí mismo", no puede ser un proceso muerto y desconectado.

La aparente desconexión de la materia inanimada es solamente conciencia temporalmente congelada. Cuando la conciencia crea en cierta dirección, se reduce progresivamente la velocidad de la chispa de la vida hasta que se petrifica la corriente energética. Se condensa en una costra tan gruesa que la energía subyacente es invisible; es decir, no es visible para el ojo humano. Sin embargo, los seres cuyo estado expandido de conciencia los hace capaces de percibir más que la superficie, pueden observar claramente la energía altamente potente dentro de la materia inanimada, la cual no tiene conciencia manifiesta. Pero dichos seres pueden también percibir el contenido de conciencia dentro de esta potente energía, la conciencia contenida dentro del material exteriormente "muerto".

¿Qué "dice" dicha conciencia cuando está en el estado de adormecimiento? Puede decir: "No quiero saber; no quiero conocerme —a mí, en relación con el mundo que me rodea". Esta declaración es un núcleo creativo —una declaración hecha por la conciencia, por una elección y disposición deliberadas. Esta declaración trae consigo una inexorable cadena de eventos, que conduce gradual pero seguramente al estado condensado, desacelerado, que finalmente se vuelve una "costra" endurecida y aparentemente muerta. De esto se compone la materia. La secuencia de eventos que lleva al estado en que la materia está endurecida e inanimada proviene de una declaración que niega la vida y la verdad. Sin embargo, una vez que el proceso de endurecimiento está en acción, la materia en sí puede ser usada por la conciencia para afirmar a la vida y con otros propósitos positivos. De esta manera, la conciencia libre puede "comunicarse" con la sustancia de la vida y con la conciencia dentro de la materia endurecida.

Doy esta breve explicación para que puedas tener algún concepto sobre el hecho de que la conciencia existe aún dentro de los objetos inanimados. Los científicos de hoy en día ya han afirmado que la energía existe dentro de la materia, así que esa parte ya no es noticia para ti. Tú todavía tienes que averiguar si lo mismo es verdad en cuanto a la conciencia.

La conciencia dentro de los objetos inanimados es accesible a la conciencia más fuerte y más activa de la mente humana, aunque lo es en menor grado que la conciencia dentro las plantas, animales u otros seres humanos. La materia todavía es maleable y puede ser impresa por la conciencia humana. Puesto que la conciencia es capaz de inventar y de crear, ésta puede moldear y darle forma a las sustancias que están dentro de la materia. Toma, por ejemplo, la necesidad de producir un mueble, una placa, un vidrio, una joya o cualquier cosa que pueda ser el objeto inanimado. Esa necesidad —ese deseo de crear estos objetos— moldea la energía; y la conciencia contenida, como materia inanimada, recibe las impresiones de una conciencia directiva, más fuerte y más conectada, y se funde con ella en ciertas maneras definitivas. Y así se crea un objeto.

Así, cada objeto que ves, gozas o necesitas cumple su tarea. Su núcleo más profundo de conciencia, que siempre busca la expresión hacia lo divino, hacia el servicio, hacia la verdad, hacia el amor, hacia ser, "le responde", incluso en este estado separado y muerto, a la creación de la mente y así cumple un propósito en el gran plan de la evolución. Ni la materia más muerta de todas las materias muertas, está realmente muerta. Los seres espirituales, que poseen más ampliamente sus facultades divinas innatas y no están limitados a la manifestación puramente externa como lo están los seres humanos, pueden percibir la forma de la energía y la expresión de la conciencia de la mayoría de los objetos inanimados. Un objeto como tal contiene también un campo de energía que es su antena, su receptora, por lo que debe volverse un reactor. Su contenido de conciencia es demasiado limitado para ser más que un reactor. Todavía no puede ser un iniciador y un creador como lo es el estado humano, pero definitivamente es un reactor.

Con frecuencia, puedes descubrir que tienes ciertas relaciones con los objetos. Existen algunos objetos que valoras, que necesitas y que gozas. Objetos que te funcionan bien. Puedes pensar que los amas porque te funcionan bien y porque te dan un buen servicio, belleza o alegría. Pero es uno de esos círculos benignos trabajando, y que es difícil decir en dónde empezó o quién lo inició. Toma por ejemplo un automóvil, o una máquina que usas, como una grabadora, o cualquier otra cosa. Amas esa máquina. Quizás hasta la uses de una o de otra manera para tu crecimiento espiritual, así que el objeto puramente utilitario no es tan utilitario después de todo. Tú lo cuidas. Tu aprecio hace que la máquina responda, aún con su pequeño y limitado núcleo de conciencia, que solamente está orientado a responder y reaccionar, recibir impresiones y ser moldeado. Su campo de energía será afectado. Con otros objetos es al revés. Nunca funcionan bien. Los odias, te molestas con ellos y estos responden en concordancia.

Por lo tanto, la separación de la conciencia que percibes es muy discutible. Cuando hablamos del hecho de que todo el Universo está permeado por la conciencia, es realmente verdad. Los organismos, los objetos y las entidades separadas están separados sólo en la superficie. Pero dentro y por debajo de ese nivel de superficie hay una interacción constante.

Empecé a hablar sobre los tres estados de conciencia. Me concentré por mucho tiempo en el primer estado: la conciencia sin conciencia de sí misma. Los animales, las plantas, los minerales y la materia inanimada caen dentro de esta categoría. Quise mostrar que nada existe que no contenga conciencia. Por supuesto, es mucho más fácil ver esto con los animales y las plantas, que tienen sus procesos de crecimiento y de cambio.

▼ *El estado de conciencia de sí mismo* ▼

El segundo estado es la conciencia de sí mismo, el cual empieza en el nivel humano. ¿Qué significa conciencia de sí mismo? Es la conciencia de "Yo soy", "Yo existo", "Yo puedo pensar," "Yo puedo decidir", "Mis decisiones tienen un impacto", "Mis pensamientos tienen un efecto", "Mis sentimientos alcanzan a otros seres". Este sería más o menos el segundo estado. En este estado empieza la responsabilidad hacia uno mismo. La conciencia de tener un efecto en el mundo alrededor del ser debe resultar en la responsabilidad y en la seriedad al elegir pensamientos, actitudes, acciones y respuestas. Este estado de conciencia, por virtud de su conciencia expandida, encuentra muchas nuevas alternativas que el estado ciego y más limitado no tiene. El estado de conciencia que está por debajo del umbral de la conciencia de uno mismo no puede elegir. Sigue ciegamente el patrón intrínseco impreso en su sustancia. El estado humano es capaz de re-crear el plan, y puede proveerse, cada vez mejor, de mayores posibilidades de auto-expresión, de acuerdo con su propio crecimiento.

Es obvio que dentro del estado humano de conciencia, de conciencia de sí mismo, existen numerosos grados y variaciones. Algunos seres humanos todavía no toman conciencia de ellos mismos, de su poder para crear, para cambiar y para afectar. Su habilidad para diferenciar aún es limitada; su poder para pensar y para actuar de manera independiente es igualmente limitado. Para ellos, palabras como éstas serían insignificativas y difícilmente les encontrarían más sentido que un animal. También existen otros seres humanos cuya conciencia ya está más desarrollada. Saben bastante bien que tienen el poder de elegir, de crear y de afectar. Son responsables de su propia persona y responden por sus decisiones para pensar de una u otra manera. Para ellos, estas palabras tienen sentido y son una inspiración y un aliento. Existen, por supuesto, muchos grados de conciencia entre estas dos categorías.

Sin embargo, incluso aquellos seres humanos cuya conciencia está menos desarrollada, están conscientes de que existen. Ellos saben que tienen necesidades y que pueden, hasta cierto grado, arreglárselas para satisfacer dichas necesidades. Saben que pueden actuar. Quizá su rango es más limitado que el rango y el poder de afectar de una personalidad humana más desarrollada, pero de todas maneras, existe una gran diferencia entre ellos y el nivel de conciencia animal más altamente desarrollado. El último puede tener algún poder de pensar en proceso de despertar, pero la conciencia de sí mismo en el sentido que he descrito, le falta completamente.

El estado humano de conciencia de sí mismo vive dentro de la dimensión del tiempo creada por él mismo. Así, el sentido de pasado, presente y futuro se despierta en la mente humana, pero éste no existe en los estados más inferiores de conciencia.

Como en muchas áreas del desarrollo, existe una similitud entre el punto más alto y el más bajo de una curva, en este caso, el estado de ser. La materia inanimada, los minerales, las plantas y los animales no viven dentro del tiempo. Existen en un estado atemporal de ser pero son sin conciencia de ellos mismos, sin auto-determinación y sin una iniciativa de impulso de ellos mismos. El estado humano de conciencia está en el tiempo. Por lo tanto, no está en el estado de ser, sino en un estado de transformación, de llegar a ser, aunque ya posee completamente conciencia de sí mismo. En el punto más elevado de la curva, regresamos al estado atemporal de ser, pero con un alto grado de conciencia.

▼ *La conciencia cósmica* ▼

Este tercer estado es el más elevado de los tres. Lo podemos llamar conciencia universal o, quizás, conciencia cósmica. En este estado todo es uno, no hay separación. En este estado de conciencia todo es conocido. El ser interior profundo es conocido, el ser-Dios es conocido. El ser-Dios de la entidad personal, así como el de las demás entidades es conocido. La verdad acerca de ser es conocida. En este estado de conciencia vives en un estado de ser. Pero en este nivel de desarrollo, el estado de ser sobrepasa la conciencia de sí mismo. Ha alcanzado la conciencia universal. Para decirlo de otra manera (posiblemente más precisa): El ser es reconocido en todo lo que existe.

Si meditas sobre el significado profundo de estos tres estados, verás y entenderás mucho más sobre la vida superior de la cual formas parte. El estado "inocente" de ser puede, solamente, existir en pureza. Esta pureza puede existir en uno que todavía es ciegamente inconsciente y que no tiene poder alguno, o en uno que ha recuperado el estado de inocencia gracias a un laborioso descenso y ascenso simultáneos de purificación de sí mismo. Entonces el poder puede volverse uno con el estado atemporal del eterno ahora.

Existe una cualidad auto-protectora en no ser consciente de la potencia innata de la conciencia, mientras el alma no está purificada. Como puedes observar tan claramente en tu camino, este poder aumenta en proporción exacta con tu habilidad de estar en la verdad contigo mismo y con los demás.

No importa cuán innjusta pueda parecerte ahora una manifestación negativa, te parece así solamente porque en tu estado limitado y atado al tiempo, no posees las conexiones. Si estuvieras consciente, verías que todas las manifestaciones negativas, sin importar cuán crueles o injustas puedan parecer, son la medicina producida por uno mismo con el propósito de obtener la purificación última y la dicha última. El mal no destruye y no puede destruir —solamente puede hacerlo temporalmente y dentro del marco de lo que mencioné. Si la conciencia pudiera expandirse sin la expansión simultánea de los agentes purificadores, el mal podría destruir a lo divino. Así que, como mecanismo de protección, la negatividad cierra los órganos de la percepción: y entonces vienen la ceguera, la sordera, el enmudecimiento y el adormecimiento.

La única manera de salir de este estado de ignorancia, de limitación, de impotencia, de estar aislado del núcleo en donde está la vida que une todo, es con un constante intento por conocerte en donde estás ahora —y no de conocer el Universo ni cualquier cosa fuera de ti. Eso llega después, gratuitamente, por así decirlo. Concentrarse en eso sería perseguir una ilusión.

Conocerte a tí mismo es un proceso lento que hay que hacer paso a paso. No requiere de una proeza imposible de tu parte. Solamente exige lo que en verdad es posible, encarar algo frente a tus ojos, si eliges hacerlo. Puedes usar tu mejor voluntad y tu mejor intención para descubrir lo que debes saber sobre ti mismo en cada paso del camino. No hay en su vida, mis amigos, una fracción de tiempo en la que esto no sea posible. Pueden estar seguros de que cuando están en un estado inarmónico, no están tan conscientes como podrían. Para estar más consciente, muchas veces es necesaria una intensa búsqueda. Y es, de hecho, parte de tu tarea de vida. Frecuentemente puedes buscar una respuesta a la inarmonía presente en el lugar equivocado. En verdad, con frecuencia te resistes porque tienes miedo encontrar algo mucho peor de lo que realmente existe. Lo descubrirías si sólo tuvieras el valor y la determinación de ir hasta el final, en todo momento.

El estado de inarmonía, el estado ansioso, infeliz, depresivo, de inquietud, de miedo, de negatividad y de dolor contraído es siempre un reflejo de algo que puedes saber ahora mismo, pero que eliges —sí lo eliges, literalmente— no saber. Esa elección crea campos de energía negativa muy potentes. Este camino te ayuda a desactivar estos campos de energía al cambiar el contenido de conciencia en ellos. El primer paso vital sería la transformación de "Yo no quiero saber" en "Yo quiero saber", y seguirlo. Puedes regalarte esta aventura de descubrimiento.

En las etapas preliminares de esta fase del desarrollo evolutivo, debes eliminar los puntos ciegos sobre el ser, para que el ser pueda descubrir las respuestas sobre sí mismo. No puedes despertar hacia un estado superior mientras no sepas lo que eliges, lo que piensas, lo que sientes, lo que necesitas, lo que deseas. Una vez que lo sabes, has aumentado el poder de cambiar lo que es destructivo e indeseable.

Al continuar en este camino, llegará un período en el que te conoces a ti mismo bastante bien, pero aún no estás plenamente consciente de los demás. De esta manera buscas a ciegas en la manifestación de los demás. En tu ceguera ante la negatividad de otra persona o ante la naturaleza exacta de dicha negatividad te pierdes frecuentemente a ti mismo en confusión y molestia. Continuar en un trabajo honesto te llevará hacia una conciencia clara de los demás. Esto te dará paz y mostrará el camino para manejar estas situaciones. A lo largo del camino descubrirás nuevos aspectos, frecuentemente positivos, sobre ti mismo. Muchas veces sólo una crisis con los demás puede sacar a la luz dichos aspectos antes ignorados.

▼ *El ser, los otros y el Universo* ▼

Como hemos visto, la primera fase es puramente auto-exploratoria. La segunda fase —que se sobrelapa frecuentemente con la primera— se expande hacia el conocimiento de los demás. La tercera fase lleva al conocimiento universal más allá del estado humano. Ese es el desarrollo orgánico de este camino. Cuando digo conocimiento, mis amigos, recuerden que hay tres maneras diferentes de interpretar esta palabra. Pueden tener conocimiento en un nivel puramente mecánico. Dicho conocimiento no es un conocimiento profundo, no es sabiduría, no es verdadera percepción. No les da un sensación de asombro y de sorpresa, tampoco los llena de paz y de alegría. Es un conocimiento seco y desconectado. Estoy hablando de un tipo diferente de conocimiento, en el cual se lleva a cabo una forma de comprensión que unifica al entendimiento fragmentado. Es un conocimiento profundo y sentido, que en verdad trae paz y alegría, asombro y excitación. Una revelación los llena y elimina todo desacuerdo. Viven y se relacionan de una nueva manera. Pero esto solamente llega más tarde en el camino, mis amigos. Al principio, sólo ocasionalmente experimentarán los inicios de este tipo de conocimiento.

Entre más te expandas, más te llenará este tipo de conocimiento. Y al continuar ocurre poco a poco el conocimiento cósmico. Dicho conocimiento viene de algo profundo dentro de ti. Trasciende lo personal. Es atemporal y te da una conciencia profunda de la vida continua y siempre presente que eres y que todo es. Esto te llena de una alegría indescriptible, paz, seguridad y gratitud por lo que existe. Mis amigos, ustedes deben ganarse esta conciencia, ya que no pueden apuntar directamente hacia la conciencia cósmica. Es el estado final de la conciencia de ustedes mismos expandida lo que cultivan en un camino como éste.

Lo que dije en esta conferencia está específicamente diseñado para hacerte consciente de la potencia de sus pensamientos, de la potencia de cada pensamiento que decides pensar, de cada actitud que decides adoptar. El pensamiento creará experiencias y respuestas, y también creará dentro de ti. Ahí, creará un nuevo campo de energía o reforzará, reafirmará y asegurará un campo viejo, dependiendo de si el pensamiento o la intención es nueva o es una repetición de lo viejo. Obviamente, ambas alternativas pueden aplicarse a campos de energía reales o falsos, constructivos o destructivos. Cuando realmente estás consciente de esta potencia, te vuelves más responsable y más capaz de crear. Entonces te acercas al estado en el que sabes que la conciencia de Dios está dentro de todo. El ego decide solamente a qué lado voltear. Ahora mismo, dentro de tu mente pensante, está el potencial para expresar la conciencia de Dios de cualquier manera que elijas. Y cuando tu experiencia es negativa, asegúrate de descubrir qué la creó y cómo fue creada.

Todos ustedes pueden descubrir la verdad del poder de su conciencia, comprometiéndose ahora, una y otra vez, a estar en la verdad con ustedes mismos y en sus preocupaciones diarias, en su reacciones, en experiencias que los dejan pasmados, confundidos o molestos. Cuando sientas resistencia, admite la resistencia en lugar de pasarla por alto, como bien podrías estar tentado a hacer. Ten fe en la verdad. Poco a poco serás más libre y alegre y te liberarás de las cadenas que aún te tienen confinado en un estado menor que el de tu derecho por nacimiento. Haz el compromiso con la verdad en cada situación posible, en cualquier incidente concebible.

Con este mensaje y con esta sugerencia, los bendigo a todos con un amor profundo —el amor del Universo— para todos ustedes, mis más amados amigos. Estén en paz.

Parte V

▼

Tiempo: antes y después de nacer

> El tiempo no nos detiene;
> el tiempo no nos persigue.
>
> David Byrne y *Talking Heads*

Las conferencias del Pathwork ofrecen ideas y conocimientos profundos que realmente "estiran" la mente, mientras que también asumen generosamente que nuestro ser más sabio y más profundo es perfectamente capaz de entender hasta las verdades espirituales más radicales. El tiempo es uno de los temas más apremiantes: qué es el tiempo en la Tierra y en el reino espiritual y cómo nuestra experiencia del tiempo en nuestra vida se relaciona con nuestra tarea de transformación.

Nosotros, los seres humanos, parecemos estar continuamente tratando de escapar del momento presente empujando hacia adelante, hacia el futuro y jalando hacia atrás, hacia el pasado. La primera conferencia nos invita a usar plenamente cada fragmento del tiempo que nos es disponible, e implacablemente nos demuestra las consecuencias de no hacerlo. Cualquier sentimiento de impaciencia, apatía, resentimiento, hostilidad y muchas otras emociones negativas, puede ser rastreado directamente hacia nuestra no utilización correcta del tiempo. En última instancia, nuestro empujar y jalar inquieto puede ser rastreado hacia nuestro miedo reprimido a la muerte. Cuando enfrentamos esto en nosotros mismos y usamos cada momento como una oportunidad para la examinación de nosotros mismos y el crecimiento, nos volvemos vivos y alegres, capaces de armonizarnos plenamente con, y celebrar, el presente.

Al iniciar esta encarnación, llegamos a esta vida en un estado de olvido —con toda la memoria de nuestro pasado atemporal borrada. Generalmente, más tarde en la vida, es cuando algunos de nosotros empezamos a recordar quiénes realmente somos y cuál es nuestro verdadero propósito para estar aquí en la Tierra. Esta amnesia pre-natal sirve a un profundo propósito, al permitir a las partes de nosotros aún no-purificadas emerger, y ofrecerse para ser transformadas. Esta conferencia revela por qué esta purificación de uno mismo no podría suceder de ninguna otra manera y cómo nuestro nacimiento en un estado de amnesia sirve realmente para ayudar a nuestra evolución espiritual.

D. T.

▲ 12 ▲

La relación de la humanidad con el tiempo

Saludos, mis muy queridos amigos. Bendiciones para cada uno de ustedes. Bendiciones por su trabajo en este camino.

Que todos sean inundados por una ola de esperanza y de seguridad de vivir en un Universo benigno en el cual no tienen nada que temer.

Ahora discutiré un tema nuevo: la relación de la humanidad con el tiempo. Lo que diré puede parecer, al principio, totalmente inaplicable a tu vida personal debido a su naturaleza abstracta. Pero si tienes paciencia y tratas de comprender el significado profundo de mis palabras, pronto verás que ellas tienen una aplicación muy práctica.

La existencia humana en la Tierra está ligada al tiempo. El tiempo es una creación de la mente. Sin la mente, el tiempo no existe. En tu dimensión, el tiempo, el espacio y el movimiento son tres elementos de la realidad, separados entre sí. Cuando la humanidad alcanza un grado mayor de conciencia y con ella una dimensión extendida, el tiempo, el espacio y el movimiento empiezan a integrarse cada vez más, hasta que se vuelven uno.

Sin embargo, es un error creer que la siguiente dimensión superior es atemporal. Si puedo usar esta expresión, existen muchos "tiempos" extendidos en los reinos superiores del ser, mucho antes de que alcances el estado del ser que es atemporal. Hasta ahora, es imposible que la humanidad entienda completamente esto. Lo mejor que pueden hacer es sentir ocasionalmente esta verdad.

▼ *Los límites del tiempo* ▼

El tiempo es una modalidad existencial muy limitante. Es un fragmento, cortado de una dimensión más amplia y libre de la experiencia. Este fragmento limitado, llamado tiempo, está a disposición de los seres humanos para que puedan crecer, completarse, tener experiencias y alcanzar la felicidad y la liberación hasta el límite proporcional de esta dimensión. En el grado en que cumplan su potencial gracias a un crecimiento interior, su vida será una experiencia dinámica y completa dentro de la cual la limitación del tiempo no será una dificultad.

En este punto, debido a que tiene tanto que ver con este tema, me gustaría agregar una vez más que es posible estar en un camino de desarrollo en general y sin embargo perder muchas oportunidades para el crecimiento. ¿Cuántas veces sucede que te encuentras en un estado de ánimo negativo sin aprender la profunda lección que encierra o de ver su importancia para tu ser interior más profundo? En su lugar, simplemente esperas a que pase el estado de ánimo por sí mismo. En esas instancias no utilizas bien el tiempo y se vuelve una carga y una fuente de conflicto. Si usas cada oportunidad de crecimiento para ir a la raíz del incidente o del estado de ánimo negativos, experimentarás un entendimiento profundo y una liberación. Entonces la excitación y la confianza en la vida y en ti, que ahora solamente experimentas en ocasiones, se volverá un estado más permanente. Entonces serás uno con el elemento del tiempo de tu dimensión, y entonces, crecerás orgánicamente a una dimensión de tiempo extendido.

La apatía, la depresión, la impaciencia, el nerviosismo, la ansiedad, la tensión, la frustración, el aburrimiento, y la hostilidad —todas estas emociones y muchas otras son, en último análisis, un resultado del tiempo no utilizado. Si no haces lo mejor para entenderte a ti mismo y para disolver el conflicto interno y la confusión, no puedes evitar las emociones negativas que se liberan cuando el tiempo pasa sin ser utilizado.

A aquellos de mis amigos que han experimentado la liberación de dichas emociones con una afluencia de fortaleza y de alegría interior sintiendo que son uno con la vida, les digo: ustedes pueden repetir esta experiencia siempre que no eviten el esfuerzo de mirar profundamente dentro de ustedes hasta que descubran el origen de todas las emociones negativas. Al recordar estos momentos de liberación, ustedes saben que siempre estaban conectados con dichos esfuerzos. Y a aquellos de ustedes que aún no han tenido esta experiencia, debido a que pueden ser muy nuevos en este camino, les digo: puede ser suya si hacen lo que es necesario.

El vago conocimiento de que el tiempo a tu disposición es limitado en esta dimensión terrestre crea una tensión especial. Luchas por salir de esta limitación del "tiempo", tirando, como un perro tira de su correa. El tiempo te tiene atado y te sientes encarcelado en un fragmento de la realidad. El inconsciente todavía tiene una memoria de la gran experiencia del tiempo sin tiempo[1] y trata de encontrar su camino de regreso hacia una libertad ilimitada. Esto puede hacerse, pero solamente aceptando y utilizando plenamente el fragmento que llamas tiempo. Entonces, la transición hacia la libertad será un flujo orgánico con un mínimo de conflicto. O, por supuesto, puedes resistirte tirando en contra de la transición y no utilizando el tiempo, como he descrito, y que todos los verdaderos maestros espirituales señalan. Entonces, inevitablemente, surgen los conflictos y las tensiones.

▼ *Huyendo del ahora* ▼

Discutamos ahora el conflicto particular que los seres humanos tienen con el tiempo. Cada uno de ustedes tiene la posibilidad de descubrir la verdad de lo que digo, siempre y cuando hagan los pasos necesarios de investigación de ustedes mismos.

---

[1] *Timelessness*, en inglés. [N. del T.]

Como ya he indicado, los seres humanos luchan por alcanzar una dimensión más libre del tiempo. Si se observan muy de cerca desde este punto de vista en particular, encontrarán que esto es verdad en muchas instancias. Muchas veces esto es muy obvio porque sus pensamientos están en la superficie; en otros momentos los permea en la forma de un clima vago general y por lo tanto no es tan fácil reconocerlo.

Las personas realizan grandes luchas y esfuerzos en aras del futuro por dos principales razones: no les gusta el presente y esperan algo mejor del futuro; o temen ciertos aspectos de la vida y quieren dejarlos atrás en el pasado. Tus vagas esperanzas por el futuro y el estado presente desagradable e insatisfecho son tus razones para forzarte lejos del presente y hacia el futuro. Así, evitas vivir en el ahora. Sin embargo, si exploraras dentro de ti mismo las razones de tu insatisfacción y las dificultades que te hacen alejarte de ellas, serías capaz de vivir plenamente en el ahora de manera significativa y dinámica y estarías obteniendo todas las alegrías de cada momento que ahora pasas por alto. Si cada momento fuera vivido verdaderamente al máximo, ya habrías alcanzado una dimensión extendida del tiempo, permaneciendo aún en esta dimensión terrestre. La verdad es que sólo utilizando al máximo la dimensión en la que vives, puedes salir de ella. Experimentar todo lo que cada momento del tiempo contiene hará que no te alejes; por lo tanto, te encontrarás automáticamente fluyendo hacia la siguiente dimensión del tiempo.

Como siempre, darse cuenta es el primer paso. Así que date cuenta de tu lucha interior para alejarte del ahora. Entonces encontrarás que luchas en contra del ahora porque realmente no has encontrado y resuelto las causas que te hacen forzarte más allá de tus límites para alcanzar el futuro.

En la otra punta del conflicto, el cuadro es totalmente opuesto. Los seres humanos le temen al futuro mientras que al mismo tiempo luchan por él, ya que el futuro significa también muerte y decadencia. Mientras que se fuerzan hacia el futuro, esperando la plenitud, simultáneamente tratan de detener la corriente del tiempo, deseando detener su movimiento o incluso, hasta regresar a la juventud. Las personas quieren dos cosas imposibles: la satisfacción del futuro en el pasado o, por lo menos, en el presente. Este deseo genera dos movimientos del alma contradictorios: uno lucha hacia adelante, el otro se frena. De más está decir que el alma sufre tensión —un gasto de energía inútil y destructivo.

Hace algún tiempo hablé sobre el miedo a la muerte, el cual es una parte integral del conflicto con el tiempo. El miedo a la muerte causa un movimiento en reversa opuesto al movimiento natural del tiempo, el cual es un flujo continuo y armonioso. Si puedes sentir su ritmo, estarás en armonía. Puedes hacerlo estando en el tiempo de la única manera significativa: usando cada momento e incidente para el crecimiento. Si no te alejas del futuro, no tendrás que temerle. De igual manera, si no te alejas del presente, lo utilizarás bien; de esta manera, no parecerá deseable alejarse de él. Esto es ser, aún si todavía no es el más alto estado de ser. Es el estado de ser en proporción con la dimensión del tiempo en la que vives.

▼ *Siguiendo la ola del tiempo* ▼

Una vez en este estado, sigues el flujo natural. La ola del tiempo te llevará natural y agraciadamente a la siguiente dimensión extendida, que temes tanto porque aún no puedes comprobar su realidad. Tu prisa por llegar a esta nueva dimensión, por un lado, y tu miedo a lo desconocido, por otro lado, son reacciones a lo que parece tan incierto para una parte de tu personalidad. Con estas reacciones retienes el movimiento natural y creas tensión, haciendo que las fuerzas de tu alma trabajen en direcciones opuestas. El resultado es un estancamiento del crecimiento, así como la falta de la experiencia completa de cada "ahora".

Después de que determines tu doble movimiento interno, sutil pero claro, encontrarás un valor psicológico en entender la naturaleza de las emociones y de las actitudes responsables de los movimientos contradictorios del alma.

La revisión diaria[2] a favor de la cual estoy, es uno de los mejores medios para vivir plenamente cada día y cada hora. Me atrevo a decir que todos mis amigos que trabajan tan cuidadosamente en este

---

[2] Vea el Glosario para la definición de *revisión diaria*.

camino han, por lo menos ocasionalmente, sentido la paz especial que está llena de la chispa de la vivacidad, que es tan dinámica como apacible, después de haber reconocido en toda su profundidad una distorsión o una actitud negativa en ellos mismos. Si todo el beneficio que contiene este reconocimiento ha sido obtenido, entonces este maravilloso sentimiento de vivacidad tendrá que manifestarse.

Que el reconocimiento sobre uno mismo pueda ser desagradable, nos desilusione de nosotros mismos y por momentos sea incluso doloroso, no disminuirá la gran experiencia, una vez que el reconocimiento sea completado. Al contrario. Esto puede ser la mejor prueba de la veracidad de mis palabras. También puedes usar como vara para medir la experiencia de paz. Siempre que una confrontación contigo mismo no produzca, al final, una sensación positiva y liberadora, no has encontrado todo lo que hay por ser descubierto.

Mis amigos, ¿alguna vez han pensado por qué es que después de un reconocimiento desagradable o doloroso —siempre y cuando vayan a su profundidad y no paren a la mitad del camino— sienten tal estado dinámico de armonía y vivacidad? Es así únicamente porque en ese momento han utilizado completamente lo que se les da: el fragmento del tiempo a su disposición. Cuando están apáticos y deprimidos, o infelices de alguna manera, el material está ahí, frente a ustedes, ustedes están exactamente en él, pero están ciegos en cuanto a él. No centran su atención en él. Solamente tratan de salirse de este "ahora" sin utilizarlo. Ese es el movimiento hacia adelante, el cual también les hace temer crecer e ir hacia la muerte —la cual es realmente un umbral de la vida. Por lo tanto, se detienen mientras que también empujan hacia adelante.

El miedo a la muerte existe de muchas formas. Cualquier creencia espiritual o religiosa, si se sobreimpone desde el exterior y no se siente interiormente, es tamién parte del miedo a la muerte como una protesta violenta de descreimiento. Ambos son dos lados diferentes de la misma moneda.

La única manera de sentir el flujo del tiempo que no conoce ninguna interrupción, que los lleva a dimensiones extendidas, es utilizar cada momento de la manera en que lo aprenden en este camino. Entonces ya no manejan conceptos que adoptan o que rechazan, conceptos con los que están o no de acuerdo. Llega una experiencia interior que los hace darse cuenta de que la presente matriz de tiempo es solamente una faceta de otra matriz de tiempo; es sólo un fragmento de una pieza mayor. Esto, en sí, trae el conocimiento de que la muerte es solo una ilusión. La muerte es solamente una manifestación de la transición hacia una dimensión diferente. Sin embargo, dichas palabras solamente pueden ser significativas, si ustedes hacen que la realidad de ellas sea una realidad posible.

¿Tienen alguna pregunta en relación con este tema?

PREGUNTA: Dices que una vez que uno deja esta dimensión del tiempo, uno entra a otro tiempo en el cual ocurre una unificación del espacio, del tiempo y del movimiento. ¿Podrías clarificarlo, por favor?

RESPUESTA: Sí, trataré. En tu dimensión, el tiempo y el espacio son dos factores separados. Te daré un ejemplo práctico: te encuentras en cierto espacio, necesitas tiempo para llegar ahí. Para acortar la distancia, el movimiento es necesario. Así que el movimiento es el puente que combina el tiempo y el espacio. En la siguiente dimensión, en donde hay un fragmento más amplio de lo que puedes llamar tiempo —el cual aún está lejos del tiempo sin tiempo— el movimiento, el tiempo y el espacio son uno. En otras palabras: estás en un espacio. Piensa en el espacio en que deseas estar. El movimiento requerido para acortar la distancia es tu pensamiento. Es de un lapso más corto de tiempo y de movimiento. El pensamiento, que es movimiento, te lleva a otra área del espacio, sin importar la distancia, según es medida en tu dimensión. ¿Entiendes esto?

PREGUNTA: Sí. Pero esto me trae dos preguntas a la mente. Una es: ¿Puede suceder esto en la Tierra? Y la otra: vi un programa de televisión que explicaba que en el espacio exterior, como lo conocemos ahora, ocurre un ajuste vía movimiento a través del tiempo y del espacio, así que el tiempo cambia de acuerdo con el rango de velocidad en que viajas en el espacio. No entiendo esto muy bien.

RESPUESTA: No es posible, en la Tierra, con medios materiales acortar la distancia con el pensamiento. El espíritu, la psique es, por supuesto, capaz de lograrlo. De hecho, lo hace constantemente, pero el cerebro, que está en proceso de despertar, rara vez se da cuenta de esto. El cuerpo físico es incapaz de tener esta experiencia porque está hecho y ajustado a la dimensión limitada en donde la separación entre el tiempo y el espacio existe, y el puente entre estos es el movimiento.

En cuanto a tu segunda pregunta: cuando los medios materiales y técnicos han sido inventados para abandonar esta dimensión, una noción de este factor se hace accesible al conocimiento material del cerebro. Pero que sea entendido o no este descubrimiento en su significado más profundo, depende, por supuesto, del individuo —de la capacidad y la disposición de las personas para entender. Puedo agregar que el conocimiento técnico que trajo esta verdad cósmica a tu mundo material —la misma verdad a la que me acerqué desde un ángulo diferente— es consecuencia de una disposición general de esta esfera terrestre, que está lista para entender una verdad superior. Si a pesar de la posibilidad de crecimiento que esta verdad superior trajo a su alcance, la humanidad no aprende su profundo significado, la humanidad se estancará. Es exactamente el mismo proceso con un individuo. Una persona que tiene potencial para crecer pero no lo utiliza será un alma más conflictuada que el alma que realmente hace menos esfuerzo en la dirección de un desarrollo individual, pero que está más cerca del potencial dado. Esto explica por qué es imposible juzgar y comparar.

Para regresar a tu pregunta: los descubrimientos técnicos son una manera de ayudar a la humanidad a adquirir una conciencia más amplia. Pero si un descubrimiento técnico no lleva a un entendimiento más amplio y profundo, dicho descubrimiento no solo será inútil, sino que será destructivo. Lo constructivo y el beneficio de cada descubrimiento depende de si la humanidad, como un todo, entiende o no la ley espiritual y cósmica en un nivel más profundo que antes de que este descubrimiento se hiciera. Si esto sucede, ayudará a la humanidad a producir una mayor libertad interior, un crecimiento y un desarrollo más rápidos, y por lo tanto, una paz exterior y una mayor justicia.

Si observamos a la historia desde este punto de vista, veremos que cualquier trastorno que la humanidad ha experimentado en la Tierra es un resultado de un conocimiento más amplio usado sin el entendimiento apropiado. Podrían establecerse los vínculos entre el nuevo conocimiento en ciertas épocas y los trastornos subsecuentes debidos a la ignorancia del significado real del conocimiento, si los historiadores que llevan a cabo esta búsqueda estuvieran ellos mismos, en un proceso de vida, creciendo plenamente. El nuevo conocimiento no es necesaria y exclusivamente de una naturaleza técnica. Puede ser un influjo en el arte, la filosofía o cualquier reino de la experiencia. Los vínculos no son inmediatamente visibles, pero están ahí. Esto podría ser un estudio interesante para un historiador que tiene el equipo interior para ver aquello que al principio parece obscuro, pero que es claro una vez que la atención de uno se centra en la dirección correcta.

Lo que mencionaste en tu segunda pregunta es lo mismo, en términos técnicos, que lo que expliqué en términos filosóficos y psicológicos.

Mis queridos amigos, una vez más sean bendecidos, cada uno de ustedes. Que estas palabras no solamente pasen a través de su cerebro. Que en verdad les den el incentivo para escuchar más profundamente dentro de ustedes mismos y así puedan obtener más distancia de ustedes mismos. Al ser más objetivos, pueden sentirse más en casa con ustedes y estar más en paz con la vida en este tiempo fragmentado, para que puedan utilizarlo sin miedo, sin jalonearse hacia el futuro ni frenándose en contra de él. Por lo tanto, estarán en armonía con el flujo del tiempo. Así, gradualmente, gracias a los descubrimientos sobre sus actitudes internas más profundas y sobre sus emociones escondidas, se encontrarán fluyendo con la ola del tiempo, en armonía con él, viviendo cada ahora al máximo. Que todos mis buenos amigos —aquellos presentes y aquellos ausentes, aquellos que son nuevos y aquellos que están inseguros, aquellos que piensan empezar una nueva manera de vida interior— que todos encuentren su ser real y así, finalmente superen la barrera que los hace atender a la manifestación visible, y estar ciegos a lo que la causa.

Estén en paz. Que encuentren la fortaleza y la realidad que he tratado de ayudarlos a encontrar. Sean bendecidos. ¡Estén en Dios!

▲ 13 ▲

Despertando de la anestesia pre-encarnatoria

Saludos. Bendiciones amorosas están fluyendo hacia cada uno de ustedes.
En esta conferencia hablaré otra vez sobre el fenómeno de la conciencia, particularmente en conexión con el proceso evolutivo y con el significado de la vida individual.

Todo el conocimiento está en ti. Frecuentemente he dicho esto, pero rara vez es entendido. Antes de que nazcas en esta vida se establece un proceso de anestesia. Existe una razón específica para esto. Conforme sales de la infancia, despiertas de la amnesia con una conciencia limitada. El despertar es parcial y gradual. Al crecer física, mental y emocionalmente, buscas a ciegas para re-descubrir tu conocimiento interior. Al principio lo haces de manera limitada, enfocándote en la vida material. Aprendes a caminar, a manejar objetos, a hablar, a leer, a escribir, aprendes los números, y ciertas leyes de la vida exterior y de la materia física que te rodea y que necesitarás manejar.

Adquieres maestría para manejar un conocimiento material básico o lo re-despiertas, adquieres un conocimiento más profundo, siempre que el proceso de crecimiento se lleve a cabo como fue planeado. Cuando una persona está en un proceso intensivo de crecimiento, esto sucederá en profundidad y rango siempre crecientes. Si la persona ha detenido el movimiento del proceso de crecimiento —su "tren de vida"— la interrupción evitará la re-adquisición del conocimiento que la persona posee en estado potencial.

▼ La razón para la anestesia ▼

Aquí, inevitablemente tendrás que preguntar ¿por qué se establece la anestesia? Realmente, la anestesia se establece mucho antes del proceso de nacimiento. En tu realidad espiritual, a donde en verdad pertenece la entidad total que eres, decides sobre tu reaparición en esta dimensión. Ahí es cuando deliberadamente eres anestesiado. Después de que todos los planes para tu vida en el plano material son totalmente discutidos y asimilados, pierdes la conciencia. Una persona que se somete a una cirugía pasa por un proceso similar. De hecho, el proceso de anestesia es copiado de la vida espiritual, una vez recordado y re-descubierto en la vida terrenal. En la Tierra, su propósito es evitar el dolor durante una cirugía. En el caso del proceso re-encarnatorio, la razón es diferente.

Antes de que el ser espiritual tome posesión de un cuerpo humano en el proceso del nacimiento, la entidad está en un estado de sueño, anestesiada y sin conciencia. En el nacimiento ocurre un despertar en un grado ligero —ligero en relación con su estado real. La parte limitada de la entidad que toma posesión del cuerpo infantil se encuentra despierta a las sensaciones y funcionamiento físicos, y a cierta percepción y conciencia limitadas; ninguna de estas puede ser apropiadamente evaluada, interpretada o asimilada. Eso llega después. El estado de conciencia después del nacimiento aumenta pero todavía es muy limitado. Volverse consciente y despertar es un proceso gradual.

Los primeros años —los primeros veintidós a veinticinco años, aunque esto no puede ser generalizado— están principalmente enfocados hacia adquirir un conocimiento exterior. Siempre que el proceso sea significativo y orgánico, el foco entonces debería dirigirse a adquirir un conocimiento que trascienda la realidad física: conocimiento interior y espiritual. Esto puede tomar lugar, primero, en un nivel psicológico. Incluyo el conocimiento psicológico cuando hablo del conocimiento espiritual, ya que está relacionado con las leyes y los procesos del ser interior.

Ciertos individuos altamente desarrollados y que tienen la capacidad para la plenitud espiritual frecuentemente, aunque no siempre, despiertan más temprano a la realidad interior, la cual puede coincidir con el aprendizaje exterior. Esto puede suceder porque el conocimiento está cerca y profundamente anclado en el alma; en vidas anteriores se había vuelto una parte a tal grado integral de la entidad que es más fácil volver a despertarla que en otras que no han tenido dicho desarrollo anterior, las cuales deben todavía atravesar procesos de crecimiento, búsqueda y lucha, antes de que el conocimiento interior pueda penetrar a cada partícula del alma. Eso es, por supuesto, de lo que se trata la vida. Y todo es necesario: el proceso de buscar a ciegas, el proceso de ensayo y error, la búsqueda, estar frecuentemente confundidos y sin saber, enfrentando el no saber de una manera constructiva. Uno debe encontrar el equilibrio, frecuentemente precario, entre: por un lado, la paciencia y la humildad para que la gracia del conocimiento se comunique y por el otro, un serio compromiso y esfuerzo, una voluntad enfocada y una agresión sana. Este proceso es la clave.

Ahora, regreso a la pregunta de por qué toma lugar la anestesia temporal. Recapitulo brevemente: la personalidad manifiesta no sabe lo que sabe. El conocimiento, en el grado que exista, está borrado, "olvidado". En cualquiera que sea el estado de desarrollo en que estés, empiezas con un tablero limpio: empiezas sin saber nada. El conocimiento que está en ti, aparentemente no está en ti. ¿Por qué debe ser así?

En una conferencia sobre el proceso evolutivo[1] expliqué cómo la "masa" de la conciencia se expande, llenando el vacío. Al hacerlo, algunas partículas de conciencia se pierden a sí mismas. La conciencia divina esencial, en su belleza, sabiduría

[1] Conferencia del Guía Pathwork Núm. 218

y poder benigno, funciona de una manera limitada y distorsionada. Las partículas aisladas deben buscar unirse otra vez con el movimiento que se extiende y avanza rápidamente, movimiento del estado divino de la vida que, de manera inexorable, llena el vacío. En este proceso las partículas separadas —que son entidades individuales— deben encontrar el camino de regreso por sí mismas, a fuerza de despertar los potenciales divinos siempre presentes, incluso en los aspectos más separados.

Permíteme aclararlo. Supón que conscientemente supieras ahora todo lo que profundamente sabes. Entonces los aspectos subdesarrollados en ti no encontrarían, bajo su propia emanación, su esencia innata. Serían arrastrados por los aspectos ya conocidos, ya desarrollados. Por lo tanto, siempre representarían un elemento no confiable. De manera esencial, aunque no necesariamente manifestándose, nublarían la belleza, la vitalidad, la creatividad y la sabiduría del resto de tu ser. Serían llevados por el oleaje de la gloria de la conciencia-Dios, pero no serían totalmente inspirados por ella. El significado de la purificación y evolución es que cada pequeño aspecto de todo lo que es debe ser inspirado por su propia esencia.

Apliquemos esta explicación general y metafísica a tu estado presente, a tu vida diaria y a la lucha en tu camino. Entonces quizás no sólo entiendas mejor lo que estoy diciendo, sino que personalmente te beneficiarás con ello.

▼ *Lo peor necesita emerger* ▼

En tu camino, constantemente descubres aspectos de negatividad, irracionalidad, infantilidad, egoísmo y destructividad. Sabes que estos aspectos brotan por sí mismos en una etapa temprana de tu desarrollo, sin provocación de afuera. Estos aspectos son tan fuertes que los activas, e inicias así la negatividad, sin importar cual es la situación exterior. Al continuar tu desarrollo, esto cambia. Los aspectos negativos dejan de manifestarse por sí mismos. Necesitan de una provocación exterior. Respondes con ellos a la negatividad iniciada por los demás a tu alrededor. Sin embargo, vives en un mundo de materia, en el cual, incluso bajo las mejores circunstancias, la vida no es fácil. La materia obstruye y frustra. El mero hecho de vivir en esta dimensión de la realidad —la cual es tu producción, por supuesto— siempre es un reto. Imagina que vives bajo circunstancias tan sublimes, favorables y productoras de dicha, que hasta lo peor en ti no encontraría la ocasión para expresarse. Entonces, lo peor en ti permanecería dormido, no expuesto, y no atravesaría su necesario proceso de purificación.

Frecuentemente estás convencido —y parcialmente estás en lo correcto— de que si los demás no hicieran eso o aquello, tú estarías bien, que permanecerías en un estado de armonía y dicha. Sin embargo, las áreas borrosas en ti continuarían ardiendo lentamente, ya que sin su manifestación tú no sabrías de su existencia. Necesitan, exactamente, ser disparadas, necesitan la exposición y la provocación. De igual modo, si estuvieras consciente para saber todo lo que sabes sin ninguna provocación de afuera, los aspectos subdesarrollados no brotarían y no adquirirían su propio conocimiento arraigado. Simplemente serían afectados por aquello que los aspectos desarrollados ya saben.

En tu camino has tenido la experiencia de que cuando trabajas exitosamente aquellas áreas borrosas, te vuelves absolutamente seguro, sin importar lo que los demás hagan o dejen de hacer, sin importar cómo los demás reaccionan. Permaneces esencialmente completo, en esencia no te afecta. No me refiero a que no te afecte en el sentido de estar ajeno y sin sentir. Me refiero a que la negatividad particular en ti que has trabajado ya no existe y, por lo tanto, no puede brotar cuando los demás hacen un mal cerca de ti. Puedes estar lastimado o enojado, pero de una manera totalmente diferente que cuando tus propias fallas no resueltas son disparadas por las circunstancias externas. De esta manera, ya no dependes de la perfección para no enfrentar tu imperfección. El efecto de la destructividad de los demás no te hará perder tu comportamiento o tu centro si tus áreas borrosas han sido clarificadas, purificadas, limpiadas y eliminadas.

El mismo principio opera en la relación entre tus propias imperfecciones internas y tus partes ya purificadas. Si hubieras nacido sabiendo todo lo que sabes, la áreas no limpias dependerían de las limpias y no se convertirían en un todo dentro de ellas mismas. Si los aspectos sabios e iluminados de tu ser están dormidos, ese sueño es necesario para permitir que las áreas borrosas luchen por sí mismas, con la ayuda del conocimiento que esencialmente está en ti. Así que partiendo de la falta de conocimiento, el conocimiento es desarrollado. Partiendo de la obscuridad, la luz es desarrollada. Aún en la parte más obscura e ignorante está la esencia del conocimiento y de la luz. Esa esencia debe expresarse desde su propio interior, no desde un aspecto externo a ella misma y que ya posee sabiduría y luz. Así que cuando el conocimiento y la luz surgen de tus propias limitaciones, la purificación es total, confiable y real. Entonces, es establecida la verdadera independencia de lo que nos rodea, y por lo tanto, la verdadera libertad. Entonces cada partícula, cada aspecto de la conciencia ha producido su propia "minúscula Divinidad", por así decirlo. Y ese es el significado de la anestesia con la cual entras a la vida. Es tu lucha por tu luz esencial que, de manera gradual y segura, disminuye la anestesia y te despierta para ser lo que realmente eres.

▼ La sabiduría y la claridad emergen ▼

También descubres en tu camino que entre más valor reúnes para enfrentar la verdad, más humildad y honestidad traes a toda tu persona interior, y te vuelves más despierto y alerta. Esta es una consecuencia inevitable que no puede dejar de manifestarse. De repente o gradualmente, entiendes y percibes a los demás de una manera que nunca antes pudiste hacer. Empiezas a reconocer la negatividad de los demás, sin ser personalmente afectado o molestado por ellas. Ya no luchas en contra de la negatividad de los demás de manera ciega y con resentimiento, sin ver claramente, percibiendo apenas y sólo vagamente, como a través de neblina. Ahora puedes ver claramente; comprendes intuitivamente las conexiones que hacen que la transgresión ya no sea una aniquilación personal. También empiezas a percibir la belleza de los demás de una manera que no te hace sentir celos sino que te llena de sorpresa, asombro y gratitud. Al continuar en ese camino, enfrentando tus propias impurezas y eliminándolas, un nuevo foco y conciencia se despiertan dentro de ti. Un conocimiento fluye hacia ti y no proviene, aparentemente, de ningún lado. No viene del cerebro. No viene del conocimiento exterior que has adquirido en las primeras dos décadas de tu vida, o más adelante. Viene de una fuente diferente.

Conforme se abren los canales, se puede establecer un nuevo enfoque. Puedes empezar deliberadamente a escuchar a tu Universo interior, el lugar desde el cual fluye toda sabiduría hacia tu ser exterior. Es un proceso gradual, aunque puede ser repentino en su manifestación. El proceso parece a veces ser interrumpido, porque frecuentemente desaparece en las etapas iniciales, por lo que la experiencia puede parecer haber sido un sueño. El estado en el que escuchas tu voz interior debe ganarse peleando por él, en un sentido positivo y relajado. Debe ser ganado y vuelto a ganar, ya que se pierde una y otra vez.

Para enfocarse es preciso hacerlo de manera verdaderamente deliberada, después de que cierta etapa de desarrollo y purificación ha sido alcanzada. La acción de enfocarse generará conexiones, conducirá a oír y a "escuchar". Ahora, el estado de conciencia de la humanidad como un todo, debido a un condicionamiento masivo, hace que dicha acción de enfocarse sea virtualmente imposible. Muchos de aquellos que están suficientemente desarrollados y que podrían tener éxito, no lo intentan siquiera. Su problema aún no resuelto podría ser temer el ridículo y la desaprobación del mundo que los rodea; les falta el valor para establecer al ser interior como el verdadero centro de la vida individual. La humanidad entera está condicionada a enfocarse únicamente en ciertos fenómenos, externos e internos; otros aspectos de la realidad quedan excluidos hasta que solamente aquello que está en su foco parece real. Todo un mundo existe alrededor de ustedes, el cual no ven o sienten; parece una fantasía cuando oyen hablar de él. Esta limitación de la percepción es el resultado de un reflejo condicionado en el ejercicio de enfocarse, el cual, en cambio, es el resultado de la anestesia.

Al principio de un camino como tal, si escuchas dentro de ti, es posible que no oigas nada y te convenzas de que no hay nada más que el vacío. O quizás escuches ocasionalmente una voz del ser infantil, demandante y negativo. Entonces, por supuesto, estás convencido de que esa es tu realidad final, lo cual te asusta y entonces evitas aún más enfrentar al ser negativo, hasta que más tarde, quizás, aprendes a hacer espacio para escuchar más profundamente y eres capaz de hacer contacto con niveles de una realidad interior inimaginable.

Pon en duda y desafía a tu voz negativa. Confróntala. Identifícala sin estar identificado con ella. Aprende a no permitirle que te controle, a no actuarla —inclusive conforme descubres la existencia de esta voz de egoísmo y maldad. Solamente al hacerse consistente esta actitud, cuando la confrontación entre el ser inferior y el ser egóico consciente, razonable y positivo es llevada a cabo de manera constante, es que encontrarás, eventualmente, su foco en otro nivel de conciencia, el cual, como pronto descubrirás, ha estado siempre ahí.

▼ *Las voces de Dios y el ser inferior* ▼

La voz de Dios siempre te ha hablado. Continúa hablándote siempre de una nueva manera, siempre adaptada exactamente a lo que más necesitas en algún momento dado de tu vida. Es la voz que pasaste por alto y que mantuviste fuera de foco, por lo que quedaste con la ilusión del silencio.

Es imposible volverse a enfocar en esta bella voz saltándose la confrontación con el ser inferior que también siempre habla. Tu ego tiene que aprender a diferenciar entre ambos. La voz del ser inferior dice: "Lo quiero para mí. No me importan los demás". Esa parte de ti cree en una mutua exclusividad, en una división de intereses entre tú mismo y los demás, y cree que debe triunfar a expensas de los demás. Esa voz negativa debe ser confrontada, puesta en duda. Pon en tela de juicio las voces de la maldad y la malicia, pregúntate cuál es tu participación al ver a los demás como malos, y pon en duda el deseo de no hacer lugar siquiera para dudar lo anterior. Ve simultáneamente que tú —o una parte tuya— duda de la belleza y la confiabilidad del Universo. Pon en duda la voz del miedo, tu falta de fe, y confróntalo sinceramente. Entonces será escuchada la voz continua de Dios. Y tú la reconocerás. Volverás a descubrir que siempre te ha hablado de manera clara y bella. Simplemente no la podías escuchar antes porque no podía imponerse ella misma, mientras que tú deliberadamente te enfocabas en otra dirección, lejos de ella.

Enfocarse es un acto deliberado, tanto en el sentido positivo como en el negativo. En un sentido positivo, tenías que haber nacido anestesiado, olvidando lo que sabes, para purificar totalmente todos los aspectos del ser. Si hubieras escuchado siempre a la voz divina, la purificación no se habría llevado a cabo. No habrías sido capaz de enfocarte en lo negativo, o de manejarlo. Lo negativo habría sido callado y llevado a lo largo del camino. En un sentido, enfocarse en otra dirección, lejos de la voz divina, es la anestesia que tu ser elige deliberadamente para el proceso encarnatorio. En el sentido negativo, enfocarse deliberadamente hacia donde no está la voz divina se debe al poder que le das al ser negativo, que rechaza cualquier regla excepto la suya. El ser negativo no quiere conocerse.

Sin embargo, la voz divina lleva al ser negativo a conocerse. Ese es el primer paso para que el ser negativo se purifique a sí mismo.

Muchos de mis amigos que están en este camino quizás pueden empezar a dar pasos deliberados para escuchar ambas voces claramente. ¿Qué es el ser inferior, negativo? Se puede manifestar bajo un disfraz muy astuto. Y ¿qué es la voz divina? Puedes aprender a cambiar tu foco deliberadamente, y puedes usar tiempo en tu meditación practicando esta diferenciación.

Ahora, mis muy queridos amigos, los bendigo a todos ustedes. El amor divino y la sabiduría están aquí en abundancia. Ustedes, que trabajan en este camino, crean tanta bendición para ustedes mismos, tanta luz. Cada vez en mayor medida, despertarán de su sueño para nunca tener que volver a dormirse otra vez. El descanso no entorpecerá la conciencia del Universo alegre, apacible, excitante y dichoso en el cual viven y el cual vive en ustedes. Ustedes son bendecidos.

Parte VI

▼

Especialistas, demonios y la esencia del mal

> Todo alaba a Dios.
> La obscuridad, las privaciones, los defectos y el mal también alaban a Dios y bendicen a Dios.
>
> Meister Eckhart

Un espíritu es una conciencia que no habita en un cuerpo material.

En todo momento, en todo lugar y en toda cultura, fuera de la civilización Occidental de los últimos trescientos años, la existencia de los espíritus ha sido conocida por todos. La Torá del judaísmo, El Antiguo y el Viejo Testamento del cristianismo, el Corán del Islam, todos, describen las acciones de los ángeles y los demonios, cuando llegan a la Tierra y juegan un papel junto a los hombres y las mujeres. Los budistas les dan ofrendas de comida y de oraciones a los fantasmas hambrientos; los confusionistas oran a los espíritus de los ancestros; los antiguos griegos acudían a los oráculos con la expectativa de que una voz espiritual respondiera a sus preguntas. Cualquier cultura indígena estudiada por los antropólogos interactúa con el reino del espíritu por medio de sus mitos y de sus rituales.

Únicamente en las culturas de Europa y de América, en los últimos cien años, los ángeles y los demonios han llegado a ser vistos como supersticiones que "en realidad" no existen. Y por lo tanto, la mayoría de las personas dejaron de verlos.

Sin embargo, recientemente algunas personas han empezado a verlos otra vez. Esto es irritante y amenazante para los racionalistas que creen solamente en la realidad física y quienes deben considerar esto como alguna clase de retroceso hacia un tiempo más primitivo. Sin embargo, para otros es claro que no es una regresión a la superstición, sino el surgimiento de una sensibilidad aumentada y una señal de un desarrollo evolutivo mayor en los seres humanos.

Como muchos de nosotros estamos desarrollando la capacidad de alcanzar un estado de conciencia cósmica, estamos siendo más capaces de percibir lo que hasta ahora había escapado a nuestros sentidos físicos.

Las conferencias del Pathwork dan por hecho la existencia de una realidad espiritual y describen su naturaleza y muchos de sus principios. Sentí que es muy importante lo que dicen las conferencias sobre los *espíritus negativos* y cómo afectan a la humanidad, y reúno esta información en esta sección.

El mundo del espíritu es mucho más especializado que el nuestro. La primera conferencia de esta sección explora el papel de los especialistas negativos, aquellos espíritus que se apegan a nuestras fallas y las agrandan y dirigen. Para nuestra propia protección, debemos enfrentar honestamente nuestras fallas y comprometernos a transformarlas.

La segunda conferencia sobre el mal y la conciencia, pone en claro que en la realidad última del estado unificado, el mal no existe. Y al mismo tiempo, el mal existe en el nivel de la manifestación humana. Una parte importante de nuestro trabajo es aceptar esta realidad, y enfrentar y superar el mal que existe dentro de nosotros.

La tercera conferencia describe específicamente los tres principios del mal —la separación, el materialismo y la confusión— y cómo surgen e interactúan uno con el otro.

D. T.

▲ 14 ▲

La influencia entre el mundo espiritual y el material

Mis amigos, les traigo bendiciones y amor. Hablaré sobre la influencia entre el mundo espiritual y el material. Mucho ha sido dicho acerca de la influencia del mundo del espíritu sobre el mundo de la materia, pero no tanto acerca de la influencia del mundo de la materia sobre el mundo del espíritu. Y cada uno afecta al otro.

Primero discutiré la influencia del espíritu en su esfera terrestre. Hay esferas espirituales en todo el Universo. Puesto que la distancia en el mundo del espíritu no es medida con sus mediciones geográficas, es posible para las esferas existir en el mismo punto geográfico o material que otras y sobrelaparse. Por ejemplo, un humano puede vivir en la Tierra, estar en esta habitación y también estar conectado con una esfera en particular, mientras que otra persona en la misma habitación puede estar conectada con otra esfera de un nivel muy diferente. Me doy cuenta, mis amigos, que es extremadamente difícil para ustedes imaginarlo, ya que la distancia para ustedes es una cuestión de espacio. Sin embargo, en la realidad absoluta no es así. Una persona está en contacto con una esfera que corresponde a su desarrollo espiritual general. Ya que nadie en la Tierra está armoniosamente desarrollado —si lo estuviera no tendría que vivir aquí— en un momento puede estar conectado con una esfera en particular y cuando cambia su estado de ánimo, las corrientes que salen de su alma, de su subconsciente y de su mente consciente, lo conectarán con una esfera muy diferente.

Ya les he explicado sobre el ser superior, el ser inferior y la máscara.[1] Siempre que el ser superior ha sido devuelto a su estado original, quitando las capas que lo rodean y que constituyen al ser inferior, éste alcanza y se conecta automáticamente con las esferas más altas y más radiantes, aunque ustedes sigan viviendo en la Tierra. Y en todos los puntos en que el ser inferior siga más fuerte y no permite que brille el ser superior, la conexión se hace con las fuerzas de la obscuridad, de acuerdo con la actitud y el desarrollo de cada persona. En otras palabras, el ser inferior de una persona puede ser más inferior que el de otra. Ya que cada esfera está abundantemente poblada por espíritus que encajan en una esfera en particular, están siendo tocados constantemente por espíritus de un desarrollo espiritual variado, así como por las fuerzas y por las corrientes que se generan desde nuestra esfera particular.

Algunas personas aseguran que los espíritus malos son los responsables cuando su ser inferior

---

[1] Vea el Glosario para la definición de *ser superior, ser inferior* y *máscara*.

toma el control, queriendo decir que ellas no son las culpables. Pero esto no es verdad. Es cierto que los espíritus malos influyen y pueden influir, pero sólo si ustedes lo permiten y sólo cuando lo permiten con su indiferencia en cuanto a perseguir su desarrollo espiritual y con su tendencia a tomar la línea de la menor resistencia. Ustedes creen que solamente porque sus fallas no son tan malas como las de las otras personas cuyo desarrollo es muy bajo —por ejemplo, un criminal— éstas no importan tanto. Aunque sus fallas sean sólo menores, y no sean ningún crimen o pecado reconocido, ustedes son responsables. Entre más alto sea su desarrollo, mayor es su responsabilidad y su deber para perfeccionarse. Entre más libres están de las tendencias maliciosas o perversas, su desarrollo es evidentemente mayor. Por lo tanto, poseen más iluminación y más fortaleza y entonces, se puede esperar más de ustedes. Una falla menor puede ser tan pesada como sería el crimen que comete una persona con poca o ninguna iluminación espiritual. Por lo tanto, no comparen sus fallas ni sus desviaciones en cuanto a la ley espiritual con las de los demás. La comparación sería completamente equivocada, ya que no pueden juzgar en dónde están en comparación con los demás. Digo esto porque frecuentemente las personas no aceptan ningún error diciendo o pensando: "Yo no soy el único que lo hace; otras personas lo están haciendo peor" o culpan a los espíritus malos, cuya influencia sobre ellas, como les gusta pensar, es meramente arbitraria. De igual manera, si las entidades superiores del mundo de Dios, pueden guiarlos, ayudarlos e influir en ustedes, es solamente porque su actitud interior las ha llamado.

▼ *Los especialistas* ▼

En donde sea que esté un ser humano, un número de seres espirituales de diferentes etapas de desarrollo, está cerca. En cualquier esfera hay especialistas de todo tipo. He dicho esto antes y lo repito porque no ha sido completamente entendida su importancia. El mundo del espíritu, en todos sus grados, es mucho más especializado que su esfera terrestre. Esto se aplica al orden divino y al mundo de la obscuridad, así como a todas las variaciones entre ellos. Cada uno de ustedes atrae a aquellos especialistas cuyas cualidades particulares, buenas o malas, ustedes poseen. Ya que todo atrae inevitablemente a su igual, de manera magnética. Cuando crece un ser humano, está rodeado de espíritus guardianes que pertenecen al orden y a la organización de los mundos divinos, los cuales pueden acercarse a su protegido sólo si éste pide la verdad divina y la voluntad e intenta luchar por mejorar. De otra manera, estos espíritus tienen que alejarse y observar a distancia. Ellos sólo intervendrán para protegerlo de acuerdo con méritos pasados, siguiendo leyes espirituales exactas con las cuales son muy cuidadosos; nunca las rompen, ya que estas leyes son la perfección, el amor, la sabiduría y la justicia. Esta misma persona está rodeada también por un número de otros espíritus que no están incorporados al orden divino. Algunos pueden pertenecer al mundo de la obscuridad. Si esta persona no es un criminal o un alma realmente pecaminosa, los espíritus verdaderamente malos se mantendrán alejados, ya que no podrían cumplir su especialidad con dicha persona.

Sin embargo, inclusive los especialistas de las fallas humanas menores o cotidianas pertenecen al mundo de la obscuridad. Estos también trabajan de acuerdo con sus propias leyes y logran lo mismo para sus propósitos como, digamos, un espíritu del asesinato que influye en un ser humano. Si tu falla es el egoísmo, habrá un especialista del egoísmo apegado a ti. Si tu falla es que tienes una tendencia a las explosiones furiosas, tendrás a tu alrededor a un especialista del tipo que esperará a que le permitas tomar control, influirte y así, que viva a través de ti. Esto le da mucha satisfacción, no sólo porque así cumple con su tarea, sino también porque puede mimarse en su debilidad particular. Por el otro lado, puedes carecer totalmente de envidia, así que no tienes a un especialista de la envidia apegado a ti. Pero otra persona no inferior a ti, en su desarrollo general puede tener cerca a este especialista de la envidia debido a esta falla.

Así que, en primer lugar, debes tener en mente que son tus propias fallas las que atraen a ti al especialista particular y que ellos constantemente esperan una oportunidad para vivir a través de ti. Así, te coludes con ellos, y sólo te puedes deshacer de ellos con tu trabajo personal para superar tus fallas. Pero antes de que puedas hacerlo, primero tienes que reconocer todas tus fallas, de las cuales frecuentemente no estás consciente simplemente porque no quieres ser molestado con este conocimiento desagradable. Pocas personas realmente quieren conocer sus fallas. La mayoría de las personas admiten que tienen algunas fallas, pero admitir fallas de una manera superficial y estar completamente consciente de ellas, son dos cosas diferentes.

Así que, para tu propia protección, debes enfrentarte en cada momento con toda honestidad. Puedes estar seguro de que cualesquiera que sean tus fallas, llevarás contigo y muy cerca de ti a los espíritus especialistas, que están esperando una oportunidad para tentarte a ceder en tus fallas particulares. Y ya que no es necesaria mucha presión para sucumbir, y es el camino fácil y cómodo, muy frecuentemente das pie a estas tentaciones. ¡Entre más fuerte sea la falla dentro de ti y menos consciente estés de su entero significado, más cerca estará de ti este especialista! Así que, al mismo tiempo, es correcto e incorrecto que las personas que saben de la existencia del más allá y de las criaturas espirituales digan que un espíritu malo las influyó. Cuando dicen esto y quieren decir que están tomando responsabilidad plena de su propia aportación, es correcto; pero cuando lo dicen porque quieren liberarse de su propia responsabilidad así como de su culpa, es incorrecto.

Entre estas bajas criaturas y las entidades más altas del mundo de Dios hay muchos espíritus que son muy parecidos a ustedes en sus actitudes.

Pueden ser personas fallecidas que tienen una buena intención y que no son malas, pero que todavía no pertenecen al orden divino y que por lo tanto están ciegas en muchos aspectos. Frecuentemente buscan influir a los seres humanos, porque hacerlo les ayuda, de alguna manera, o simplemente porque no tienen nada mejor que hacer. Estos espíritus pueden aprender de ti, si tú tomas el camino espiritual del desarrollo personal. Sin embargo, si no eres más fuerte que ellos, ellos te influirán, a veces no de manera dañina; pero, aunque tengan ellos buena intención, no te inspiran a aprovechar al máximo la ventaja espiritual que tienes, simplemente porque ellos están ciegos. A veces su guía puede resultar en una ventaja material para ti, que puede o no interferir en tu progreso espiritual; y a veces, su influencia puede ser o parecer inofensiva, pero al final resulta en desventaja para ti. Cuándo y a qué grado puede esto suceder, otra vez, no es coincidencia: La influencia de ellos es inevitablemente atraída por tus propias actitudes internas.

Si meditas sobre esto, sobre ti mismo, sobre tu vida y tus deseos, puedes descubrir qué espíritus están a tu alrededor. Aquellos que están en el camino de la perfección, el cual es la única protección real que tienen, no serán molestados o influidos por los espíritus que no cumplen la voluntad de Dios en todo detalle. Existen otros medios de protección, pero solamente tienen un efecto temporal. Si no estás en armonía —por ejemplo cuando sientes que se avecina una pelea con tus semejantes— y tienes el ánimo de orar, de alcanzar a Dios dentro de ti, o de pedir una guía espiritual, esto seguramente ayudará y lo recomiendo ampliamente. Pero sólo ayudará en esta instancia particular, ya que no siempre tienes dicho ánimo. A veces estás cansado y te dejas llevar; entonces te vuelves presa de estas influencias que, como dijimos, pueden tener un efecto en ti solamente por lo que ya está dentro de ti. Por lo tanto, la única cura y protección segura y permanente para ti es arrancar desde sus raíces los malos brotes. Esto sucede en el camino de la perfección y del desarrollo de uno mismo, el camino de la felicidad. Si estás dispuesto a tomar este camino, serás guiado y ayudado. Pero primero, esta voluntad y esta decisión deben ser claramente formuladas dentro de ti; posteriormente serán reconocidas. En ese punto, tu guía divina puede automática e inmediatamente acercarse a ti y puede, entre otras cosas, guiarte a la ayuda humana apropiada, que también necesitas para tomar este camino. Serás guiado al lugar y a la persona más adecuada a tu temperamento y a tu carácter.

Así es como las diferentes esferas espirituales con sus respectivas criaturas influyen en los seres humanos. Los seres humanos no son una presa impotente de estas influencias, sino que las determinan. Y al rechazar cualquier influencia que no viene del mundo divino, una persona no sólo toma control de su propia vida sino también debilita las fuerzas de la obscuridad, ya que mientras menos tengan éstas oportunidad de trabajar en el mundo material, más poder deben finalmente perder.

▼ Tus creaciones espirituales ▼

Los humanos tienen otro tipo de influencia en el mundo del espíritu. Trataré de dar una imagen de esto, aunque sólo puede ser una imagen muy limitada. Tú sabes, como muchas veces lo he dicho, que tus pensamientos y tus sentimientos son creaciones espirituales. Ellos crean formas de todo tipo en el mundo espiritual. Si tu vida va de acuerdo con tu destino, y cumples el máximo de lo que eres capaz de acuerdo con tu desarrollo —lo cual rara vez es el caso— creas formas que construirán esferas, estructuras y paisajes armoniosos en el mundo espiritual. Esto puede sonar increíble para algunos de ustedes. Sin embargo, mis queridos, les aseguro que ¡es verdad! El día llegará para todos ustedes, en que verán esta verdad. De hecho, cuando la vean, sabrán lo que han sabido en espíritu todo el tiempo. Este conocimiento fue sólo temporalmente borrado de su conciencia mientras estaban encarnados. Las personas que ceden ante su ser inferior crean formas que corresponden a la cualidad, fortaleza y tipo de su ser inferior. Esto no excluye que creen simultáneamente sus formas armoniosas y bellas en el grado en que permiten que funcione su ser superior.

Imaginemos que toda la humanidad, es decir cada individuo, siguiera la línea de menor resistencia y que cediera al ser inferior, y lo nutriera, en lugar de combatirlo. ¿Qué pasaría desde nuestro punto de vista? Las esferas que se sobrelapan y que describí antes, cambiarían en apariencia. La humanidad fortalecería y agrandaría las esferas inarmónicas, las cuales nublarían por completo las esferas armoniosas de luz, verdad, amor y felicidad, y las lanzarían al fondo para que cada vez afectaran menos a los humanos. Como resultado, solamente la influencia de las fuerzas inarmónicas tendría un efecto. Entonces, la humanidad daría material constantemente al mundo de la obscuridad, y su influencia, en cambio, sería mucho mayor en ustedes. Por el otro lado, imaginemos otra vez que la humanidad —cada persona— caminara en el camino de la perfección. Este camino sería diferente para cada individuo, porque lo que puede ser necesario para una persona puede ser demasiado difícil para otra. Sin embargo, si todos los hijos de Dios, en cualquier nivel de desarrollo, hicieran su mejor esfuerzo, las esferas de la obscuridad y de no armonía, el mal y la envidia, el odio y el prejuicio, la guerra y la avaricia, serían abandonadas y gradualmente disueltas. Sin embargo, la creación divina nunca puede disolver; solamente puede ser empujada al fondo para que no pueda afectar al mundo material mientras que la actitud negativa permanezca ahí en control. La no armonía, con todas sus facetas, puede y finalmente debe ser destruida y disuelta. Así que puedes ver muy bien, no sólo cómo el mundo espiritual te afecta, sino también cómo tú lo afectas. Un ciclo continuo, ya sea vicioso o benigno, se pone en marcha entre los dos. Esto nunca cambiará mientras que exista el mundo material; así debe ser.

Por ejemplo, si un grupo de seres humanos, quizás sólo un grupo muy pequeño, se une con el deseo sincero y honesto de servir a Dios y a Su gran plan ¿saben qué forma vemos desde el mundo espiritual? Vemos un bello templo siendo construido en el mundo del espíritu. Este grupo frente al cual yo me manifiesto aquí, está construyendo dicho templo, piedra por piedra. No está completamente levantado, todavía falta el techo y todavía no está amueblado, pero la construcción está en camino. No piensen que hablo simbólicamente, estoy diciendo la verdad. Este templo ya existe en nuestra esfera espiritual correspondiente.

▼ *Encarnaciones anteriores* ▼

Mis amigos, ¿tienen preguntas en relación con esto?

PREGUNTA: Una vez escribí una obra de teatro sobre una encarnación anterior en Egipto y me pregunto si yo mismo estuve en Egipto en una encarnación anterior.

RESPUESTA: Ante esta oportunidad, ¿me permiten una corta explicación a todos mis nuevos amigos aquí? Los espíritus que pertenecen al orden del plan divino no pueden y no darán este tipo de información a menos que sirva a un muy buen propósito, a menos que sea importante para el desarrollo interior de una persona. Si esta información se vuelve necesaria para ustedes, entonces recibirán conocimiento de ella, ya sea a través de mí o de otro espíritu, o a través de la iluminación que vendrá directamente a ustedes. Pero mientras que esto sea solamente una especulación interesante, nosotros no damos dicha información, porque si lo manejáramos tan a la ligera, entonces no habría razón para quitar la memoria de una vida a la siguiente. Yo sé que hay muchos espíritus que llegan a través de mediums liberales con este tipo de información. Pero no son espíritus de nosotros. Es fácil de decir, satisface a la curiosidad humana, y nunca puede ser probado. Un espíritu fácilmente puede decirles "si" o "no", y ustedes no sabrían. Estarían satisfechos. Pero nosotros no lo hacemos así. Cuando llega dicho conocimiento, éste tiene que tener un significado real. Debe ser una clave para su vida presente. A veces la iluminación es dada en el tema de vidas pasadas. El país rara vez es importante, pero otras circunstancias son importantes. Siempre que los inunde la verdad sobre una encarnación anterior —y esto va para todos ustedes— ustedes deben tener un sentimiento de victoria o de liberación. Es como si una llave entrara en una cerradura y se abriera una puerta, y de repente entendieran muchas, muchas cosas en su vida, cosas como las dificultades, los esfuerzos y las pruebas. Si ese sentimiento no acompaña a dicha información, no confíen en ella.

PREGUNTA: En la opinión del mundo espiritual, ¿cuándo es iniciada una persona?

RESPUESTA: Bueno, ya que repetidamente se me hace esta pregunta, trataré de contestarla brevemente; sin embargo, antes de hacerlo, quiero decir esto: el peligro con los seres humanos es que usan ciertas palabras clave y etiquetas a la ligera y rápidamente. Esto es dañino. A veces sería mejor que ni siquiera supieran sobre estas palabras. Desde nuestro punto de vista, la iniciación toma lugar cuando una persona, de todo corazón y no en pensamiento ni en teoría, sino en la práctica, le ha dado su vida a Dios; cuando no importan ningunas otras consideraciones, cuando ponen a Dios siempre primero. Esto no significa que deben ser fanáticos o enclaustrarse. Al contrario. El significado de la entrega completa a Dios es que el confort material, los deseos del ego, se vuelven secundarios frente a consideraciones relacionadas con Dios, Su gran plan y el cumplimiento de esta vida de acuerdo con la voluntad de Dios. Cuando uno reconoce esto y alcanza cierta etapa en lo que pone en práctica conscientemente, entonces, podemos decir que su palabra "iniciación" puede ser aplicada.

PREGUNTA: ¿Por qué existe en el hombre una urgencia de buscar la vida espiritual?

RESPUESTA: Porque el ser superior o la chispa divina está en todos, y los urge exactamente en esta dirección. Mientras más inferior sea el desarrollo, más capas del ser inferior cubren al ser superior, y más cubierta está dicha urgencia. Pero cuando cierto desarrollo ha sido alcanzado, el deseo del ser superior los empuja. Y otra vez, algunas voces de su ser inferior tratan de alejarlos de su ser superior. Esa es la lucha que tiene que librar, dentro de sí mismo, cada uno de ustedes. Entre más alto sea su desarrollo, más infelices deben volverse si no siguen la voz de su ser superior o las voces de los espíritus divinos que los inspiran.

Estos espíritus superiores pueden estar alrededor de ustedes solamente porque su ser superior se ha liberado lo suficiente, por lo menos hasta cierto grado. Si no prestan atención a estas voces, si permiten que otras consideraciones, cualesquiera que sean, se interpongan en su camino, deben sentirse infelices. Se sentirán frustrados, no tendrán paz mental. Si eligen seguir esta voz, si han decidido tomar este camino y permanecer en él sin importar lo que pase, la felicidad debe ser suya. Pero siempre es la chispa divina, el ser superior, el que los urge y no encontrarán la paz antes de encontrar lo que vinieron a encontrar. Aquel que toca entrará; aquel que busca, encontrará.

Con eso, mis amigos, regreso a mi mundo. Los dejo con las bendiciones de Dios. Que todos ustedes estén en paz. Dios está con ustedes.

15

El mal es igual a la energía y a la conciencia en distorsión

Saludos a todos mis amigos que están aquí. Bendiciones divinas y fuerza divina vienen con fuerza desde el mundo del espíritu hacia ustedes y llegan hasta su interior; y vienen también desde el más profundo pozo dentro de ustedes, para inspirar a su personalidad. Sin embargo, esta fuerza no debe ser usada para evitar lo que uno no quiere ver ni conocer. Debe ser usada para aumentar la honestidad con uno mismo. Porque sólo entonces puede el amor crecer genuinamente. Y sólo entonces puede uno estar seguro dentro de sí y en el mundo.

En esta conferencia trataré otra vez el concepto del mal.

Algunas filosofías dicen que el mal no existe, que es una ilusión. Otras dicen que el mal es un hecho observable por cualquiera que enfrente la realidad. Algunas filosofías religiosas sostienen que el mal proviene de una fuente principal, de una entidad específica llamada diablo —así como que el bien proviene de un Dios personificado. El bien y el mal provienen de dos figuras, de acuerdo con este punto de vista. Otras filosofías dicen que las fuerzas del bien y del mal existen como principios, como energía y como actitudes.

Los diversos conceptos de lo que es el mal y de dónde viene son verdaderos, siempre que no excluyan el enfoque aparentemente opuesto. Si dicen que el mal no existe para nada, en cualquier nivel del ser, esto sería erróneo. Pero si dicen que en la realidad última no existe el mal, es verdad. Cualquiera de estos postulados es incorrecto cuando es visto como la única verdad. Esto puede parecer paradójico, como ocurre con frecuencia. Pero cuando consideramos la cuestión desde un punto de vista más profundo y más amplio, los que parecen opuestos de pronto se reconcilian y se complementan el uno al otro.

▼ *El universo es conciencia y energía* ▼

Explicaré cómo estos aparentes opuestos son todos verdaderos. Permítanme primero repetir que el Universo consiste en conciencia y energía. En el estado unificado, la conciencia y la energía son una. En el estado no unificado, no son necesariamente una. La energía puede ser una fuerza impersonal que no parece contener o expresar conciencia. Parece una fuerza mecánica que la conciencia puede dirigir pero que en sí misma es ajena a la determinación, al auto-conocimiento —en pocas palabras, a todo lo que distingue a la conciencia. Piensen, por ejemplo, en la electricidad y la energía atómica. Hasta la energía de la mente frecuentemente parece estar por completo desconectada del origen de la conciencia de la mente misma. Quizás pueden sentir, hasta cierto grado, a qué me refiero. Por ejemplo, muchos de ustedes han sentido que el poder de sus pensamientos, de sus actitudes y de sus sentimientos no tienen un efecto inmediato en su vida. Tienen un efecto indirecto, que al principio parece estar tan desconectado de su fuente, que comprender la liga entre causa y efecto requiere de una atención enfocada, así como de conciencia. Solamente cuando su conciencia se expande pueden ver la unicidad de este tremendo poder mental y la energía que pone en marcha. Esta unicidad trabaja tanto de manera constructiva como destructiva. El principio es el mismo.

La mente humana, separada y dualista, crea la ilusión de que la energía y la conciencia son dos manifestaciones diferentes. La misma percepción escindida existe en los seres humanos en cuanto a la vida y al ser, Dios y la humanidad, causa y efecto, y muchos otros conceptos y fenómenos. Existen otros que viven el Universo, el cosmos, principalmente como una conciencia suprema. Ambos son correctos, por supuesto. Y ambos son incorrectos cuando dicen que su punto de vista es la única verdad. Ambos son uno. Puesto que el pensamiento es movimiento y energía, es imposible separar la conciencia de la energía en su esencia, aunque en sus manifestaciones puede haber una aparente desconexión.

¿Cómo pueden ser verdad todas las filosofías y percepciones de la vida, cuando parecen ser opuestas? Veamos esto más cerca. Es verdad que en la última realidad del estado unificado no existe el mal. El pensamiento es puro y sincero; los sentimientos son amorosos y dichosos; la dirección o la intencionalidad de la voluntad es absolutamente positiva y constructiva. Por lo tanto, no existe el mal. Pero la misma conciencia puede cambiar su mente, por así decirlo, en un proceso de pensamiento falso y limitado, acompañado por sentimientos de odio, miedo y crueldad, y en una voluntad, dirección e intención negativas. En ese momento, la misma conciencia, o un aspecto de la conciencia, se convierte en su propia versión distorsionada. Si esto sucede, la energía también altera sus manifestaciones.

Así que la manifestación del mal no es algo intrínsecamente diferente de la pura conciencia y de la energía. Solamente ha cambiado de dirección o de foco. De ahí, es correcto decir que en esencia no existe el mal, como es correcto decir que en el nivel de la manifestación humana sí existe.

Cada individuo debe aceptar la realidad del mal en este plano del desarrollo, para aprender a manejarlo y así superarlo verdaderamente. El mal debe ser enfrentado y superado principalmente dentro del ser. Sólo entonces el mal que está afuera del ser puede ser manejado. El intento de invertir este proceso fallará, ya que todo debe empezar desde el centro interior —y el centro es el ser.

En el desarrollo presente de la conciencia humana existe lo puro y lo distorsionado, el bien y el mal, Dios y el diablo. Es la tarea de cada ser humano, en el largo camino de la evolución, vida tras vida, purificar el alma y superar el mal.

▼ *El mal visto como conciencia y energía* ▼

Miremos por un momento lo que el mal significa, desde el punto de vista de la energía y de la conciencia. Cuando se distorsiona la energía, ésta produce una manifestación negativa. Su frecuencia desacelera hasta quedar en proporción con la distorsión de la conciencia, la cual determina el estado eligiendo la dirección de voluntad del proceso de pensamiento, con lo que establece el patrón de la actitud negativa. Entre más lento sea el movimiento, más ha avanzado la distorsión de la conciencia y más podemos hablar de la manifestación del mal.

Otra característica del flujo distorsionado de energía en su desviación hacia el mal, es la condensación. La energía condensada es el estado dualista y no unificado. Entre más altamente desarrollado es un ser, más pura es su energía, más rápida es su frecuencia y más radiante es su materia. Entre más distorsionado y destructivo es el ser, más condensada es la forma en que la conciencia se manifiesta. La conciencia que está en este estado debe encontrar su camino de regreso a una mayor frecuencia en el movimiento de su energía, purificando sus patrones de pensamiento y actitud.

¿Qué significa el mal como un fenómeno de la conciencia?

Por supuesto, la religión ha hablado ampliamente sobre esto, con términos como odio, miedo, egoísmo, duplicidad, rencor, hacerle trampa a la vida no pagando el precio, querer más de lo que uno está dispuesto a dar y otras actitudes destructivas. Esto es obvio. Pero veamos al fenómeno del mal en un nivel más sutil.

Jesucristo dijo: "No se resistan al mal". Esto ha sido mal entendido de muchas maneras. Ha sido interpretado de manera literal como que debes permitir que los demás te exploten y que no debes afirmar tus derechos humanos y tu dignidad humana. Aquellos que aceptan esta interpretación han predicado entonces la docilidad y el masoquismo, los cuales no concuerdan con la verdad divina. Por el contrario, ayudan a perpetuar el mal y permiten que el transgresor inflija el mal en su medio ambiente.

Cualquier verdad puede ser interpretada de diferentes maneras correctas. Ya que esta noche estamos discutiendo el mal como una manifestación de la conciencia y de la energía, yo interpretaré "No se resistan al mal" desde éste ángulo. "No se resistan al mal" señala el hecho de que la resistencia, en sí misma, es y cultiva el mal.

La energía no obstruida fluye suavemente y en armonía, como un suave río. Cuando hay resistencia al movimiento de la corriente de energía, su movimiento se detiene y su forma se condensa, lo que obstruye los canales. La resistencia se tensa y, de esta manera endurece la energía. La resistencia retiene lo que debe moverse.

▼ *La energía se condensa en la materia* ▼

De manera correspondiente, la conciencia responsable de que la energía se endurezca, debe existir. Esta declaración no es muy correcta, pero el lenguaje humano es incapaz de expresar la unicidad esencial de la conciencia y de la energía, así que debemos comprender y hablar como si la conciencia fuera "responsable" del flujo de la energía. De cualquier modo, desde tu punto de vista, esta expresión sería bastante correcta. Los pensamientos, la intencionalidad, los sentimientos y las actitudes distorsionados se resisten a lo que es: a la verdad, a la vida y a Dios —a cualquier aspecto de bondad del Universo. Porque se resiste a confiar en el proceso de la vida, esta conciencia genera una voluntad enfermiza o una intencionalidad negativa. Ninguna actitud maligna puede manifestarse a menos de que también se lleve a cabo la resistencia al bien. Y al contrario, siempre que la vida fluya sin resistencia, la vida debe ser armoniosa, alegre y creativa.

La mera manifestación de la materia como tú la conoces, la cual es un estado en gran medida no unificado, es el resultado de la resistencia. La materia es energía condensada, endurecida y detenida. La existencia en la materia ciega la visión y por lo tanto es inevitablemente dolorosa. La resistencia, la materia, la ceguera, el dualismo, la separación, el mal y el sufrimiento son, todos ellos, uno y lo mismo. La resistencia frena el flujo, al cerrarse; evita el movimiento de la energía universal —del amor, de la verdad, del continuo movimiento de la vida que se desenvuelve como una manifestación divina. La resistencia obstruye siempre algún aspecto valioso y bello de la creación. Por lo tanto, la resistencia es una manifestación del mal.

Cuando vayas profundamente hacia adentro de ti, percibirás de manera relativamente fácil tu propia resistencia. Los demás siempre pueden verla en ti a menos de que estén extremadamente ciegos o subdesarrollados, o insistan en no verla. Pueden tener su parte al estar de acuerdo contigo o al mantener una imagen idealizada de ti. Pero si este no es el caso, ellos están conscientes de tu resistencia. Tú también puedes estar consciente de ella si lo deseas. Entonces verás lo que significa esta resistencia.

Cuando enfrentas y aceptas tu intencionalidad negativa profundamente arraigada, la puedes ligar con tu resistencia. La resistencia siempre dice, de una o de otra manera, "Yo no quiero saber la verdad sobre esto". Esta actitud destructiva debe crear una fuerza maligna, debido a que obstruye el movimiento continuo de la verdad.

▼ *Voluntarismo, orgullo y miedo* ▼

En nuestro acercamiento al desarrollo de uno mismo, encontramos una y otra vez que la tríada básica es orgullo, voluntarismo y miedo, que siempre están interconectados. Todas las demás manifestaciones de mal surgen de esta tríada. Es más, cada una de estas tres actitudes es un resultado de la resistencia y genera más resistencia o el mal.

El voluntarismo dice: "Yo me resisto a cualquier otra manera que no sea la mía" y "mi manera", es frecuentemente anti-vida, anti-Dios. El voluntarismo se resiste a la verdad, al amor, a la unión —aunque parezca quererlo. En el momento en que existe la dureza del voluntarismo, los aspectos divinos son obstaculizados en su manifestación.

El orgullo es la resistencia a la unicidad entre las entidades. Se separa de los demás y se eleva a sí mismo —de esta manera se resiste a la verdad y al amor, que son manifestaciones creativas de la vida. El orgullo es lo opuesto a la humildad, no a la humillación. La persona que se resiste a la humildad debe estar humillada, ya que la resistencia siempre debe finalmente llegar a un punto de ruptura. La negación a exponer la verdad y admitir lo que existe se debe al orgullo. Este orgullo causa resistencia tanto como resulta de la resistencia.

De igual manera, la resistencia genera miedo, y el miedo genera resistencia. El estado de resistencia endurecido y la desaceleración del movimiento de la energía obscurecen la visión y el rango de la experiencia. La vida es percibida como algo que asusta. Entre más resistencia, más miedo —y vice versa. La resistencia a la verdad surge del miedo a que la verdad puede ser dañina y en cambio, la resistencia a la verdad aumenta este miedo.

Ocultar se vuelve siempre más difícil y exponerse se vuelve siempre más amenazante.

El miedo a la verdad —resistencia— niega las cualidades benignas del Universo; niega la verdad del ser, con todos sus pensamientos, sentimientos e intenciones. Esta negación de uno mismo, arraigada en la resistencia, es y crea el mal.

Cuando quieres evitar tus sentimientos y tus pensamientos e intenciones ocultos, creas resistencia. La resistencia, de una o de otra manera, está siempre conectada con el pensamiento de "Yo no quiero ser lastimado" —sea real o imaginado el dolor. La resistencia puede estar ligada al voluntarismo que dice "No debo ser lastimado"; puede estar ligada al orgullo que dice "Yo nunca admitiré que puedo ser lastimado"; o ligada al miedo que dice, "Si soy lastimado debo morir". La resistencia expresa desconfianza del Universo. En realidad, el dolor debe pasar, ya que no es un estado último mayor que el mal. Mientras más sea sentido el dolor en su máxima intensidad, más rápido se disuelve hasta llegar a su estado original —energía en movimiento y que fluye, lo cual crea alegría y dicha.

No importa si la resistencia viene del voluntarismo, del orgullo o del miedo, si es ignorancia o negación de lo que es. La resistencia obstruye a Dios, el flujo de la vida. Crea paredes que te separan de la verdad y del amor —de su unidad interior.

Una persona que está en el camino evolutivo, que busca de encarnación en encarnación —cumpliendo su tarea está en un estado interno conflictivo, como saben. Una gran parte de un ser humano como ustedes está ya libre y desarrollada. Pero también existe en ustedes la distorsión, la ceguera, la voluntad enfermiza, la resistencia y el mal.

▼ *Conflicto y crisis* ▼

El ser humano que está en un estado de libertad interior parcial —por un lado, la verdad, el amor y la luz, y por el otro, el voluntarismo, el orgullo y el miedo— debe encontrar la salida de este conflicto. Una parte de la personalidad se resiste a la verdad de que estos sentimientos y actitudes negativos están ahí y se resiste a soltarlos, mientras que otra parte lucha por el desarrollo y por la purificación de sí misma. Este estado dualista debe causar crisis. Permítanme repetir que dicha crisis es inevitable. Cuando dos movimientos y luchas opuestas existen en una persona, un punto de ruptura debe ser alcanzado, el cual se manifiesta como una crisis en la vida de la persona. Un movimiento dice: "Sí, yo quiero admitir lo que es malo; yo quiero confrontarme y dejar las pretensiones, que después de todo, son sólo mentiras. Quiero expandirme y hacer surgir lo mejor de mí, para que pueda contribuir y dar a la vida, así como deseo recibir de ella. Quiero soltar la posición infantil y que hace trampa, desde la cual me aferro frente a la vida con enojo y resentimiento, mientras me niego a darle algo excepto mis exigencias y resentimientos. Quiero parar todo eso y caminar confiadamente con la vida. Quiero honrar a Dios aceptando a la vida en su términos".

El otro lado persiste en decir: "No, yo lo quiero a mi manera. Quizás hasta quiera desarrollarme y ser decente y honesto, pero no al precio de mirar, exponer y admitir nada que sea demasiado incriminador de mí mismo". La crisis resultante debe romper la defectuosa estructura interior.

En donde la orientación destructiva es considerablemente más débil que la constructiva, la crisis es relativamente menor, ya que los aspectos defectuosos pueden ser extraídos sin tirar abajo todo el edificio psíquico. De la misma manera, si el movimiento hacia el crecimiento y hacia la verdad es considerablemente más débil que el movimiento estancador, resistente, malo, es posible evitar, una vez más, una crisis mayor por un tiempo; la personalidad se puede estancar por largos períodos. Pero cuando el movimiento hacia el bien es lo suficientemente fuerte, y sin embargo, la resistencia sigue obstruyendo el movimiento de toda la personalidad —la cual se confunde, se ciega y queda atrapada actuando sus impulsos negativos— algo debe ceder.

▼ *Destrucción constructiva* ▼

Imagina que construyes una casa. Una parte del material de construcción es sólida, bella y de excelente calidad. Otra parte del material es defectuosa, una imitación barata y está podrida. Cuando estos dos tipos incompatibles de material se mezclan interiormente, la estructura no se puede sostener. Si el material podrido puede ser sacado sin tirar abajo a todo el edificio, entonces se puede evitar una sacudida profunda en la vida presente de los habitantes. Así sucede con una personalidad —y dicha extracción depende totalmente de la determinación consciente de la persona en cuestión. Si la personalidad está demasiado enrollada porque se ha estado resistiendo por mucho tiempo y todavía le falta el suficiente ímpetu de buena voluntad, solamente hay una salida. La estructura debe ser destruida para que pueda ser reconstruida en una forma pura.

Dicho proceso atrae un movimiento de energía que es casi imposible describir. Resistirse al mal significa no enfrentar y no aceptar el mal en ti. Esta resistencia crea una tremenda acumulación de energía, la cual finalmente explota. El profundo significado de esta destrucción es verdaderamente maravilloso. Esta destruye el mismo mal que la ha creado. Desafortunadamente, es imposible transmitir la configuración que toma lugar. Gran parte de la vida de la persona puede romperse en pedazos. El movimiento de energía de la sustancia del alma derriba la estructura podrida, aun si esto significa que temporalmente todo parece despedazarse. Sin embargo, lo que es de valor verdadero, automática y orgánicamente se reconstruirá a sí mismo.

Imagina una forma que está compuesta de intensos movimientos opuestos que se arremolinan y aceleran, que explosionan e implosionan y se destruyen a sí mismos. La sustancia del alma es desgarrada y simultáneamente se reconstruye a sí misma. La creación se está llevando a cabo. Cada crisis es una parte integral de la creación. Por lo tanto, los sabios reciben con buena disposición y aceptan la crisis, la cual elimina más y más resistencia. No te resistas al mal en ti. Con eso me refiero a que dejes la apariencia, la pretensión de que el mal no existe en ti. Cede, vé con el movimiento de la vida.

El proceso de destrucción/creación es una visión fastuosa para los ojos espirituales. La entidad ciega puede sufrir temporalmente, pero qué bueno es. El proceso es maravilloso en su violencia benigna. Llegan al frente nuevos movimientos; los viejos movimientos cambian de dirección, de color, de matiz y de sonido.

Si vas profundamente hacia adentro de tu ser y sientes intuitivamente el significado de tu crisis, es posible que obtengas un resplandor tenue del proceso creativo. Este es simultáneamente creativo y destructivo, en lo que se refiere al material defectuoso del alma.

La naturaleza eterna, última y esencialmente benigna de la creación está elocuentemente demostrada en el hecho de que el mal debe finalmente destruirse a sí mismo. Puede construirse sólo por cierto tiempo, pero finalmente el rompimiento debe ocurrir. Todos estarán de acuerdo en que la destrucción de la destructividad es un fenómeno constructivo y creativo.

Así que, a la larga, cada destrucción es constructiva y sirve a la creación. Siempre. Pero en la vida de un individuo esta verdad no siempre es obvia. Entre más lejos estés en tu camino, más verás esta verdad. Sería útil si pudieras meditar para experimentar realmente este fenómeno, ya que entonces ayudarás al proceso mediante tu determinación consciente de dejar de resistirte al mal que hay en ti, el cual crees erróneamente que viene de afuera.

Tú puedes disminuir la violencia de la destrucción constructiva, si tu compromiso con la verdad toma un nuevo ímpetu y si desentierras tu *intencionalidad negativa* y la transformas en una *intencionalidad positiva*.[1] Cuando expresas la intencionalidad negativa en palabras concisas, puedes crear un nuevo movimiento. Depende de ti. Pero aún antes de que lo hagas, con sólo admitir tu deliberada voluntad enfermiza, estarás más en la verdad y tendrás menor tendencia a actuar el mal, lo cual a veces haces con pretensiones de superioridad moral. Tú sabrás quién eres. Y aunque parezca raro, mientras más te apropias de tu mal, más honorable te vuelves, y más sabrás esto y te apreciarás a ti mismo.

Lo mismo ocurre con el dolor: entre más lo aceptes, menos lo sentirás. La resistencia al dolor frecuentemente lo hace intolerable. Entre más aceptes tu odio, menos odiarás. Entre más aceptes

---

[1] En el Glosario aparece la definición de *intencionalidad positiva* y *negativa*.

tu fealdad, más bello serás. Entre más aceptes tu debilidad, más fuerte serás. Entre más aceptes tu herida, más dignidad tendrás, sin importar las visiones distorsionadas de los demás. Estas son leyes inevitables. Este es el camino que seguimos.

Ahora, mis amigos, sigan en su tarea maravillosa de estar en la verdad. Si alguien duda de su sinceridad, ustedes deben saber en su corazón en dónde están —y eso es todo lo que importa. ¡Eso es todo lo que importa! Sean bendecidos. ¡Sean quienes verdaderamente son!

▲ 16 ▲

Los tres principios del mal

Mis queridos amigos, las bendiciones de Dios los envuelven.
En esta conferencia deseo instruirlos una vez más sobre ciertas realidades y leyes respecto del mal. Es muy importante que entiendan más acerca de este tema controversial en este momento presente. Por muchos siglos el poder del mal era completamente reconocido. La humanidad tenía un sentido de lo invisible y de lo que generalmente se conoce como sobrenatural, tomando en cuenta tanto a las fuerzas de la luz como a las de la obscuridad, así como sus manifestaciones, efectos, influencias en el reino de ustedes, y su personificación como entidades espirituales —como ángeles y como diablos.

Siempre se ha dicho que el libre albedrío del individuo determina qué influencia predominará en su vida. Mientras que los seres humanos aún estaban en sus estados mentales y emocionales inmaduros, sus voluntades no estaban lo suficientemente desarrolladas para hacer elecciones conscientes, apropiadas y sabias. La fortaleza de sus seres inferiores y su incapacidad e indisposición para encarnar y en consecuencia trascender a su ser inferior frecuentemente los hacía presa de las influencias del mal. La falta de conocimiento de ellos mismos llevaba inevitablemente a una falta de responsabilidad de su persona. Así, la humanidad se sentía victimizada por los malos espíritus. El temor a ellos con frecuencia los llevaba a someterse a ellos —y esto sucedía en un nivel bastante consciente e intencional. La adoración a Satanás ocurría abiertamente. Y cuando no era este el caso, ciertamente ocurría de manera inconsciente, eligiendo a las influencias que corresponden a la intencionalidad del ser inferior.

En el camino de la historia ocurrió una desconexión del mundo invisible. Esta desconexión, en sí, es una manifestación del mal, que explicaré más específicamente después. Ahora sólo quiero decir lo que he mencionado antes con frecuencia: el mal y su manifestación debe convertirse en la medicina para superar el mal —por lo menos al final del camino. Por lo tanto, esta desconexión de las realidades sobrenaturales inevitablemente tuvo muchos y lamentables efectos. Pero también, creó un espacio en donde las personas no podían seguir culpando al diablo por sus propias malas conductas. Tuvieron que mirar dentro de ellas mismas para corregir los efectos del mal. Así, la humanidad tuvo que pasar por un período de aislamiento y separación de las realidades invisibles, para poder crecer hacia la responsabilidad de sí misma. Sin embargo, lo que fue ridiculizado como superstición, era en realidad una verdad a medias. Realmente es un tipo de superstición hacer responsables del destino de uno a la fuerzas externas. El otro lado de este cuadro es el hecho de que estas fuerzas invisibles en realidad existen y tienen sus influencias.

En otras palabras, estamos tratando una vez más con una dualidad: el ser es el responsable del destino de la persona, o los responsables son los ángeles y los demonios. La humanidad ha madurado lo suficiente para ser capaz de unificar esta dualidad. Después de un largo período de concentrarse en el ser a expensas de las fuerzas invisibles, el momento ha llegado en donde ustedes pueden combinar las dos facetas de la realidad y en verdad hacerlas la realidad unificada que es desde nuestro punto de vista del mundo espiritual, cuya amplia perspectiva posibilita la claridad de visión.

Aunque ya he hablado sobre la existencia de estas fuerzas desde que inicié mi tarea con ustedes, por un tiempo considerable nos concentramos más en su ser inferior con todas sus sutilezas, y con todos los diversos niveles de conciencia y su interacción dentro y alrededor de ustedes. Por supuesto, regresé ocasionalmente al poder de estas fuerzas, pero siempre en conjunción con la propia y determinante voz de ustedes. Tú has empezado a entender que en el grado en que seas consciente de tu ser inferior, lo que te permite elegir no actuar según su dictado y orar pidiendo ayuda para purificarlo, en ese mismo grado eres *invulnerable al mal*. En el grado en que te comprometes a la voluntad de lo superior y dedicas tu vida a seguir los pasos de Cristo, en ese grado los espíritus del mal no pueden acercarse a ti. Pero no es suficiente declarar esas buenas intenciones en la superficie de tu ser. Esta decisión debe penetrar a los niveles más escondidos de tu personalidad, si quieres convertirte en una luz brillante que repele a los espíritus obscuros. El proceso de la purificación en este camino es un sistema profundamente arraigado, que renueva totalmente la personalidad en todos los niveles.

Mis muy amados amigos, el momento ha llegado para que entiendan más profundamente cómo ustedes son un campo electromagnético que siempre atrae lo que es proporcional a ciertos niveles de su ser interior más profundo. Para poder alcanzar esta conciencia de una manera completa y clara, necesitan más información. Por esta razón, ahora me gustaría hablar sobre tres principios específicos del mal. Entender este material será inmensamente útil y llevará a una focalización más clara de su visión en general y de su propia vida en particular.

▼ *Separación* ▼

El primero de los tres principios básicos del mal es el más obvio para la humanidad. El diablo fue siempre asociado con este principio, cuyo objetivo es destruir e infligir sufrimiento a cualquier costo. La *separación* entre el ser que perpetúa el sufrimiento y la víctima que sufre es tan grande que el agresor sufre un engaño y cree que no lo afectarán por los efectos posteriores de sus actos. Es sabido que todo lo que se refiere a Satanás está marcado por la separación —no sólo de Dios, sino también de los demás y del ser. Este aspecto de la separación existe en el caso de cada uno de los tres principios que trataré aquí. El engaño del mal, en el caso de este primer principio, yace en la negación de que el dolor de sus hermanos o de sus hermanas es inevitable y, también su propio dolor. En lugar de reconocer esta verdad básica, una persona llena de maldad, ya sea en una forma humana o en una entidad desencarnada, experimenta excitación y placer cuando se esparce destrucción, sufrimiento y dolor.

▼ *Materialismo* ▼

El segundo principio del mal es el *materialismo*. Éste no sólo se aplica a la esfera terrestre; sino también, y con frecuencia aún más, a una variedad de esferas infernales en las cuales las entidades viven de una manera totalmente desconectada, convencidas de que el estado de muerte de materia gruesa condensada —mucho más gruesamente condensada que la materia viviente de ustedes— es la única realidad que existe. En estas esferas infernales, el sufrimiento no es igual al sufrimiento que proviene del primer principio, que con frecuencia fue representado por visionarios en su esfera terrestre. Este segundo principio es frecuentemente menos entendido y percibido. Los visionarios no han visto las esferas que corresponden a y que manifiestan este principio.

Daré un ejemplo. Imagina una vida en la que la naturaleza está totalmente ausente. Nada está vivo; todo es materia condensada. Nada tiene sabor. De la misma manera, la naturaleza de las entidades es igualmente inaccesible. En todas partes lo único que hay es muerte, mecanicidad y alienación de todo lo que es vida pulsante, hacia adentro y hacia afuera. No hay nacimiento ni muerte y, sin embargo, la existencia no cambiante de aquí no es la vida eterna que es verdaderamente celestial. Esta manifestación es la distorsión de la eternidad. Es la desesperanza misma, como si ningún cambio fuera posible. La existencia es totalmente mecánica. Este tipo de sufrimiento sin esperanza no es ni más ni menos deseable que el sufrimiento por la aplicación directa de dolor. Simplemente es un sufrimiento diferente que corresponde a un diferente principio del mal.

Debería ser fácil ver que hasta muy recientemente en la historia humana, tu esfera terrestre manifestó, de una manera mucho más fuerte, el primer principio del mal. Más o menos en los últimos cien años, la influencia del segundo principio se ha hecho más fuerte. Con la desaparición de la superstición, la conexión con los niveles subliminales de la realidad también desapareció. La línea de vida hacia una realidad pulsante y revitalizante se rompió. El resultado fue una realidad alienada en la que la humanidad se enorgullecía de su estado avanzado —avanzado porque el énfasis en la materia realmente resultó en un progreso tecnológico, pero "avanzado" también, porque los seres humanos se volvieron la única realidad para ellos mismos. Esto tuvo sus ramificaciones, positivas y negativas. La manifestación positiva hizo que las personas no volvieran a tomar la responsabilidad total de ellas mismas, y por lo tanto, las llevó a buscar dentro de sí, en mayor grado, las causas de su destino. No es coincidencia que en este punto la psique humana resultó tema de estudio científico, con la psicología como una herramienta útil en esta tarea. La manifestación negativa es que fue producida una vida que no es totalmente diferente de la primera esfera del mal que describí.

Estos dos principios han sido conocidos por personas espiritualmente conscientes. Puesto que cada principio y cada aspecto de la realidad espiritual puede manifestarse como una entidad, y frecuentemente lo hace, algunos visionarios reconocieron también dos tipos diferentes de demonios que representaron y personificaron estos dos principios. Cada uno tenía su propio reino y gobernaba su propio mundo con muchos espíritus de menor poder, sirviéndole. La jerarquía que es reconocida en las esferas divinas, también existe en las esferas satánicas.

▼ *La confusión y la verdad a medias* ▼

El tercer principio del mal es poco conocido. Aunque sólo ha sido reconocido de una manera vaga, quizás como un subproducto del mal, pero difícilmente como un principio poderoso en sí mismo, es tan efectivo como los otros dos principios y, como ellos, también tiene su propia personificación, jerarquía y reino. El principio de la *confusión*, la distorsión, la *verdad a medias* y todas las variaciones que puedan existir en conexión con él. Incluye también utilizar la verdad en donde no corresponde o en donde no es aplicable, por lo que la verdad se convierte sutilmente en una mentira sin ser fácilmente rastreada como tal, porque es presentada bajo la apariencia de verdad divina y parece inatacable. La confusión resultante no sólo es un arma extremadamente efectiva del mal; es, en sí misma, un principio del mal.

Mis amigos, será muy fácil ver lo importante que es que entiendan esto ahora. Cada uno encontrará todos estos principios representados en su mundo, alrededor de sí y dentro de su propio ser inferior. Verás que en tu intencionalidad negativa, tu propio ser inferior contiene todos estos principios del mal. Sólo cuando estás claramente consciente de esto, puedes reconocer cuando las fuerzas y espíritus relacionados con el diablo quieren destruirte e infligirte dolor, seduciéndote para infligir dolor a los demás. También quieren convencerte de la ilusión de que estás separado y aislado, que ni Dios ni otra vida existen más allá de la vida en tu cuerpo presente. Finalmente, quieren volverte locos con la confusión, las escisiones dualistas, las falsas disyuntivas, verdades a medias y distorsiones sutiles que no puedes ordenar. Reconocer todo esto es de enorme valor para ti. No puedes tratar con el enemigo cuya existencia ignoras y cuyas armas no puedes reconocer.

Ha llegado el momento en que puedes ver claramente cómo el tipo correspondiente de distorsión en las áreas no purificadas de tu alma resulta un campo de atracción inevitablemente irresistible para las poderosas fuerzas del mal. Puedes neutralizarlas y hacerlas inofensivas únicamente mediante tu propia determinación de mantenerte fiel a Dios. Puedes usar la luz de Cristo para ayudarte a trabajar contigo mismo y para purificarte, y para que este campo de atracción dentro de ti, pueda ser transformado en un imán diferente, que atraiga fuerzas diferentes.

Debe entenderse también que estos principios siempre coexisten, pero uno puede ser más fuerte en manifestación en ciertos períodos de la historia o durante ciertas fases en la vida de un individuo. Las características y las tendencias individuales de cada entidad son las que determinan cuál de estos principios es más compatible con el individuo en cuestión. Hablando colectivamente, en diferentes períodos en el ciclo de la evolución, uno u otro de estos principios será más prevaleciente. Esto no significa que los otros dos principios estarán ausentes. Todos contribuyen a la meta final de las fuerzas de la obscuridad: alienar, del Creador, a la creación.

He aquí un ejemplo de cómo trabaja esta interacción de los tres principios. La confusión y la distorsión de la realidad —hacer una verdad de una mentira y una mentira de una verdad— crea un adormecimiento en cuanto a la vitalidad cósmica y eterna que puede ser sentida profundamente en el alma de cualquier individuo, cuando hay claridad y verdad. Este adormecimiento, creado por la confusión y el caos, inevitablemente inflige dolor y sufrimiento, así como también la mentira inflige dolor y sufrimiento. Empezando por cualquiera de estos tres principios prevalecientes en un individuo o en una manifestación colectiva, verás que los tres tienen que coexistir y reforzarse uno al otro.

▼ *El bien y el mal personificados* ▼

La mentalidad humana actual puede aceptar el principio del bien y del mal mucho más fácilmente que el hecho de que también ambos son personificados. Sin embargo, inclusive el principio del bien y del mal es discutido todavía como si el bien y el mal fueran simplemente percepciones subjetivas. Una vez más, estamos tratando con una verdad a medias. De hecho, el bien y el mal son frecuentemente sentidos en un nivel muy superficial de acuerdo con las percepciones limitadas, personales y altamente subjetivas. Cuando los temas son vistos en un nivel más profundo de la conciencia, lo que fue primero considerado bueno puede generalmente ser visto como dudable y posiblemente como una máscara de algo malo. De la misma manera, lo que parece malo en la superficie, puede resultar una muy buena experiencia o manifestación. Por lo tanto, es verdad que el bien y el mal deben ser vistos con cautela y con discernimiento y ser examinados con la mayor profundidad posible.

Sin embargo, es un grave error asumir que debido a este hecho el bien y el mal no existen de una manera muy real. La negación del bien y del mal como absolutos, a pesar de la percepción relativa que los humanos tienen de ellos, lleva al escepticismo, a la desesperanza y al vacío —como si eso fuera la última realidad. Por mucho tiempo era considerado inteligente, y estaba de moda, postular este nihilismo. Esto obviamente expresa la misma separación de las realidades cósmicas y más profundas que el segundo principio del materialismo. La confusión y la verdad a medias, inherentes en la negación del bien y del mal absolutos, es una expresión del tercer principio, el cual da origen al segundo principio, hasta que finalmente esto da origen al primer principio.

En esta época, la humanidad ha dado un paso en la dirección correcta, porque empieza a reconocer que el bien y el mal realmente existen por encima y más allá de la relatividad, la cual se debe a la limitada percepción humana. La humanidad está abierta para aceptar a Dios como un principio creativo y también ve la existencia de otro principio que contraviene al principio creativo divino. Pero hoy en día, las personas todavía titubean para aceptar el hecho de que todos los principios pueden y se manifiestan como entidades. Es como si aún vacilaras para permitir que personas que se creen más sabias y más conocedoras te llamen infantil y primitivo, cuando ridiculizan otras manifestaciones de la realidad.

Si la personificación del los principios y de las fuerzas creativas no existiera, ¿cómo podrías existir como ser humano? Un ser humano es únicamente una de las formas de personificación. Los seres humanos personifican tanto los principios del bien como del mal, como bien sabes. ¿Por qué tendría que ser tan difícil aceptar, o por qué debe parecer tan primitivo y no inteligente creer que a lo largo de la escala del desarrollo existen seres que manifiestan en mayor o menor grado cada principio? Y finalmente, ¿por qué no deberían existir estas entidades que manifiestan bondad total y maldad total? En última instancia, puedes decir que todos los seres creados son finalmente divinos, así que no pueden ser tan malos. Esto es verdad en un sentido más amplio, pero también es posible que en el estado de manifestación en que se encuentran, su centro divino esté sobrecargado por el mal y que nada de éste se manifieste. Estamos aquí para enfrentar el hecho de que la personificación sí existe en todos los grados, y negar esto sería estar lejos del conocimiento o la inteligencia. Saber que los ángeles te rodean y te influyen, no debe llevarte a adorarlos y a pasar por alto a Jesucristo —la manifestación divina personificada— quien es la fuente última de todo lo que necesitas y de tu vida misma. No necesitas pasar por alto que ese contacto directo con Jesucristo es lo que abre los canales de la comunicación entre Él y tú. Tampoco dicha conciencia de la presencia espiritual debe llevarte a temerle a los demonios, a los cuales esporádicamente atraes de acuerdo con ciertos ritmos cíclicos.

▼ *Los demonios son causa, efecto* ▼
y medicina

Como toda enfermedad, los demonios cerca de ti son causa, efecto y medicina. Su proximidad y su efecto en ti, es provocado por tu propia conciencia no purificada, limitada y subdesarrollada. Tu conciencia no purificada tiene el efecto de atraer a los demonios cerca de ti, y sus mentiras te confunden tanto que ya no sabes qué es verdad y qué es mentira. Tu confusión inducida por ellos, puede ser usada por ti como medicina, si así lo eliges. La puedes usar como una indicación de que necesitas desarrollar y purificar estas partes desantendidas de tu alma. En lugar de temer a los demonios o de negar su existencia, para que puedas superar tu miedo, necesitas reconocer sus voces y aprender a diferenciar de dónde vienen estas voces. Esto es, en sí mismo, un paso muy necesario en tu desarrollo. Si ignoras o niegas su existencia, ¿cómo puedes volverte consciente de ellas y neutralizarlas? Si no sabes que a veces te rodean y te inspiran, sin saberlo, te conviertes en su herramienta. Si no consideras que es posible murmurar mentiras hacia dentro de tu aparato pensante, no usarás tu capacidad para poner en duda y para dudar los pensamientos que se filtran a través de ti.

Es necesario que te hagas consciente de la conexión entre tu ser inferior —el cual, por su ignorancia, temor y falta de fe, crea defensas destructivas e intencionalidad negativa— y las voces de las entidades demoniacas. Estas dos fuentes de negatividad juntas, infligen destrucción en tu vida y en la vida de los que te rodean. Ha llegado el momento en que necesitas saber claramente, sin miedo y con inteligencia, cuáles son los hechos de la vida en este respecto. Ya que entre más fuerte te hagas en tu ser superior y en tu intencionalidad positiva, mientras que al mismo tiempo dejas de prestar atención a ciertos aspectos del ser inferior, más te volverás una presa de las influencias del mal, las cuales están mucho más interesadas en ti que en aquellos que no están particularmente conscientes de las fuerzas subliminales y cuya vida no está dedicada a Dios.

Ahora es el momento en que particularmente necesitas saber lo más posible sobre el enemigo y sobre sus armas, para que puedas combatir a esta fuerza enemiga, la cual es atraida a ti siempre que no prestes una cuidadosa atención a estos períodos de contacto y no decidas hacerles una medicina.

▼ *Las leyes que gobiernan el mal* ▼

Con frecuencia, las personas no entienden que Satanás no considera a Dios —fuente de toda vida, y principio creativo de todos los universos— como un oponente contra el que dirige todos sus esfuerzos y lucha. Satanás, la personificación última de todo mal, que contiene los tres principios personificados en entidades, reconoce a Dios como creador y se doblega ante Su voluntad y Sus leyes. No puede evitar hacerlo. Fue la voluntad de Dios que el mal tuviera su esfera de actividad y de influencia, ya que sólo de esta manera el mal puede realmente ser superado dentro del alma de todos los espíritus caídos, de todas las entidades que han elegido pensamientos y acciones que las sumergieron en la obscuridad. Es para asegurar esta superación última del mal que existen leyes y reglas que exigen gran paciencia, cuidado y esfuerzo, y que evitan que Satanás actúe fuera de ellas. Límites definitivos están siendo fijados, siempre de acuerdo con la voluntad y la elección de los individuos en cuestión.

Si Dios, el principio creativo de todos los universos, no es el enemigo del mal personificado, ¿quién lo es, entonces? Es Dios en la personificación manifiesta del Cristo. Su luz de la verdad y de la vida eterna es intolerable para todos los espíritus satánicos. Esta misma luz te inspirará con la verdad y con la vida, te conectará con la fuente de toda vida e iluminará tu camino. Pero debes tomar una decisión: si deseas que esta luz Crística brille en tu camino y hacer que tu camino sea seguir la luz de Cristo, o si intencionalmente deseas sumergirte en pensamientos de mentira y de confusión porque de momento esto parece más fácil, y quizás hasta más placentero y excitante.

▼ *El oponente de Satanás es Cristo* ▼

El verdadero oponente de Satanás es Jesucristo, quien vino a abrir un camino para todas las criaturas capturadas y debilitadas por las influencias satánicas. Esto tiene que ver precisamente con el hecho de la personificación. Cuando el Cristo manifestó a Dios como hombre, siendo divino y también humano, Él logró la más grande hazaña. Comprobó que era posible mantenerse fiel a Dios, fiel a la verdad, y no sucumbir ante las influencias más fuertes y las tentaciones que la personificación del mal puede desatar. Con este tremendo acto de constancia, el hombre que era Dios manifiesto, y el Dios que se había puesto la naturaleza humana abrió las puertas en las almas de todos los seres creados. Él avanzó, permitiendo a aquellos que estaban sumergidos en la obscuridad que gradualmente encontraran el camino de regreso hacia la luz. Jesucristo ha salvado a cada entidad por siempre creada y a cada partícula de conciencia y de energía por siempre manifiesta y que por siempre se manifestará como una personalidad. Desde que vino a la Tierra, la gran luz esta siempre disponible para la construcción de un túnel hacia el mundo de la luz.

Cuando las entidades satánicas encuentran a esta luz Crística, sufren dolor físico. Todos los atributos divinos están contenidos en esta luz, y la luz de la verdad causa a los espíritus del mal un agudo e instantáneo dolor físico y mental; la luz del amor es intolerablemente opresiva para ellos y la luz de la agresión positiva les resulta temible y terrorífica. Sólo la manifestación de Dios puede ser visible y perceptible para otras personificaciones. El otro aspecto de Dios, el principio divino no manifiesto, únicamente puede ser percibido de manera indirecta por unidades de energía/conciencia personalizadas.

La gran luz del Cristo cósmico alcanza a un alma en la obscuridad, al principio, a través del dolor. En cierto grado, todos los que están en este maravilloso camino, ocasionalmente han sentido esto, aunque, por supuesto, en menor grado que los espíritus de la obscuridad. Has estado en contacto con una reacción que al principio parece inexplicable, en la que te apartan de la felicidad, de la plenitud, del placer y del amor. Cierras tus centros receptivos en contra de la abundancia de Dios. Primero esto te asombra, pero después aprendes a ver y observar esta reacción en ti conforme aprendes a observar cualquier reacción irracional y destructiva. Frecuentemente, esto parece tener tan poco sentido que te desanimas cuando ves una y otra vez esta reacción en ti. Meditas; te visualizas siendo receptivo a la felicidad, el amor y la plenitud y sin embargo, esta reacción automática continúa.

¿Todavía no te es claro que la parte oculta de tu ser inferior, la cual se resiste a ser expuesta y transformada, es la que no le puede permitir a la personalidad tolerar la luz? Así que la oración no es suficiente, y tampoco lo son la buena voluntad y la meditación, la visualización y la lógica. Ninguna de éstas te hará realmente accesible a la luz, mientras que exista un asunto oculto en tu alma. En esa área debes reaccionar como lo hacen las entidades demoniacas, las cuales se esconden de la luz de Cristo, una luz que contiene toda la felicidad, la plenitud eterna y la vida en sí. Esta parte oculta te hace reaccionar con dolor ante esta luz. En esta área te conectas con las fuerzas de la obscuridad y eres su blanco.

Cuando observas tus propias reacciones de contracción, inquietud y ansiedad al llegar a ti un gran placer y plenitud, entonces te puedes relacionar con el principio que intento transmitir aquí. Y entenderás muy bien a lo que me refiero cuando hablo de la huida lejos de la luz de Cristo, por parte de los espíritus demoniacos. También comprenderás lo que la historia ha tratado de transmitir una y otra vez: que Cristo es el gran adversario de Satanás.

▼ *La batalla librada en cada alma* ▼

Lo que existe en el microcosmos del alma humana, también existe en el macrocosmos. Cada drama interior es un reflejo de un drama exterior y *vice versa*. Cada batalla librada dentro del alma humana entre las fuerzas de la luz y las de la obscuridad, entre el ser superior y el ser inferior, también es librada en un nivel universal, llevada a cabo por muchas entidades en diferentes etapas del desarrollo. Cada personalidad libra esta batalla dentro de sí misma; cada personalidad la vive ocasionalmente en sus alrededores; y cada personalidad se involucrará en temas que también representan esta batalla universal entre el bien y el mal.

El papel del individuo en esta batalla —en cualquier nivel en que ésta se lleve a cabo— depende mucho de su elección consciente y deliberada de dónde quiere estar. Cuando los asuntos son teñidos por emociones, deseos o intereses personales que pertenecen al reino de la obscuridad, y estas emociones personales no son reconocidas como nubladoras de la visión, entonces uno realmente se convierte en el blanco para uno o los tres principios del mal. La crueldad será escondida bajo la apariencia de expresar tus sentimientos, mientras que la calumnia y la distorsión serán las herramientas de la crueldad y de la intención de lastimar. La desconexión de una realidad más profunda te cegará del verdadero significado de los eventos. La confusión será incontrolable y entonces la verdad será usada para mentir y las mentiras serán llamadas verdad. A las fuerzas del mal se les ha permitido encontrar una entrada a través de tu ser inferior, el cual no has trabajado lo suficiente.

Mis queridos amigos, no se permitan estar enredados en esta batalla: No se presten sin saberlo, como herramientas para las metas del Príncipe de la Obscuridad. Usen su buena voluntad para ver la verdad. Vean tanto la verdad de los motivos ocultos de su ser inferior como la verdad de la buena voluntad de su ser superior, abandonen la línea de menor resistencia y su placer negativo, el cual los hace persistir en un curso destructivo que trae nubes de dolor y de obscuridad hacia ustedes y hacia los que los rodean. La clave es realmente muy sencilla. Es tan tentador seguir los pensamientos negativos y llegar a creerlos. Pero esto permite que avance una fijación del ser inferior para mimarse en el placer negativo de los pensamientos negativos, sospechas, culpas y acusaciones que pueden o no ser verdad.

La claridad vendrá cuando la verdad es realmente deseada, aún si una parte de la verdad en este momento es que no quieres la verdad, que quieres atacar, culpar, y ver a las personas o a los eventos bajo la peor luz. La razón por la cual deseas esto secretamente puede ser explorada cuando ya no niegas que te sientes de esa manera. La verdad resplandecerá lenta pero inevitablemente una vez que admitas una intencionalidad negativa, la cual entonces atrae a los espíritus expertos en la mentira y la confusión. La claridad disolverá el dolor de tu culpa, que frecuentemente no se le permite salir a la superficie. La mantienes abajo siempre que fortaleces el proceso destructivo de proyectar en los demás lo que temes en ti mismo. La claridad también ayuda a disolver el dolor que infliges a los demás con esta proyección maligna.

Nunca te engañes a ti mismo creyendo que la intención negativa y los pensamientos negativos no se reflejan en tus acciones ni afectan a los demás de una manera insidiosa. Los pensamientos nunca pueden permanecer como cosas separadas. Crean resultados y eventos, de una o de otra manera. La claridad vendrá al buscar honestamente y responder a las preguntas anteriores, después de que hayas penetrado en tus procesos ocultos de pensamiento, que rara vez son completamente inconscientes. Esta claridad disolverá el dolor. Restablecerá tu conexión con la vida eterna.

Estás alcanzando, junto con todos los demás, el punto en tu desarrollo en que asumir la responsabilidad de tu creación debe combinarse con un conocimiento profundo de los mundos invisibles y las leyes de acuerdo con las cuales atraes o repeles a las entidades de diferente naturaleza y desarrollo, las cuales, entonces, influyen y refuerzan el campo de fuerza dentro de tu alma. Cada una de las numerosas áreas de tu alma puede ser influida por las fuerzas más altas o más bajas. La elección depende de ti.

También es importante entender que una persona no tiene influencias temporales del mal por no estar desarrollada, o porque es maldita. Un individuo puede ser más acosado por el mal, inclusive si lo que necesita ser purificado en su alma puede ser menos obscuro que la sustancia del alma de otro individuo que puede ser menos acosado por las influencias demoniacas. Lo digo en un sentido absoluto. La ley de atracción y repulsión es aquí puramente relativa. Por ejemplo, si has alcanzado un nivel comparativamente alto de desarrollo, las áreas que quedan por ser transformadas y que no son reconocidas por tu conciencia —aunque no sean particularmente destructivas ni totalmente erróneas— ejercen, por medio de sus partes no reconocidas, una mayor atracción al mal que la carga negativa de una persona que está en un plano inferior de desarrollo. Sería bueno que consideres esta ley, que puedas sentirla y llegar a entenderla.

Con esto, mis muy queridos, les doy las bendiciones de la verdad y el amor. La luz que traigo siempre es la luz de Cristo. Él ha dicho que Él es la verdad, que Él es el camino y que Él es la vida. En Su luz ustedes encuentran el camino a la verdad en los temas más pequeños y en los más grandes, en los personales y en los impersonales. Este camino lleva al amor del Creador, el cual ha dado la vida eterna. La vida eterna puede encontrarse solamente en la verdad. El camino a la verdad guía a lo largo de los laberintos de las áreas obscuras en su propia alma; a lo largo del desafío de la tentación de permanecer en ellas y saborear su gratificación pasajera; a lo largo de la superación deliberada de esta tentación. La gran luz Crística es el amor todo poderoso del Creador, de la Creación, de todo lo que es. Sean bendecidos; elijan este camino.

PARTE VII

▼

Acercándose al estado unitivo

> ¿Qué bien me hace a mí
> que el Creador haga que nazca su Hijo,
> si yo no hago que también nazca
> en mi tiempo y en mi cultura?
> Esto es, entonces, la plenitud del tiempo:
> Cuando el Hijo de Dios es engendrado
> en nosotros.
>
> MEISTER ECKHART

Ahora nos será dado un adelanto de lo que nuestras experiencias pueden ser conforme nos acercamos a una realización plena del estado unitivo. Las siguientes tres conferencias nos muestran qué esperar y qué sentimientos y sensaciones empezaremos a tener, para que podamos reconocer lo que nos está sucediendo y de ahí, no rechazar experiencias que de otra manera, podríamos temer. Ya que lo que está empezando a suceder realmente es la culminación de todas nuestras tareas.

En las últimas etapas del trabajo habremos aprendido a reconciliar a nuestro ego escindido con nuestro ser real. Este es el paso inicial que es crucial para trascender la dualidad y realmente vivir el principio unitivo. Cuando lo hacemos, nosotros reconocemos la verdad de que nuestros intereses propios nunca están en oposición a los intereses de los demás.

Antes de esta conciencia, la sobre-identificación con el ego hizo del poder un arma peligrosa, en oposición al amor. Después de que el ego y el ser real se unen, esto cambia: el poder y el amor pueden ahora trabajar juntos. Desde esta posición de no luchar y no forzar, uno puede entonces empezar a re-crear su vida de manera consciente. Esta re-creación surge de armonizarse con las necesidades reales de uno, en lugar de intentar encontrar necesidades falsas, definidas por el ego separado. Cuando estás alineado con esta tarea en fe y paciencia, "toda la inquietud desaparece y una profunda sensación de sentido y de plenitud llega a tu alma".

La segunda conferencia en esta sección da una descripción inspiradora del sentimiento cósmico que llega cada vez más a nosotros, conforme empezamos a tener un destello del estado unitivo: "Es una experiencia de dicha; de comprensión de la vida y sus misterios; del amor que todo lo abraza; del conocimiento de que todo está bien y que no hay nada que temer". Esta experiencia trasciende, obviamente por mucho, nuestro pequeño ser personal; surge de y fortalece a nuestro ser real integrado. En este estado, nos es posible saber plenamente lo que es real y lo que es ilusión. La mayor parte de esta conferencia está dedicada a presentar cuatro claves para lograr este estado —guías importantes para nuestro trabajo en esta etapa.

La conferencia sobre Jesucristo nos enseña que en esta última etapa del trabajo, si estamos abiertos, entraremos en contacto personal con Cristo. Esto no quiere decir que debemos experimentar a Cristo, o que debemos forzarnos de alguna manera para que esto suceda. En lugar de ello, se nos asegura que al estar más cerca de entregarnos a la voluntad de Dios, el contacto personal con Cristo nos ayuda a ser más valientes y a continuar con nuestro trabajo de honestidad, exposición de nosotros mismos y transformación. Si oramos para estar abiertos a Cristo, llegará un momento en que sentiremos, fuerte y personalmente, Su presencia, Su ayuda y Su amor —cuando a través de Él, podamos "crear un sano centro de gravedad, anclado profundamente dentro de nuestra alma".

D. T.

▲ 17 ▲

Tu capacidad para crear

Saludos y bendiciones para cada de uno de los que están aquí.

Hablaré sobre la capacidad humana para crear, una potencialidad increíblemente subestimada. Tu habilidad creativa es mucho más grande de lo que tú, tus científicos, tus psicólogos o sus filósofos reconocen. Con la excepción de algunos pocos iluminados, la mayoría de las personas no saben sobre su dormida capacidad para crear y para re-crear su vida. Algunas pueden creerlo en teoría, pero pocas lo han experimentado verdaderamente.

Cuando adoptas un cuerpo humano y el estado del ego en este mundo tridimensional, automáticamente cierras la memoria de los otros estados de conciencia. Estos estados olvidados están mucho menos confinados, mucho más libres, mucho más conscientes. En ellos eras completamente capaz de moldear tu vida, en un grado en que la conciencia humana no puede comprender.

▼ *Un mapa hacia tus regiones internas* ▼

El poder que tienen los pensamientos, sentimientos y actitudes es enorme. Este poder existe ahora, en tu estado actual, pero no lo ves. No sabes que han moldeado lo que vives en este momento de una manera tan precisa que no puede haber ningún error en relación con ello. Como frecuentemente he dicho, la suma total de todos tus pensamientos, creencias, suposiciones, intenciones, sentimientos, emociones, de las direcciones de tu voluntad, conscientes, semi-conscientes, inconscientes, explícitos e implícitos —tan conflictivos como pueden ser— crean tu experiencia presente y la manera en que la vida se desarrolla para ti. Tu vida presente expresa exactamente tu estado interior como una ecuación matemática sin errores. Así que puedes usar tu vida como un mapa hacia tus regiones internas. Esto, después de todo, es parte del método Pathwork.

Muchos de ustedes han comprobado que los pensamientos y los sentimientos escondidos, temidos, productores de culpa y negados, son mucho más poderosos en su creación negativa que cualquier cosa que enfrenten en el nivel consciente. El miedo y la culpa son agentes creativos potentes. Ellos contienen una gran cantidad de energía. En el nivel positivo, el entusiasmo, la alegría, la vitalidad, el interés, la estimulación, también son potentes agentes de energía.

Un camino como este debe, por lo tanto, estar dirigido intensamente a explorar lo que crees, sientes, asumes e intentas en las capas de tu personalidad que no son inmediatamente accesibles. Tus motivos inconscientes crean frecuentemente las experiencias que no deseas tener, porque no sabes qué negocias y qué efectos secundarios vienen con tus deseos que no son sabios, con tus falsas suposiciones y tus intenciones negativas. También ignoras la potencia de dicho material psíquico y no ves cuán infaliblemente se traduce en la creación de materia, eventos, circunstancias y experiencias de vida.

Cuando adoptas el limitado estado del ego, lo haces con propósitos específicos. Te manifiestas y te expresas en este estado limitado con el propósito de la purificación y la unificación. Mis amigos, no sería posible hacer este trabajo tan rápida y efectivamente, si estuvieran en total posesión de su conciencia entera y sus facultades. Porque la personalidad de su ego, como ahora se expresa, es sólo un aspecto aislado, o varios aspectos aislados, de su personalidad total. Una parte mucho más grande, más plena y más purificada de toda su personalidad, o ser real, no se manifiesta abiertamente. La manifestación de ciertos aspectos en una forma aislada —que consiste en la realidad tridimensional y el ego— permite posibilidades de una conciencia enfocada que falta cuando estos aspectos no purificados están sumergidos en la personalidad más purificada. Su espíritu purificado puede fácilmente pasar por alto distorsiones pequeñas pero importantes que, de todas maneras, actúan como obstáculos para un desarrollo posterior que sobrepasa el rango de la conciencia humana. Dichos desarrollos continúan en las esferas de la realidad que ahora ustedes no pueden comprender.

Sin embargo, es posible activar las capacidades de un ser más grande, enfocarse en él y ser receptivo a su siempre presente voz interior. De igual manera, es posible enfocarse en y ser receptivo a los aspectos negativos de tu personalidad, que yace profundamente enterrada y que necesita ser purificada en tu camino evolutivo. Este camino te enseña a hacer contacto con todas estas capas escondidas y a manejarlas apropiadamente. En otras palabras, algunas partes de ti están más desarrolladas y otras menos desarrolladas. Las últimas no son manifiestas, y sin embargo, son parte de ti. La parte manifiesta y más desarrollada tiene medios para explorar, sacar a la luz y unificar a las otras partes, las cuales todavía no puedes ver.

Cuando consideras esta exploración como tu tarea principal en la vida, toda inquietud desaparece y una profunda sensación de significado y de plenitud llega a tu alma. Lentamente pero de manera segura, las frustraciones de la vida empiezan a desaparecer y una rica plenitud empieza a tomar su lugar. Porque solamente cuando enfocas tu atención en la razón para haber venido a este plano en primer lugar, puedes encontrar tu lugar en la vida.

▼ *Las leyes divinas en distorsión* ▼

Cualesquiera leyes y atributos divinos que existen en el Universo, en el momento en que se expresan en el estado aislado del ego, desconectados de la realidad más profunda, se distorsionan y se vuelven destructivos. Permítanme darles un ejemplo.

Un niño pequeño cree que es omnipotente. La psicología señala como inmadurez y egocentricidad destructiva el reclamo infantil de la omnipotencia. Es eso, pero también es algo más. El sentimiento de omnipotencia es un recuerdo de otro estado, un estado de conciencia en el que en verdad los pensamientos se vuelven cosas y eventos en el momento en que se forman. El tiempo y la distancia son parte del estado de conciencia ilusorio y tridimensional, así que el tiempo y la distancia no existen en el reino de una conciencia mucho más expandida. La conciencia del infante todavía está parcialmente sintonizada en el estado de su ser total. Sin embargo, como el recuerdo es traducido en el estado del ego, confinado y limitado, surge revuelto.

Puesto que el estado del ego es una concentración del estado menos purificado —en combinación con los aspectos ya purificados, que vienen a ayudar a la personalidad en la tarea de esta vida— el poder para crear adopta una forma distorsionada e indeseable. El ego siempre vive en la ilusión de que no sólo está separado de los demás, sino que los demás son esencialmente antagonistas a su bienestar. Todo lo que hace el ego siempre es en contra, en competencia, o en comparación con los demás. Esto es lo que crea su destructividad y su egocentricidad. El ego hace del poder un arma peligrosa, como bien sabes. La experiencia que tienes del poder es algo que temes en los demás y te sientes culpable por tenerlo. Así, el poder es siempre privativo del amor y de la alegría, ya que es una expresión intensamente separadora.

Pero cuando reconcilias a tu ego escindido con el ser real y como consecuencia descubres el principio unitivo, descubres que tu interés nunca está en oposición a los intereses de los demás, aunque al principio pueda parecer así en un nivel superficial. También descubres que el poder y el amor no necesitan ser opuestos. Entonces puedes empezar a usar tu poder innato para crear y recrear tu vida. Ahora puedes entender mejor por qué el conocimiento de tu poder para crear es peligroso mientras que no hayas purificado el aspecto distorsionado que ha encontrado expresión en este cuerpo y en esta vida, y mientras que no hayas descubierto las eternas realidades internas, que son mucho más reales que aquello que consideras como realidad exterior.

La frustración del infante es obvia, cuando sus pensamientos y sus deseos no se vuelven instantáneamente un hecho. La inmediatez de causa y efecto —la causa, en este caso es el pensamiento o el deseo, y el efecto, la experiencia— es una constante "dada" en el estado de conciencia que va más allá del ego. Una de las tareas de la mayoría de los humanos como aspectos aislados del ego, es aprender paciencia confiada, fluir con la corriente, receptividad no voluntariosa.

La memoria del poder para crear debe ser temporalmente desconectada, para que puedas aprender lo que veniste a aprender aquí. En el proceso mismo de aprender esta lección, espontáneamente las conexiones más profundas se establecen otra vez. Sin embargo, no parece ser una memoria re-descubierta. En lugar de ello, conectar pensamientos, deseos, intenciones, sentimientos y actitudes con la experiencia, parece ser un nuevo descubrimiento que establece la conciencia del poder para crear. Entonces ya no existe el peligro de usar el poder en contra de los demás. La ilusión de que el interés propio debe estar en contra de los intereses de los demás, queda perforada.

Difícilmente debo mencionar que no sólo los infantes hacen reclamos egocéntricos y antagonistas de omnipotencia. Las personas subdesarrolladas, inmaduras y destructivas también lo hacen, y frecuentemente lo actúan.

▼ Convirtiendo lo negativo en positivo ▼

Cuando hay concepciones erróneas, ignorancia, ideas falsas y materia emocional retenida —rencor, terquedad, rigidez, inercia— existe energía estancada que debe crear molestias y experiencias negativas. Es una energía muy potente. Sólo cuando la liberas directa y honestamente, puedes transformarla.

Ha llegado el momento en que puedes convertir la energía negativa y la conciencia en una manifestación positiva. Hasta cierto grado, realmente has empezado a hacerlo, pero todavía no estás lo suficientemente consciente del poder de la energía al ser liberada. Si en el momento en que la energía negativa está dejando tu sistema y empieza a fluir, puedes convertirla y dirigirla a un canal positivo, en verdad puedes realmente traer una nueva creación a tu vida. Esta práctica te hará entender cuánto poder creativo tienes.

Estas palabras no serán suficientes para transmitirte la verdad de manera real, a menos que hayas superado ciertas actitudes de separación. De otra manera, este conocimiento será peligroso para ti y para los demás. Pero comprometerte totalmente con el camino hacia tus regiones internas, con todas sus aparentes dificultades de revelación de ti mismo y confrontación contigo mismo, te hará más consciente de la realidad espiritual de tu propio estado de ser eterno que no puede morir. También serás consciente del poder de tus pensamientos, de tus intenciones, tus sentimientos. Aprenderás a tener cuidado con qué pensamientos piensas, sin reprimir o suprimir los pensamientos indeseables y destructivos. Aprenderás a manejar este material, a retar su veracidad y a estar abierto a otras alternativas. Aprende a entender qué hay en ti que hace que quieras pensar de esa manera y qué precio pagas. Empieza a ver a la creación como la relación entre las causas y los efectos que siempre has visto como no relacionados.

Conforme continúa este proceso de crecimiento, ocurre la re-creación. No es un premio por un buen comportamiento. Es un simple acto, instituido por el ser, que ahora está en un estado mucho mayor de conciencia, que ahora sabe qué está haciendo y por qué.

Enfocarse constructivamente en los aspectos subdesarrollados en ti, significa que cumples la tarea por la cual veniste a este mundo en particular. Significa que te unificas para que puedas actualizar tu potente poder creativo y usarlo de manera consciente y deliberada ahora en tu vida.

El proceso creativo y las técnicas específicas por aprender te son dadas lentamente. Yo he enseñado algunas técnicas de meditación. Cuando meditas, creas. En este estado concentrado y relajado, la energía y la conciencia se enfocan de tal manera, que las poderosas semillas creativas se liberan. Cuando existe cierta base de purificación interna de uno mismo y de conciencia interna de uno mismo, estas técnicas pueden expandirse. Entonces será seguro, desde el punto de vista de este camino espiritual. Tu ser entonces estará verdaderamente arraigado en la realidad y en un proceso unificador, por lo que no ignorarás ningún aspecto que hayas venido a cumplir.

El proceso orgánico de aprender la meditación creativa, re-creando la experiencia de vida, llegará como una intuitiva y espontánea expansión de tu conciencia. Así como, de manera intuitiva, entenderás la realidad cósmica desde la experiencia, más que desde la teoría, por lo que aprenderás a hacer uso de tus poderes innatos y tus recursos.

Me gustaría explicar un mecanismo interior que es extremadamente importante que entiendan. Mis amigos, trabajando en este camino, les puede ocurrir con frecuencia que su facilitador[1] sugiera una meditación específica y un compromiso en la meditación con una expresión positiva de ustedes mismos, que desean profundamente porque la extrañan. Sin embargo, al buscar esa expresión de ustedes mismos, encuentran una resistencia inexplicable para seguir adelante hasta lograrlo. Algo en ustedes parece detenerlos, o ustedes olvidan hacerlo por sí solos. Simplemente no se les ocurre. Quizás sus pensamientos no tienen energía, convicción o claridad. Están difusos y ustedes sienten que tienen poco efecto. Por momentos, hasta conscientemente pueden sentir una clara resistencia a meditar para obtener aquello que más desean. ¿Qué es este bloqueo?

Supongamos que estás solo. Supongamos que anhelas una relación de pareja plena y fructífera —con abundancia de alegría, de intercambio, de posibilidades para compartir, de mutualidad en cada nivel. Tienes el derecho por nacimiento de experimentar ésta y otras satisfacciones, ya que la abundancia del Universo está ahí para todos. Nadie es excluido. No obstante, es posible que difícilmente se te ocurra sembrar la semilla en la meditación —con un pensamiento claro y definitivo en esa dirección y comprometiéndote a quererlo, a sentirlo, a realizar y traer a la realidad esta experiencia. Puedes estar perfectamente consciente

---

[1] Un facilitador es una persona comprometida en el Pathwork, y que está entrenada para ayudar a otros en su trabajo de purificación de sí mismos.

del principio de dicha práctica de meditación; y de todas maneras, te resistes a emplearlo. Lo que todavía es más significativo es que cuando, por una sugerencia, formulas el patrón del pensamiento creativo, encuentras una renuencia inexplicable en ti. Es como si una pared en ti, te impidiera un compromiso claro y conciso con lo que más intensamente anhelas.

¿Alguna vez has pensado en el significado de esta resistencia?

Quieres algo desesperadamente. Crees de manera intrínseca que puede existir para ti. Tu mente acepta los principios de la creación. Sin embargo, encontrarás a tu mente extrañamente paralizada cuando se trata de realmente soltar tus pensamientos, y mandarlos a la tierra fértil de la sustancia creativa, o a lo que yo llamo la sustancia del alma, en donde cualquier semilla crecerá.

La razón de esta renuencia es muy sencilla. Es el mecanismo auto-protector, finalmente calibrado, que sabe que algo en ti todavía no está listo para esta experiencia. Tú mismo has puesto obstrucciones en el camino. Quizás hay una indisposición a dar y a aceptar la realidad en tu nivel. Quizás existe, de manera oculta, una actitud negativa hacia el otro sexo y que no estás preparado para resolver. Cualquiera que sea la obstrucción, confróntala, explórala, entiéndela y disuélvela. Si no lo haces, y todavía creas con una mente y una voluntad fuertemente enfocadas, la voluntad externa sobreimpuesta debe tener sus efectos correspondientes. Una construcción hecha "con fuerza de voluntad" entra en conflicto con la negación y la obstrucción. La incapacidad para meditar y crear es significativa y debe ser observada, ya que revelará la naturaleza de la obstrucción para que puedas eliminarla. De otra manera, creas a voluntad en el nivel del ego, el cual no puede satisfacer a tu corazón y a tu alma.

La mente del ego tiene el poder para crear. Lo hace continuamente. Pero si crea separadamente del ser interior, los resultados deben ser desilusionantes. La fuerza de voluntad, la voluntad externa, puede realmente ser efectiva hasta cierto grado. Dicha fuerza crea materia, sub-materia y experiencia, pero no para tu bendición. Crea con una voluntad que carece de sabiduría, de entendimiento, visión y profundidad. Carece de una conexión y una totalidad interior, así que lo que construye es frecuentemente más doloroso que deseable. En el ejemplo que hemos elegido, esto se manifestaría en crear una relación de pareja en la que esas áreas del ser que no han sido tomadas en cuenta, teñirían y afectarían la relación, envenenándola como veladamente.

Cuando encuentras tu voz interior resistiéndose al proceso creativo del pensamiento, esto debe ser una señal de que existen pasos que tomar en la exploración de ti mismo. Debes cambiar el foco de la creación para explorar el significado de tu renuencia a crear lo que anhelas.

▼ *La paciencia de la creación* ▼

Un segundo aspecto importante sobre la re-creación es el elemento tiempo que tú, en el nivel del ego, debes enfrentar. La impaciencia es otra distorsión de un estado más pleno de conciencia en el que la creación es inmediata. El pensamiento produce la forma en el momento que es pronunciado. La impaciencia es la memoria de esta experiencia, sin la conexión con el ser interior, por lo que no es comprendida la lección que debe aprender el ego. Solamente en el nivel del ego, todo está separado: efecto de su causa; alma de alma; forma y experiencia del pensamiento; lo interior de lo exterior. La vida en sí te parece estática, una cosa fija y "objetiva" en la que has sido colocado. Parece totalmente separada y desconectada de tus procesos interiores. Estas son las mismas ilusiones que tus conceptos y experiencia del tiempo, la distancia y el movimiento. Todos son subproductos del estado del ego, separado y limitado. Todo lo que vives parece existir solamente en esos términos del ego, aparentemente objetivos. Entre más te enfoquen en esa dirección, más te parecerá así. En realidad, tu vida es simplemente una expresión subjetiva de ti, no una realidad fija, objetiva e inamovible. Una vez que aprendas a estar más enfocado en la realidad interior, percibirás mucho más esta otra realidad más plena, en la cual los aspectos separados se mueven juntos en una red maravillosa y significativa de interacción y totalidad.

Parte del proceso creador es la paciencia para dejar que las cosas sean, aprender a confiar en la vida para que te exprese de regreso lo que pones en ella. Para eso es necesario esperar a que la semilla crezca. ¿Esperas en la duda? ¿Esperas con impaciencia? ¿Esperas en el miedo? ¿Esperas en tensión? ¿Quieres tanto aquello (lo que sea) que creas una corriente forzante que prohibe la consumación, porque su tensión y su contendido mental-emocional destruye la creación? Si la espera es realmente relajada, no tendrás dudas sobre la consumación.

El proceso de re-creación se desenvuelve aún más cuando la personalidad del ego se une con los otros aspectos del ser que no se habían manifestado antes en la superficie. Entre más suceda esto, crearás con mayor alegría. Puede sonar confuso cuando digo que tienes que aprender a no acobardarte ante el dolor, y después decir que es tu derecho de nacimiento estar en el estado de alegría. Puede sonar como una contradicción cuando digo que debes estar dispuesto a soltar —por lo menos por el momento, y en el espíritu correcto— lo que deseas crear y que debes tener fe de ser capaz de crear. Pero estas son contradicciones únicamente en el nivel del ego más superficial, en donde gobierna la dualidad disyuntiva. En realidad, estos son principios mutuamente interdependientes, que deben unirse en armonía. Al aferrarte a un deseo que es demasiado fuerte, cierras las puertas a la alegría y a la relajada creación interior. Aferrarse siempre indica negación, duda, una negatividad que debes desenterrar y específicamente enfrentar.

En el engaño del ego, percibes la vida como tu enemigo, ajena y antagonista a ti, mientras que eres su víctima. En ese engaño no puedes crear. Mis amigos, verán que darse cuenta, en este camino, de cómo crean su sufrimiento, inevitablemente los liberará para crear su felicidad.

Permítanme cerrar diciendo que ustedes son mucho más de lo que pueden creer ahora. Si caminan en la dirección de encontrar su ser real, de identificarse con él a través de las capas de la obscuridad, tienen que descubrir la belleza interminable del Universo. Con cada aliento que tomen, se encontrarán con su amor y sabiduría potentes. No hay nada que los rodee y permee, que no exprese la magnitud de una creación divina y benigna. Entre más conscientes de ello se hagan, más alegría y gratitud debe llenar su corazón. La belleza interminable del Universo puede vivirse como una realidad y no como una teoría, sólo cuando trabajan su camino a través de sus áreas obscuras.

Sean bendecidos, cada uno de ustedes. Sientan el amor que se extiende hacia ustedes desde el reino en el que tienen muchos amigos, y que los han guiado hasta aquí. Estén en paz.

▲ 18 ▲

El sentimiento cósmico

Bendiciones y ayuda les son dadas. El amor y la fortaleza están llegando. La semilla divina está en cada uno de ustedes. La meta de vivir es darse cuenta de esto, de saber quiénes son y recordarlo. Una vez que conocen a su ser real, el cual es su herencia divina, ya no temerán ni sufrirán. El trabajo en el que los guío, a través de sus diversos acercamientos, los ayuda a eliminar los obstáculos para descubrir quiénes son.

Para la mayoría de los seres humanos, éstas son sólo palabras; únicamente después de que hayas superado ciertos obstáculos, puedes percibir, sentir en ocasiones, tu verdadera identidad. En esta conferencia me gustaría hablar de una de las experiencias que puedes tener cuando empiezas a tener un vistazo de tu verdadera identidad. Quiero prepararte para entender el significado de esta experiencia, para que no rechaces su magnificencia tratando de encajarla en el molde de la experiencia humana habitual —que la destruirá y hará más difícil su recurrencia. El propósito de esta conferencia es también ayudarte a obtener más pronto tu verdadera identidad y eliminar los obstáculos puramente mentales.

Deseo hablar de un sentimiento muy específico, un sentimiento que rara vez es reconocido, ya que trasciende la experiencia habitual de los sentimientos de la mayoría de los seres humanos. El sentimiento que deseo explicar está más allá del amor. Generalmente es una extraña experiencia humana, excepto para algunos pocos que han alcanzado la plena realización de su ser profundo.

El sentimiento que estoy describiendo puede ser llamado, debido a la falta de un mejor nombre, "el *sentimiento cósmico*". El sentimiento cósmico no es un entendimiento puramente teórico o un sentimiento sobre el cosmos o sobre la creación. Es una experiencia física, mental, emocional y espiritual. Abarca a toda la persona. Trataré de describir esta experiencia lo mejor que puedo dentro de las limitaciones del lenguaje humano. Explicaré los pre-requisitos para obtener este sentimiento cósmico, las cuatro claves que lo hacen posible.

▼ *Una experiencia de unidad* ▼

El sentimiento cósmico es una experiencia en la que el sentimiento y el pensamiento ya no están escindidos. Sentir y pensar es uno. Esto es difícil de imaginar cuando uno no ha tenido esta experiencia. Pero algunos de ustedes han experimentado en ocasiones la unicidad del sentimiento y del pensamiento. Es una experiencia de dicha, de la comprensión de la vida y de sus misterios; del amor que todo lo abarca; de saber que todo está bien y que no hay nada que temer. La ausencia total de miedo es algo que es muy difícil visualizar por la persona promedio, en parte porque no se da cuenta de sus miedos existentes y en parte, porque está muy acostumbrada a una vida con miedos, y no se le ocurre que la vida puede ser de otra manera. El amor y la alegría sin miedo es una experiencia de sentimiento que trasciende su (tu) ser pequeño y personal. Esta experiencia incluye todo —y sientes la unicidad de todo en el Universo.

Tu repetido fracaso para distinguir entre lo que es real y lo que es falso crea una confusión y un dolor aparentemente interminables. Mientras que creas en las ilusiones, generalmente reviertes el verdadero orden del Universo: crees que lo que es real no existe. Pero saber qué es real y qué es ilusión es parte de la experiencia del sentimiento cósmico. Esta experiencia brinda una inmensa seguridad, un conocimiento de estar realmente a salvo, que a su vez libera mucha energía que se siente como verdadera dicha en cada parte de tu ser. Entonces sientes relajación y excitación, paz y placer como aspectos interconectados, en lugar de opuestos mutuamente excluyentes, como generalmente los vives. Esta unicidad contiene cada partícula de tu cuerpo, de tu alma y de tu espíritu.

No es necesario decir que, en este estado, ninguna preocupación o ansiedad puede existir. Ni tampoco el tironeo o impulso tenso interno que te maneja y te inquieta. La intranquilidad es una expresión de la urgencia interior de buscar el camino de la verdad hacia la plena realización, pero antes de que lo descubras, el impulso puede ser doloroso y puede hacerte buscar tempóralmente en la dirección equivocada, alejándote más de aquello que tu ser interior busca. El impulso puede ser muy sutil o fuertemente notorio. Este tiene su función, pero usa energía que más tarde estará disponible para el alegre saber-sentir, la presencia del Dios interior. La inmediatez de esta increíble y poderosa presencia al principio causa conmoción. El sentimiento plcentero causa conmoción. Por lo tanto, el ego debe crecer lo suficientemente fuerte y sano para tolerar las altas vibraciones cuando la presencia interior de Dios, emana hacia la persona exterior. Entonces esta presencia es vivida o percibida como tu realidad y estado eterno —tu verdadera identidad. En el momento en que te encuentres en este estado, sabrás de la manera más profunda, que siempre has sabido lo que ahora re-descubres, que siempre has sido lo que ahora sientes ser— que nada de esto es realmente nuevo. Sólo temporalmente, te habías desconectado de este estado de sentir y saber, de percibir y sentir la vida como realmente es. La experiencia se hace posible en el momento en que puedes tolerar la inmediatez de la presencia de tu semilla divina, su conciencia, su energía, su brillante realidad, su sabiduría que lo permea todo, su amor que todo lo incluye, su poder creativo que es tuyo para que lo uses cuando consideres adecuado.

▼ *Cuatro claves para* ▼
el sentimiento cósmico

Ahora hablaré de las cuatro claves o pre-requisitos para ser lo suficientemente fuertes para tolerar el poder que ustedes tienen, la sabiduría que está encerrada dentro de ustedes, y el amor que tienen escondido dentro y listo para fluir. Cada uno de ustedes, sin excepción —cada cosa viviente en el Universo— está permeado con este poder e inteligencia; todo lo que varía es el grado en que el poder y la inteligencia se pueden manifestar.

Las cuatro claves son aspectos del Pathwork. Pero también deben ser vistas en el contexto del sentimiento cósmico. Son:

1. Entender tu causa y efecto: Entender la causa y efecto en tu vida es esencial para la realización, para la realización de tu identidad divina. Es esencial para la buena salud, para estar centrado dentro de ti y razonablemente integrado, para funcionar significativamente y para tener experiencias satisfactorias. *En el momento en que puedes ver el nivel en ti en donde tus conceptos, intenciones, y actitudes crean las circunstancias de tu vida, tienes la llave (tu llave) para crear una vida diferente y más deseable.* Pero cuando estás desconectado del poder creativo dentro de ti, cuando creas de manera inconsciente, ignoras tu propio poder y te involucras en una reacción en cadena de error y distorsión. Entonces te encuentras en un estado en donde constantemente haces a los demás —personas, circunstancias y a la vida en general—

responsables de tu miseria. Esto trae más reacciones en cadena. Este estado interior —estés o no consciente de él— te hace culpar, acusar y sentirte victimizado. Y en cambio, te sientes justificado para odiar, estar resentido y vengarte.

La salvación puede llegar solamente cuando te das cuenta de tu hermoso derecho de nacimiento para crear. Así como creas de manera negativa, puedes crear de manera positiva. Así como creas voluntariosamente desde el pequeño ego, siguiendo los dictados de la vanidad, de la avaricia, la pereza y la deshonestidad, puedes crear y con ello permitir que Dios se exprese en ti y cree de manera honesta y bella.

Ustedes son afortunados porque el progreso de su trabajo con ustedes mismos ha llevado a muchos de ustedes a entrar en contacto con su nivel de creación negativa. Empiezan a ver más claramente qué actitudes específicas, qué expresiones, y qué intencionalidades han producido manifestaciones en su vida que rechazan y de las que se han quejado, mientras esperan pasivamente que suceda un milagro afuera —o se han dado por vencidos y se han ajustado a una estado innecesario de privación y frustración. Todavía, cada uno de ustedes tiene mucho trabajo por hacer en la búsqueda de la creación negativa de ustedes mismos. Aún existen muchas áreas de su vida que sólo notan vagamente y que no examinan cuidadosamente para este descubrimiento.

Cuando realmente puedas ponerte en contacto con tu nivel creativo, encontrarás gran alivio;

descubrirás que el mundo se te abre. Verás que si puedes crear inconsciente, inadvertida y erróneamente estos eventos tangibles y estados mentales, también puedes crear de manera consciente, deliberada e intencional las circunstancias y el estado mental que deseas.

Por ejemplo, si ahora te das cuenta de que no puedes tolerar la felicidad plena y el placer —si la corriente es muy fuerte e inquietante— puedes crear esta capacidad en ti declarando el deseo y la intención, estando dispuesto a soltar tu deshonestidad y tu intencionalidad negativa, y queriendo dar honestamente lo mejor de ti. ¿De qué otra manera puedes encontrar la interminable riqueza que está en ti? Al retener tu acción de dar que proviene de tu profundo interior, tu apertura y tu compromiso con la vida, aumentas tu sensación de pobreza interior, tu creencia de que estás vacío y de que no tienes nada que dar. Aquel que se siente vacío no da nada. Puedes sentirte rico y pleno solamente cuando deseas dar. En el momento en que lo haces, creas de manera positiva; gradualmente verás crecer tus creaciones. A veces puede tomar algunos años para que se manifiesten plenamente, a veces menos. Nunca se terminan. Las creaciones positivas pueden alargarse sin fin. Al ver realmente la causa y efecto de tu creación negativa y sus manifestaciones, te vuelves creador. Realizas tu divinidad.

2. Sentir todos tus sentimientos: Se requiere de algún crecimiento y de búsqueda antes de que la personalidad pueda aceptar todos los sentimientos y experiencias y pueda manejarlas de manera constructiva. He dicho mucho sobre cómo hacerlo, así que ahora trataré este tema solamente en lo que lo relaciona con el sentimiento cósmico.

Si la humanidad pasa a través de las profundidades de los sentimientos negativos y dolorosos, se debe a que los ha creado y puede crecer más allá de ellos solamente atravesándolos. Muchos de ustedes ya han comprobado por experiencia la verdad de que al aceptar plenamente y sentir su dolor, se vuelven inmensamente capaces de sostener el placer. Al aceptar humilde y honestamente su odio y al expresarlo de manera constructiva, esto es, asumiendo la responsabilidad por él, su capacidad para amar crece inmensamente. Al sentir la experiencia de su miedo, ustedes crecen sin miedo y con seguridad. Esto es así porque los sentimientos aparentemente opuestos, son una y la misma corriente de energía, que aparece en diferentes frecuencias y grados de condensación. La vibración cambia al descubrir la unicidad de los opuestos. Entre más evites un sentimiento, menos podrás experimentar su otro lado.

El sentimiento cósmico es de la más alta frecuencia de energía. Si cualquier otro sentimiento dentro del espectro humano común todavía no es aparentemente manejable, el sentimiento cósmico es demasiado fuerte para ser tolerado.

Siempre que te alejes de un sentimiento, éste permanece como una pared, continúa siendo tu enemigo, y tú debes permanecer asustado de tus propios sentimientos. Con esa dinámica creas el proceso de alienación doblemente eliminado, el cual es tan desconcertante y doloroso: Miedo de tu miedo; dolor de tu dolor; odio de tu odio. Tu escisión interior se ensancha hasta que empiezas a buscar tu camino de regreso.

No hay un sentimiento en la existencia, no importa cuál sea, que no pueda ser plenamente experimentado y manejado de una manera bella y constructiva. Si ventilas tus sentimientos más negativos —odio, crueldad, enojo, rabia y sus subproductos de envidia, celos, avaricia, deshonestidad y demás— su expresión limpia y honesta es bella. Es bella porque ya no engañas; te arriesgas a ser leal y te vuelves hermoso al exponer tu fealdad. Si tienes el valor y confías en el Universo para exponer una parte negativa de tu conciencia y si pides que te sea dada una guía interior para ayudarte en esta tarea, será tuya la experiencia de la poderosa energía contenida en los sentimientos antes escondidos. Esta energía es absolutamente esencial para crear tu vida, para expandir tu vida y tu conciencia, para sentir alegría y placer. El cansancio, la apatía, la falta de energía pueden ser explicados por muchos factores externos, pero en el último análisis, siempre son subproductos de huir del sentimiento y por consiguiente, de reprimir tu energía vital.

No existe dolor que al ser enfrentado de manera constructiva y sin ideas falsas ni proyecciones, no sea un túnel a través del cual avanzas rápidamente, liberando energía bella, amor y poder. No existe un odio tan feo o una intencionalidad negativa tan horrenda que al expresarlos honestamente —en lugar de actuarlos en contra de los demás— no den una energía poderosa y se sumen a la belleza de tu amor y de tu medio ambiente. Ningún odio, ningún dolor y ningún miedo son permanentes, pero el amor, el placer, la seguridad, la paz y la dicha son condiciones permanentes. El odio, el dolor, el miedo, son energía congelada, conciencia distorsionada. Cada vez que te resistas a entrar al dolor, al enojo, lo que te hace resistir es la deshonestidad —el deseo de verte diferente de como realmente eres. Cuando superas tu necesidad imaginada de pretender, cuando puedes ser lo que realmente eres, no existe un sentimiento que no sea una fuente de energía creativa. Ser honesto incluye retar tu suposición consciente o inconsciente de que si entras en el dolor, te perderás en él y morirás.

De la misma manera, solamente cuando puedes aceptar y sostener sentimientos comunes buenos, tu habilidad para sostener el sentimiento cósmico crece. Es importante entender este proceso evolutivo de la naturaleza del sentimiento; ello explicará por qué tan frecuentemente eres incapaz de sostenerte de los buenos sentimientos. Ves cómo te vuelves a contraer, después de haberte abierto y haber experimentado el placer, el amor y la bondad de la vida. Sabes que este principio existe, pero todavía no lo usas lo suficiente debido al indicador que es; apunta a los sentimientos negativos no reconocidos, no aceptados y no expresados. Y si ocasionalmente llega un destello del sentimiento cósmico y rápidamente se va, es una señal de que tu capacidad para amar no está tan desarrollada como puede estarlo y como lo estará. La experiencia humana más fuerte de amor solamente es una sombra tibia y suave del sentimiento cósmico que todo lo abarca.

3. Desarrollar la intencionalidad positiva: Debes desarrollar intencionalidad positiva, no sólo superficialmente, no sólo para cumplir con ciertas reglas, sino desde el corazón de tu ser real, en donde quieres la verdad y el amor por tu propio bien y no por lo que deseas obtener. La intencionalidad positiva debe existir en el nivel más profundo, en donde sigues descubriendo la deshonestidad y las intenciones negativas hacia la vida, las cuales son la verdadera causa de tu infelicidad. En el momento en que puedas arriesgarte a ver tus intenciones negativas y empezar a trabajar realmente con ellas en este profundo nivel, tu intencionalidad positiva se expresará fuertemente. Entonces habrá amor —amor por el Universo, amor por ti mismo, amor por los demás, amor por la creación. A tu amor le falta totalidad, en el grado en el que la intencionalidad negativa amarga tu psique. Y no puedes tener sentimientos cósmicos a menos que tengas amor.

Debe tomarse una y otra vez el compromiso de hacer un intercambio justo con la vida, día a día buscando, huecos ocultos más profundos, en donde aún pueda existir una intencionalidad negativa y entonces revertirla en un acto deliberado y creativo de expresar intencionalidad positiva.

¿Cómo se puede estimar en dónde existe una intencionalidad negativa escondida? Puedes hacerlo simplemente preguntando: "¿En dónde soy todavía infeliz? ¿En dónde estoy ansioso? ¿En dónde tengo problemas conmigo mismo, con mi vida, con los demás?" Sin importar cuán fácil pueda ser atribuir la causa a los demás, existe de cualquier manera, algo en ti que no ves. Tu propia infelicidad es tu indicador, y lo puedes usar todos los días. Nada puede ser más confiable. En tu revisión diaria cada noche, pregúntate: "¿mi vida es tan plena, tan alegre, tan rica y tan significativa como anhelo que sea?" Entonces tienes tu propia respuesta; y puedes explorar más preguntando: "¿De qué manera contribuí a esta situación?, ¿cómo la creo?"

Aún si tu vida es plena y feliz, y la ves hacerse cada vez más rica, todavía puedes preguntarte: "¿Cuales son las áreas en mi vida en donde aún me siento plano y en donde no siento la alegría que sé que existe?" Realmente es muy sencillo hacerlo, mis amigos, y una vez que se enfocan de esta manera, lo verán como un diagrama sencillo que pueden dibujar con la más simple pincelada. Realmente no es un misterio.

4. Desarrollar la capacidad para conectar con tu más profundo núcleo Divino interior: Los otros tres puntos son por supuesto pre-requisitos para éste. El cuarto punto no puede ser realmente usado exitosamente a menos que los otros tres hayan sido puestos en práctica. La cuarta clave es meditacional. Escuchar dentro de ti, estar calmado y receptivo, callar a la mente ocupada y ruidosa. Empieza con la premisa de que existe un núcleo profundo de saber, de sentir, de poder y de presencia dentro de ti. Enfócate en él suavemente, sin el sentimiento de "tengo que experimentarlo ahora mismo". Espera en calma. Aprende a estar internamente relajado. Mira tu propia prisa, tu impulso y tu aferramiento. Obsérvalo, hasta que lo puedas parar. Al principio puede haber un dolor, pero entonces ésta es una oportunidad de sentir el dolor sin resistencia. Aprende el gran arte de sintonizarte. Pide ayuda a tu ser Dios más profundo para lograrlo. Contempla la posibilidad de que existen facultades dentro de ti con las que aún no tienes experiencia.

Existe un oído interior con el cual finalmente escucharás; un ojo interior con el cual verás; un poder con el cual percibirás. Estas facultades todavía no están en uso, pero pueden ser despertadas. Al poner a descansar tus pensamientos y tus dudas, los cuales son un truco del ego, y al aumentar tu capacidad para ver más allá de los trucos del ego y estar atento a tus movimientos internos, pidiendo una y otra vez una guía interior, habrás despertado y desarrollado una nueva facultad interior. Esta puede aparecer en diferentes esferas para diferentes personas. Con una, el oído interior repentinamente se abrirá y escucharás a Dios en ti. Sabrás que no es imaginación —nada puede ser más real. Con otra, el ojo interior empezará a ver —quizás formas o imágenes simbólicas. Podría ver en un nivel interior, en donde ver es saber. Podría ver la luz de la verdad y del amor. Ese ver se volverá un entendimiento, ya que entender siempre debe seguir, para integrar la experiencia con la personalidad consciente del ego. Otra, puede descubrir una habilidad para expresar el saber interior en pensamientos: "Ella" piensa dentro de ti, te instruye, o quizás escribe a través de ti. Existen muchas diferentes maneras en las cuales el nuevo saber, el nuevo ver, el nuevo escuchar, el nuevo experimentar, vienen de la semilla divina interior.

Todos pueden ser ayudados con esta conferencia para entender en dónde están en el camino, sin importar si cada persona puede realmente poner todo en uso en este punto. Eso puede llegar solamente después.

Si realmente se entregan a la voluntad de Dios y a Su guía, sucederán cosas maravillosas. Permitan que sucedan. Enriquézcanse y que no los intimiden el riesgo y la resistencia momentánea. No se desconecten. ¡Sean bendecidos, mis queridos amigos!

19

Jesucristo y el valor

Con alegría les traigo bendiciones divinas, que pueden tocarlos a todos ustedes aquí de una manera muy vital. Ustedes necesitan elevar su conciencia hacia esta realidad. Necesitan eliminar las barreras que les impiden percibir la presencia y el amor de Dios en su vida.

La meta última de la realización de nuestro ser interno es establecer la verdad de Dios, de la vida eterna, del significado benigno de todo en cada grieta de la conciencia. Este proceso es la razón para que existan la encarnación y la purificación. ¿Qué creen que es la purificación? No es sólo volverse "bueno". El bien absoluto puede encontrarse solamente en los niveles más profundos de la verdad. La mayor verdad de la realidad de Dios y de la inmediatez los lleva al bien último que está más allá de toda pregunta y de toda duda.

Aunque han fortalecido su fe y su comprensión de que este mundo está inspirado por Dios, hasta ahora pocos han hecho contacto personal. Dios se hizo humano para estar siempre cerca de ustedes de una manera personal y amorosa. Para la mayoría de los creyentes, Dios es una experiencia menos personal, más vaga y general. Y ustedes saben que solamente pueden tener la experiencia de aquello que pueden concebir, en lo que pueden creer.

Si ustedes realmente anhelan, rezan y procuran hacer real el amor personal de Jesucristo hacia ustedes, las respuestas vendrán. Quizás no reconozcan como tales las primeras respuestas. Es posible que estas respuestas tengan algo que ver con las barreras específicas que los privan de vivir la experiencia de esta realidad. Dichas respuestas pueden darles, en su camino, material nuevo o viejo y ustedes necesitan trabajar en él para su purificación. ¡Estas son las respuestas! Una vez que las barreras empiezan a desmoronarse, ustedes comenzarán a tener la experiencia de lo que significa *sentir* el amor personal de Jesucristo hacia ustedes.

▼ *La entrega total a la voluntad de Dios* ▼

Necesitas la sabiduría para comprender que el estado de la conciencia más alto, más deseable y más unificado, la última de todas las plenitudes que incluye, abarca y trasciende todos los otros estados y logros deseables, no puede llegar de manera rápida, fácil y sin costo. Con esto me refiero a que todo tu foco, tu compromiso y tu devoción deben ser generados y activados con tu mente activa y con tu voluntad. Tu meta total en la vida debe ser encontrar la realidad del Dios viviente como experiencia inmediata. No como especulación teórica y un lujo de la creencia, sino como una realidad viviente en tu vida interior y exterior.

Al proceder en tu camino, la gloria que llegará a ti no puede expresarse en palabras. Sin embargo, esta plenitud total sólo puede llegar a ti al entregarte totalmente a la voluntad de Dios, sin ninguna reserva, en cada aspecto grande o pequeño de tu vida y de tu ser. Qué difícil es esto para la mayoría de ustedes. Te sigues resistiendo. Todavía tienes tus pequeños resquicios en donde continúas la resistencia y donde crees que tu voluntarismo sabe mejor que Dios lo que te hace feliz. Sin embargo, Jesucristo está aquí para darte vida eterna, seguridad y plenitud total, si sólo confiaras en Él y te entregáras a Él. Estarías sostenido con todos los jugos de la vida y de la alegría en un constante flujo de renovación.

No puedes eliminar tus miedos y tu desconfianza hacia los demás, a menos que constantemente renueves la práctica de la entrega total a lo más alto dentro de ti. Porque no puedes subsistir solo. Ninguna criatura puede hacerlo. Todos los seres creados permanecen unidos en una cadena de interdependencia física, emocional y espiritual. Cuando el peso de la dependencia es puesto en el lugar al que pertenece —en Dios, en el aspecto personalizado de Dios, quien personalmente está cerca de ti— entonces puedes crear un sano centro de gravedad, anclado profundamente dentro de tu alma, ya que ahí es donde Él se encuentra. Su presencia se funde con tu ser superior. Realmente se vuelven uno.

Por lo tanto, mis muy amados amigos, hagan ahora mismo el propósito de profundizar su deseo de un contacto personal con Cristo. Fortalezcan su compromiso con Él de brindarle toda su vida a Él con la confianza total que Él se merece. Sus miedos humanos no pueden ser mitigados de otra manera.

▼ *Salvación* ▼

Hablemos sobre la salvación. La interpretación tradicional de esta palabra deja mucho que desear. Se presta fácilmente a un malentendido, aunque los más iluminados de los religiosos sí perciben la verdad. Salvación significa, entre otras cosas, el perdón y la aceptación interminables de Cristo. Significa que siempre puedes encontrar tu camino hacia Dios, sin importar lo que has hecho, sin importar lo que tu ser inferior todavía desea hacer. La puerta siempre está abierta. Nunca quedarás afuera.

Todo lo que necesitas hacer es tocar. Pedir el sustento de la compasión[1] de Dios, el amor, el perdón y la ayuda personal en todas las maneras, y no recibirás una piedra. Pide conocerte a ti mismo, a tu amor, a tu nobleza de espíritu, a la belleza de tu ser real, a través de Su amor redentor por ti, y lo recibirás. Eso es la salvación. Todo eso —y más. El aspecto personalizado de Dios la ha traído. El Cristo encarnado ha hecho posible que todas las otras entidades encarnadas sean salvadas de su doloroso

---

[1] En el más amplio sentido amoroso. [N. del T.]

estado de falsedad —pecado— y la consecuente destructividad del ser y de los demás.

Hablemos ahora de tres aspectos interdependientes de la salvación que crean mucha confusión y contradicción en la humanidad. Me refiero específicamente a la salvación de tu alma personal. Existen otros aspectos de la salvación que van más allá de eso. Tienen que ver con la posibilidad de que cada entidad creada deje atrás el estado de conciencia que puede ser llamado infierno —o varias etapas inferiores a éste: estados de conciencia que reflejan error y por lo tanto, sufrimiento, la rueda de muerte y renacimiento, la cual lleva miedos consigo, debido a un rompimiento en la conciencia.

La demostración del amor supremo, el perdón y la compasión de Cristo —de aceptación que se debe a la profunda penetración de Su visión en nuestra naturaleza última— abrió las puertas que estaban antes cerradas. Estaban cerradas, no porque Dios haya castigado a la humanidad y por lo tanto, cerrado las puertas, sino porque los humanos estaban profundamente inmersos en la convicción de que no podían ser perdonados y que por lo tanto, estaban destinados a sufrir eternamente. Esto, a su vez, eliminó la iniciativa de los humanos para trabajar en cualquier proceso de purificación de su ser. En donde no hay esperanza, también falta la voluntad y la motivación. Con la vida y muerte de Jesucristo, una nueva modalidad fue creada dentro de la mente humana. Este nuevo modelo permitió que los seres humanos eligieran el camino que el Maestro enseñó. Él ha dicho que Él es el camino, que Él es la verdad, que Él es la vida. Intentar dejó de ser algo fútil. El perdón de cada transgresión ya existe, porque Dios reconoce en términos mucho más profundos, el porqué eres impulsado como lo eres, el porqué debes atravesar por tus pecados, para poderlos reconocer por lo que son, y para que una nueva motivación te impulse como espuela hacia el gran viaje en el que ahora estás embarcado.

El aspecto personal de la salvación parece contradictorio a la mente que está sumergida en el dualismo disyuntivo, de esto o aquello. Permítanme presentar estos tres aspectos paradójicos:

1. Únicamente tú mismo puedes efectuar tu salvación. Es tu responsabilidad.
2. No puedes hacerlo solo, necesitas la ayuda de otros que comparten el viaje contigo, y quienes a menudo ven lo que tú no ves.
3. Sin Dios, sin la ayuda personal del aspecto personal de Dios, la tarea es demasiado grande para que tú solo la lleves a cabo.

Estos tres aspectos podrían parecer contradictorios o confusos para quienes han trabajado durante un largo período con mis conferencias sobre el dualismo y el principio de unidad, pueden ver claramente que ninguno de estos aspectos son mutuamente excluyentes. No obstante, todavía algunos de ustedes pueden sentirse confundidos y preguntar: "¿Cómo es posible que si yo soy el único responsable para hacerlo, todavía necesite de otros, así como de Dios?" Aún para quienes no están particularmente confundidos en este concepto de salvación, podría ser de ayuda tener mayor claridad sobre el tema.

En efecto, es obviamente cierto que tu salvación es tu elección, tu intención, tu responsabilidad, tu voluntad, tu esfuerzo y por lo general, lo que parece ser tu sacrificio. Por lo menos, al principio parece un sacrificio renunciar a tiempo y energía para encargarte de tu propio trabajo. Por lo general, parece todavía mayor sacrificio deshacerte de un hábito que surge de tu ser inferior y te brinda gratificaciones propias de un ser inferior, para que los placeres superiores puedan echar raíces en ti. Nadie, ni el Creador, puede obligarte a hacer lo que no deseas y lo que no eliges hacer. Esto iría directamente en contra de toda ley espiritual cuyo autor, después de todo, es Él.

Sin embargo, por lo general, estás demasiado involucrado en tus percepciones erróneas de tu realidad y demasiado ciego en lo que concierne a tu papel en la interacción con los demás para ser capaz de corregir las percepciones distorsionadas. Necesitas el espejo de los demás. Necesitas aprender a estar abierto a ellos. Necesitas aprender a soltar tus pretensiones y por lo tanto tus defensas, en tu relación con ellos. Necesitas mostrarse a ti mismo como eres, con toda tu vulnerabilidad y con toda tu verdad interior. Esto es, en sí, una parte integral de tu viaje hacia tu realización. Necesitas aprender a recibir, aún cuando esto al principio te haga sentirte débil y vulnerable, ya que sólo entonces, podrás dar de ti mismo. Al trabajar con los demás, al estar abierto hacia ellos y con ellos, se cumple la ley de hermandad.

En cuanto al punto tres, ¿cómo puedes aprender a amarte sin por lo menos saber y finalmente experimentar, el amor de Dios por ti? ¿Cómo podrías activar el poder para cambiar los aspectos involuntarios que no responden directamente a tu voluntad exterior? La voluntad exterior y los aspectos externos que responden a ella necesitan ser activados agresivamente, mediante tu dedicación en este camino; mediante las numerosas decisiones diarias de encarar la verdad en situaciones difíciles o confusas; mediante tu elección de cumplir la ley de hermandad y de superar la resistencia inicial a mostrarte a ti mismo como eres. Pero luego llega un momento en el que tratas con emociones, respuestas, reacciones e incluso creencias, todas ellas involuntarias, que no responden, sin importar cuán sinceramente tu ser exterior desee cambiarlas. De esta manera, necesitas constantemente de los poderes superiores para que te ayuden a encontrar el camino hacia aquellos niveles profundos y llevar a cabo un cambio que tu mente sola no puede hacer.

Todo esto también te enseña la sabiduría para distinguir entre las veces en que el ser es el amo y aquellas en que necesitas desesperadamente al Gran Maestro, sin el cual nada podría lograrse.

La entrega de tu voluntad a la voluntad de Dios y la dedicación de tu vida, tus talentos y tus atributos al gran plan, no sólo te hace florecer en tu vida diaria, sino que son la llave para la unificación de tu escisión, en donde todavía estás desgarrado entre creer y no creer, entre confiar y temer, entre el odio y el amor, entre la ignorancia y la sabiduría, entre la separatividad y la unión, entre la muerte y la vida eterna.

▼ *Los espirituales son valientes* ▼

Uno de los atributos más importantes en esta lucha es el valor. El papel del valor es frecuentemente subestimado. De hecho, la mayoría de las personas asumen que las personas espirituales son débiles y sumisas, es decir, que no tienen valor, ya que el valor requiere de fuerza y energía. Frecuentemente la gente asume que los débiles son víctimas de los agresivos. Así que, en algún nivel irracional de tu percepción emocional, el valor frecuentemente es asociado con el mal, mientras que la persona débil y tímida es asociada con suavidad, gentileza, bondad. Nada puede estar más lejos de la verdad. La cobardía espiritual no sólo conduce a la traición de lo mejor, de Dios, sino al mal que es tan activo y potente como actuar de la manera más obvia y agresiva la malicia cruel, auto-complaciente y deshonesta. Es importante estar plenamente consciente de esto, liberarte de la ilusión de que tu debilidad, tu timidez, realmente no son tan dañinas, y quizás son hasta más espirituales que el espíritu luchador de aquellos que se arriesgan y que arriesgan sus ventajas personales con una bondad agresiva y una asertividad positiva.

¿Qué sucede cuando eres débil, cuando no te enfrentas al mal comportamiento, cuando te coludes con él y dejas de luchar por la verdad? Alientas al mal, sostienes la ilusión, en la persona que lo perpetra, de que no es tan malo, que está bien, que es un acto inteligente y que muchas personas lo apoyan. Esto perpetúa la ilusión de que al decir la verdad, defender la decencia, exponer al mal, estarás aislado, serás ridiculizado y rechazado. En otras palabras, promueves el engaño de que para poder ser aceptado uno necesita vender su integridad y su decencia.

Todo esto sucede constantemente en la interacción humana. Tal aliento del mal es fácil de alejar de la conciencia entera. Sin embargo, alrededor de la persona que se consiente con este tipo de comportamiento negativo, hay una nube de culpa, confusión y un clima emocional de rechazo de sí misma. No importa cuánto trates de convencerte de abandonar el odio a ti mismo y adoptar la estima con teorías, no tendrás éxito sino hasta que hayas obtenido el valor espiritual para estar dispuesto a sacrificar la aceptación de los demás —si de hecho crees que hay que pagar este precio.

Cuando alguien en tu presencia, habla mal de otra persona, por ejemplo, tu silencio no es bondad, gentileza y paz. Está lejos de serlo. En un sentido, es mucho más destructivo e insidiosamente negativo que el hablar mal de alguien activa y directamente. Los que hablan mal de alguien, exponen su mal y así tienen la oportunidad de ser invalidados y tener que enfrentar las consecuencias.

Los escuchas pasivos hacen trampa tratando de tenerlo de ambas maneras: obtienen tanta gratificación negativa como quien habla mal de otros activamente, sin tener que arriesgar ninguna consecuencia negativa, y hasta enorgulleciéndose de que realmente no participaron en el acto.

El mal activo por sí mismo, nunca habría llevado a la crucifixión de Jesús. Para ello fue necesaria la cooperación de los traidores, de los que estuvieron coludidos, de los silenciosos que temían por su pellejo y así, permitieron que el mal —aparentemente— ganara. Pero, por supuesto, el mal nunca puede realmente ganar.

Lo mismo es verdad para los asesinos en masa en los regímenes totalitarios, como en Alemania, antes y durante la última guerra. Los pocos trasgresores no podrían haber ido muy lejos si no hubieran sido ayudados por la colusión silenciosa de los muchos para quienes su propio pellejo era más importante que la verdad, que la decencia, la honestidad, la caridad, el amor, la empatía —en pocas palabras, de todo lo que Dios representa.

Esto lleva a una especulación interesante, mis amigos: el principio activo en distorsión, dañino y asesino como puede ser, nunca podría por sí mismo, causar los mismos estragos que el principio pasivo y receptivo en distorsión. Este es el porqué muchas enseñanzas espirituales dicen que la cualidad más inferior en toda la escala no es el odio, sino la inercia. La inercia, en el nivel de energía, es el congelamiento del flujo de la energía divina. En la inercia, la materia radiante del influjo divino se engruesa, se endurece, se obstruye y se apaga. En el nivel de la conciencia, la inercia significa exactamente lo que he estado diciendo. Incluye la culpa primaria y la secundaria. La culpa primaria es por cooperar con el mal, permitiéndolo, transmitiendo la aprobación del mismo, sin importar cuán sutil e indirectamente se haga. La culpa secundaria está en pretender y decir que uno no está participando en el mal, y hasta pretender ser bueno, mientras que su cobardía y su auto-complacencia, da un permiso silencioso al acto maligno. Este es el porqué Jesucristo, en su vida en la Tierra, siempre enfatizó que el hacedor del mal está más cerca de Dios que la persona que pretende ser buena.

El estancamiento y la inercia realmente son el mayor mal. Son de materia, resistiéndose al poder del espíritu, de lo eterno, que desea penetrar al vacío. La falsa receptividad es inercia enmascarada. Mientras más existe la falsa receptividad, es menos posible la receptividad real. La incapacidad para recibir amor, placer y plenitud, y la compulsión de sabotear la plenitud, vienen de no dar a Dios. Cuando das a Dios, necesitas ser activo, superar la inercia, moverte, hacer y actuar, arriesgar y a veces luchar en contra de tu propio mal y del mal de los demás. Sólo entonces te sentirás libre de la culpa y serás realmente receptivo a lo que el Universo quiere darte. La gracia de Dios está en todas partes alrededor y dentro de ti. Siempre esta ahí: te bañas en ella.

Dar a Dios significa dar al gran plan, a la voluntad de Dios, y dedicar tu vida a esto. Dar a Dios significa actividad, y en momentos hasta empujar la inercia que quiere impedirte estar activo. La actividad puede ser dirigida a muchas áreas, además de combatir la obvia resistencia a tu proceso de crecimiento. Dicho movimiento es necesario en los detalles más pequeños del diario vivir, cuando estás involucrado en el noble proceso de crear una nueva sociedad. Quizás tengas que manejar de manera activa temas aparentemente poco importantes y mundanos. Quizás tengas que confrontar activamente la resistencia a los cambios que son tan necesarios para el proceso de ser y de vivir de acuerdo con los principios de la ley divina. Así que, mis amigos, determinen la exacta naturaleza de su inercia y, más importante aún, determinen cómo la racionalizan para consentirse en ella.

Cuando todavía te sientes débil, confundido, rechazado por ti mismo, o insatisfecho en cualquier área, cuando estás dividido dentro de ti y fluctúas entre la sumisión y la rebeldía, sabes bastante bien que estás dividido. Todavía no eres autónomo. La única manera de establecer la autonomía verdadera es entregándote totalmente a la voluntad de Dios. Esto debe incluir la voluntad de ser temporalmente lastimado, rechazado, o de estar en desventaja. Esto debe incluir el valor para arriesgar algo o sacrificar una meta egoísta. También incluye la fe de que esto es realmente para tu mejor interés, aun desde un punto de vista muy humano.

Tu actitud principal en la vida debe ser la dedicación a la voluntad y al plan de Dios, cediendo todas las cosas y poniendo a Dios primero. Todas las demás cosas se vuelven, entonces, efectos naturales de esta actitud y serán satisfechas. Quizás ahora pones énfasis en tu profesión, en tu pareja, en tu satisfacción personal, en lugar de permitir que estas otras satisfacciones fluyan como subproductos naturales de tu dedicación a tu tarea para Dios, la tarea que estabas destinado a llevar a cabo como parte del gran ejército que combate junto con las fuerzas del bien. Medita sobre estos grandes temas que llenan tu Universo y que son de gran importancia en el plan de todas las cosas: la gran batalla entre las fuerzas del bien y las fuerzas del mal, comprometidas en la penetración gradual de la vida en el vacío. Cuando percibas este tema extenso y universal como la clave para otros temas, empezarás a poner las cosas más importantes primero y a ver tu mundo privado en su correcta perspectiva. Esto traerá un maravilloso nuevo equilibrio y armonía a tu vida y te llevará directamente a la fe, al conocimiento del Dios siempre viviente y de tu inmortalidad individual que por sí sola, puede acallar el profundo anhelo existencial.

Con esto los bendigo, mis más amados amigos. Permitan que esta bendición abra todo su ser, su corazón y su mente. Experimenten al Creador en el que viven todo el tiempo. Experimenten la máxima seguridad y alegría, la fuente ilimitada de las posibilidades creativas que esto conlleva. Denle a su vida una sola dirección para realizar completamente su potencial. Esto puede hacerse solamente con y a través de Dios.

Glosario

Revisión diaria
La revisión diaria es una práctica para desarrollar el conocimiento de uno mismo. Las conferencias sugieren que cada día anotemos momentos de sentimientos negativos e inarmónicos, tales como miedo, indignación, enojo, reacción exagerada, o de sentirnos victimizados. En el inconsciente, creemos que los eventos que causan estos sentimientos llegan a nosotros de manera espontánea. Sin embargo, al revisar nuestras notas después de varias semanas, nos sorprendemos al encontrar que son muy repetitivos. Esto indica claramente nuestra participación activa en estos eventos, incluso en provocarlos. Entonces vemos que no somos víctimas en el sentido en que habíamos pensado. ¡Quizás somos víctimas de nuestra propia inconciencia! Ver estos patrones nos llevará a buscar y encontrar la actitud emocional subyacente que está constantemente creando las mismas situaciones. Por lo tanto, la revisión diaria es extremadamente importante, ya que indica los elementos de las imágenes y nuestras concepciones erróneas firmemente sostenidas, para que podamos reconocerlas y desactivarlas.

También es útil escribir, en otra parte del cuaderno, mensajes del ser superior, o palabras inspiradoras que nos han llegado a tocar, para ayudarnos a evitar el error de identificarnos con las partes distorsionadas que crean inarmonía.

Facilitador
Un facilitador es un practicante del Pathwork, alguien profundamente involucrado en el trabajo de purificación de acuerdo con las enseñanzas del Pathwork; alguien que está capacitado para ayudar a otros en su desarrollo. Los facilitadores dan sesiones individuales, llevan grupos y enseñan el Pathwork. Los facilitadores continúan su propio crecimiento al seguir teniendo sesiones con otro facilitador del Pathwork. Los facilitadores necesitan pasar por un período de guía supervisada.

El ser superior, el ser inferior y la máscara
Al tratar de representar la naturaleza humana en su totalidad, podemos concebirla como una forma que contiene tres esferas concéntricas. La corteza exterior es lo que llamamos máscara. Es la parte de nuestra personalidad que deseamos que los otros vean, y la manera como nos gustaría creer que somos. La máscara también es una protección contra lo que no queremos que los demás vean y lo que no queremos ver dentro de nosotros. En el sentido en que queremos impresionar a los demás con ella, la máscara es un aspecto de lo que llamamos ego. Es una expresión controlada y manipulada de nosotros, creada con el fin de alcanzar algunas de nuestras metas ocultas que son en parte inconscientes.

Al crear la máscara, nosotros trabajamos —casi inconscientemente, por supuesto— como un escultor con un modelo. El modelo que tratamos de copiar al hacer nuestra máscara es la imagen idealizada del ser. Dicha imagen es una concepción de lo que queremos ser, no en el sentido de la satisfacción espiritual más profunda, sino en el sentido de llegar a cumplir las expectativas de los demás y tratar de escapar de nuestros propios miedos. Así, la imagen idealizada del ser contiene muchas concepciones dañinas de las cuales no somos conscientes. De cualquier manera, tiene un fuerte poder negativo y controla nuestra vida a través de la máscara.

Atrás de la máscara se encuentra una segunda capa que corresponde a un mundo oculto de egocentrismo que llamamos ser inferior. Esto es lo que realmente cubre la máscara porque no deseamos enfrentar o no deseamos que se manifiesten el miedo, el odio, la incapacidad de dar, la crueldad, las percepciones distorsionadas y los conceptos erróneos de nuestro ser inferior. Es en el ser inferior donde se asientan las imágenes y dan lugar a las reacciones negativas y a los patrones que crean los conflictos y la miseria en nuestra vida.

Todos tenemos un ser superior, el cual es el centro más profundo de nuestra naturaleza. Este ser superior es parte de la inteligencia superior y del amor universal que impregna toda vida. Es nuestra chispa divina. Este ser superior es libre, espontáneo, amoroso, generoso, sabio y capaz de un gozo y una dicha continuos. Lo que le da al hombre su verdadera felicidad, su creatividad y su placer real, es el breve contacto con el ser superior. Nosotros podemos estar en contacto con él estando en la verdad, dando desde nuestro corazón sin buscar una ganancia personal o una recompensa, cuidándonos y amándonos unos a los otros, y con la meditación y la oración.

Imágenes
Nacemos con una percepción clara y no distorsionada de la realidad. Debido a encarnaciones anteriores y a las numerosas circunstancias de la infancia en esta vida, vemos muchas situaciones de manera distorsionada. Cuando estas distorsiones crecen y constituyen una conclusión firmemente establecida sobre la vida, estamos hablando de una imagen. Una imagen se construye con concepciones erróneas, sentimientos distorsionados y con obstrucciones físicas. Por supuesto, la conclusión que surge de la percepción distorsionada es una conclusión errónea; por lo tanto, las imágenes son en realidad conclusiones erróneas sobre la naturaleza de la realidad, y están tan firmemente incrustadas en la psique de la persona que se convierten en señales que controlan su conducta dentro de las situaciones vitales. Una imagen de este tipo no puede examinarse racionalmente, pero frecuentemente es definida con racionalizaciones elaboradas.

Un ejemplo de una imagen formada durante el condicionamiento infantil puede ser considerar la expresión de las emociones, especialmente de sentimientos afectuosos, como un signo de debilidad que necesariamente provocará una herida. Aunque esta es una imagen personal, puede ser reforzada por la imagen masiva de la sociedad que considera, especialmente en el caso de los hombres, que la expresión física de los sentimientos afectuosos es una debilidad y algo poco masculino, ya que significa una pérdida de control. Un individuo con esta imagen, ante cualquier situación en donde podría abrirse emocionalmente, obedecerá a la señal de las imágenes en lugar de responder espontáneamente a la situación o a la persona, lo cual sería la respuesta positiva y afirmadora de la vida. Dicho individuo también actúa hacia los demás de tal manera que éstos responderán negativamente a él y confirmarán su creencia equivocada. De esta manera, el individuo se priva de placer y restringe el flujo de la fuerza vital, creando tensiones internas y alimentando más su imagen. El efecto de estas imágenes en el individuo es la creación de patrones negativos compulsivos y de reacciones que frenan el desarrollo de sus potencialidades.

La fuerza vital
La fuerza vital es la corriente de energía que fluye libremente, que se manifiesta en todo el Universo, en todos los seres, en todas las cosas y en todas las ideas. Nada existe sin ella. La fuerza vital tiene tres aspectos esenciales: movimiento, conciencia y experiencia.

Cuando no nos resistimos a la fuerza vital, la cual siempre está fluyendo a través de nosotros, podemos experimentar la dicha. Esto es posible cuando todo nuestro organismo está en armonía con la realidad en los niveles físicos, emocionales, mentales y espirituales. Esto significa soltar las concepciones erróneas y las defensas, que evitan la integración de la personalidad con la fuerza vital. Para que esto sea posible, debemos estar en movimiento, permitirnos crecer, obtener una conciencia más allá de la dualidad y experimentar profundamente todos los sentimientos sin resistencia.

Aun en nuestro estado presente de ser, podemos contactar la fuerza vital cuando clarificamos la confusión de los sentimientos, pensamientos y actitudes distorsionados. Cuando aceptemos la verdad del estado presente y estemos dispuestos a estar en el ahora, seremos inmediatamente empapados con la sabiduría y la alegría de la fuerza vital. Al continuar nuestro desarrollo, la fuerza vital es percibida no sólo en raras ocasiones, sino que se vuelve una parte de nuestra vida.

**Intencionalidad negativa
e intencionalidad positiva**
La intencionalidad negativa es esa parte del ser que está encerrada en la negación. No es lo mismo que la negatividad. La negatividad comprende un rango amplio de sentimientos como la envidia, el odio, el miedo, el orgullo. La intencionalidad negativa es una elección deliberada para mantenerse en un estado de negar a la vida y al ser. También es una manera de castigar a la vida. Se necesita valor y humildad para reconocer que existe una mancha de voluntad enfermiza dentro de nosotros. Existe un razonamiento torcido e inmaduro detrás de esta actitud y detrás de la resistencia a soltarlo. Si

los reconocemos, el camino está abierto para la transición a la intencionalidad positiva, y por lo tanto, a la liberación.

Para moverse hacia la actitud de intencionalidad positiva, es necesario cultivar una profunda seguridad interna de que la abundancia y el poder creativo del Universo trascienden cualquier limitación. Puedes crear una actitud positiva hacia la vida de acuerdo con un proceso de transformación leal e integrador que te hace totalmente responsable de ti mismo. Para que funcione, necesitas adoptar una actitud confiada hacia ti y hacia la vida. Anclado en tu buena voluntad, sabiendo que el poder es tuyo, puedes exponer tu intencionalidad negativa. De otra manera, es imposible transformarla. Al liberarte de tu intencionalidad negativa ya no eres destrozado por la de los demás. Te abrirás al amor, en la conciencia de que el Universo es un lugar rico y alegre en el cual estás como en casa.

El ser real
El ser real es nuestro ser superior, visto como nuestra verdadera identidad. Muchas veces, las verdades espirituales pueden ser expresadas sólo con paradojas: si lo definimos así, el ser real es nuestra actualidad y nuestra potencialidad. Nosotros ya somos nuestro ser real, bajo las capas de la confusión, el miedo y el error. Sin embargo, el ser real también es el ser potencialmente perfecto, el estado que obtenemos cuando estas capas han sido transformadas y eliminadas. Nuestro ser real vive

en unidad, y nunca ha abandonando ese estado divino. Lo llamamos *real*, en contraste con nuestros aspectos distorsionados, que son una ilusión.

Unidad y dualidad

Los seres humanos viven en dualidad. Por lo tanto, perciben todo a través de pares de opuestos: bueno o malo, luz u obscuridad, correcto o incorrecto, vivo o muerto. Esto es así, porque nuestra conciencia está escindida. Esta manera dualista de percibir nos oculta la más profunda realidad del Universo, la cual es la unidad fundamental. Toda alma anhela el estado unificado de conciencia —un estado de realidad absoluta, dicha, libertad y plenitud. Es posible alcanzarlo —o por lo menos tener destellos de este estado— porque nuestro ser real vive en este estado unificado aún cuando no estamos conscientes de él. Lo experimentamos cuando nos identificamos con nuestro ser superior; entonces es trascendida la dualidad. Una vez que el alma ha experimentado conscientemente este estado de ser, aunque sea por un segundo, siempre existe la posibilidad de desafiar al estado dualista escindido, recordando la verdadera naturaleza de uno y la unicidad de toda vida.

Círculo vicioso

Hablando psicológicamente, un círculo vicioso es un patrón de actitudes negativas, destructivas e ilusorias, que se intensifican unas a otras. Se origina en una imagen o concepción errónea que nos separa de la realidad de una situación; al progresar el circulo vicioso, nos alejamos cada vez más de poder corregir el error original. Toma, por ejemplo, a alguien que tiene la concepción errónea de que la única manera de defenderse para no ser lastimado por los demás, es hacer que le teman. Aún si inicialmente no provocó sentimientos hostiles, en su tarea de asustar a los demás, ciertamente provocará estos sentimientos. Esta hostilidad lo hará más amenazante y más tirano, y usará cualquier evidencia nueva para volver a confirmar su concepción errónea original. Finalmente, está destinado a tener alguna experiencia desagradable, la cual interpretará como el resultado de no haber sido lo "suficientemente fuerte". Así, permanece prisionero de su círculo vicioso y pasa por la misma experiencia una y otra vez.

▼▼▼▼▼▼▼▼▼▼▼▼▼▼▼▼▼▼▼▼▼▼▼▼

▼ *Nota textual* ▼

Cada capítulo en este libro es una versión editada de una o varias conferencias del Pathwork. Ya que los títulos de los capítulos no son siempre los mismos que los títulos originales de las conferencias, aquí damos una lista de los números de los capítulos y los números equivalentes de la conferencia.

El Capítulo 1 es una mezcla de la Conferencia #10 y la Conferencia #211
El Capítulo 2 es la Conferencia #3
El Capítulo 3 es la Conferencia #5
El Capítulo 4 es la Conferencia #52, más algunas hojas escritas por Eva Pierrakos
El Capítulo 5 es la Conferencia #105
El Capítulo 6 es la Conferencia #75
El Capítulo 7 es la Conferencia #144
El Capítulo 8 es la Conferencia #149
El Capítulo 9 es la Conferencia #145
El Capítulo 10 es la Conferencia #158
El Capítulo 11 es la Conferencia #217
El Capítulo 12 es la Conferencia #112
El Capítulo 13 es la Conferencia #220
El Capítulo 14 es la Conferencia #15
El Capítulo 15 es la Conferencia #197

El Capítulo 16 es la Conferencia #248
El Capítulo 17 es la Conferencia #208
El Capítulo 18 es la Conferencia #200
El Capítulo 19 es la primera mitad de la Conferencia #258 y la segunda mitad de la Conferencia #244

▼▼▼▼▼▼▼▼▼▼▼▼▼▼▼▼▼▼▼▼▼▼▼

▼ *Lista de conferencias* ▼
del Pathwork

Las siguientes conferencias están disponibles en los centros del Pathwork enlistados al final de esta sección.

1. El mar de la vida
2. Pruebas y decisiones
3. Escoger tu destino
4. El fastidio del mundo
5. La felicidad como eslabón en la cadena de la vida
6. El lugar del hombre en los universos material y espiritual
7. Pedir ayuda y ayudar a los demás
8. Contacto con el mundo espiritual de Dios —ser médium
9. El padrenuestro
10. Encarnaciones masculinas y femeninas —su ritmo y causas
11. Conócete a ti mismo
12. El orden y la diversidad de los mundos espirituales —el proceso de la reencarnación
13. Pensamiento positivo
14. El ser superior, el ser inferior y la máscara
15. La influencia entre los mundos espiritual y material
16. El alimento espiritual
17. El llamado
18. El libre albedrío
19. Jesucristo
20. Dios —la creación

21. La caída
22. La salvación
25. El camino
26. Encontrar nuestros errores
27. La escapatoria posible también en el camino
28. La comunicación con Dios
29. Actividad y pasividad
30. El voluntarismo, el orgullo y el miedo
31. Vergüenza
32. Tomar decisiones
33. Ocuparse del ser
34. Preparación para la reencarnación
35. Volverse hacia Dios
36. La plegaria
37. La aceptación —dignidad en la humildad
38. Imágenes
39. Descubrir las imágenes
40. Más sobre las imágenes
41. Imágenes —el mal que provocan
42. Objetividad y subjetividad
43. Tres principios básicos de personalidad: razón, voluntad y emoción
44. Las fuerzas del amor, el eros y la sexualidad
45. Deseos conscientes e inconscientes
46. La autoridad
47. La muralla
48. La fuerza vital
49. La culpa justificada e injustificada —obstáculos en el camino
50. El círculo vicioso
51. Opiniones independientes
52. La imagen de Dios
53. El amor a uno mismo
55. Tres principios cósmicos: el expansivo, el restrictivo y el estático
56. Motivaciones sanas y enfermizas del deseo
57. La imagen colectiva de la importancia personal

58. El deseo de la felicidad y de la infelicidad
60. El abismo ilusorio —la libertad y la responsabilidad personal
62. El hombre y la mujer
64. Voluntad exterior y voluntad interior
66. Vergüenza del ser superior
68. La supresión de las tendencias creativas —los procesos mentales
69. El legítimo deseo de ser amado
71. Realidad e ilusión
72. El miedo a amar
73. La compulsión a recrear y superar las heridas de la infancia
74. Confusiones
75. La gran transición en el desarrollo humano
77. Confianza en uno mismo —su verdadero origen
80. Cooperación —comunicación— unión
81. Conflictos en el mundo de la dualidad
82. La conquista de la dualidad simbolizada en la vida y muerte de Jesús
83. La imagen propia idealizada
84. El amor, el poder y la serenidad
85. Preservación de uno mismo y procreación
86. Los instintos de preservación de uno mismo y procreación en conflicto
88. Religión falsa y verdadera
89. El crecimiento emocional y sus funciones
90. Moralizar —las necesidades
92. Abandonar las necesidades ciegas
93. La imagen principal —necesidades y defensas
94. Los conceptos escindidos crean confusión —neurosis y pecado
95. Autoalienación —el camino de regreso al ser real
96. La pereza, un síntoma de alienación de uno mismo
97. El perfeccionismo obstruye la felicidad —manipulación de las emociones
98. Ensoñaciones fantasiosas

99. Impresiones falsificadas sobre los padres, sus causas y su curación
100. Enfrentar el dolor de los patrones destructivos
101. La defensa
102. Los siete pecados capitales
103. El daño de dar demasiado amor —voluntad constructiva y destructiva
104. El intelecto y la voluntad como herramientas que obstaculizan la realización personal
105. La relación del hombre con Dios en varias etapas de su desarrollo
106. La tristeza contra la depresión —las relaciones
107. Tres aspectos que impiden al hombre amar
108. Culpabilidad básica por no amar —las obligaciones
109. La salud espiritual y emocional a través de la restitución de la culpa real
110. Esperanza y fe
111. La sustancia del alma —enfrentar las exigencias
112. La relación del hombre con el tiempo
113. Identificación con el ser
114. La lucha sana y la enfermiza
115. Percepción, determinación y amor como aspectos de la conciencia
116. La conciencia sobreimpuesta
117. La vergüenza y los problemas no resueltos
118. La dualidad a través de la ilusión —la transferencia
119. El movimiento, la conciencia, la experiencia: el placer, la esencia de la vida
120. El individuo y la humanidad
121. El desplazamiento, la sustitución y la sobreimposición
122. La satisfacción personal a través de la realización como hombre o como mujer
123. Superar el miedo a lo desconocido
124. El lenguaje del inconsciente
125. Transición de la corriente del no a la corriente del sí
126. Contacto con la fuerza vital

127. Los cuatro niveles de la evolución: reflejo, conciencia, comprensión y conocimiento
128. Las defensas que pone el hombre con base en las alternativas ilusorias
129. Ganador contra perdedor
130. Abundancia contra aceptación
131. Expresión e impresión
132. La función del ego en relación con el ser real
133. El amor como un movimiento espontáneo del alma
134. El concepto del mal
135. La movilidad en el relajamiento —el apego de la fuerza vital a las situaciones negativas
136. El miedo ilusorio del ser
137. Control interno y externo —el amor y la libertad
138. El predicamento humano del deseo y el miedo a la cercanía
139. Adormecimiento del centro vital a partir de la interpretación equívoca de la realidad
140. El apego al placer negativo como origen del dolor
141. Retorno al nivel original de perfección
142. Anhelo y miedo a la felicidad
143. Unidad y dualidad
144. El proceso y el significado del crecimiento
145. Responder al llamado de la vida
146. El concepto positivo de la vida —amor sin temor
147. La naturaleza de la vida y la naturaleza del hombre
148. Positividad y negatividad —una sola corriente de energía
149. El impulso cósmico hacia la evolución
150. El amor a uno mismo como condición del estado universal de la dicha
151. La intensidad, un obstáculo a la realización personal
152. Conexión entre el ego y la conciencia universal
153. La naturaleza auto-reguladora de los procesos involuntarios
154. La pulsación de la conciencia
155. El miedo del ser real: dar y recibir

157. Las posibilidades infinitas de la experiencia obstaculizadas por la dependencia emocional
158. El ego: cooperación con, u obstrucción del ser real
159. Manifestación de la vida como ilusión dualista
160. Conciliación de la escisión interior
161. La negatividad inconsciente obstruye el abandono del ego a los procesos involuntarios
162. Tres niveles de realidad para la guía interna
163. Actividad y receptividad mental
164. Aspectos posteriores de la polaridad —el egoísmo
165. Fases evolutivas entre los reinos del sentimiento, la razón y la voluntad
166. Percibir, reaccionar y expresar
167. El centro vital congelado vuelve a la vida
168. Dos formas básicas de vida, hacia el centro y hacia afuera del centro
169. Los principios masculino y femenino en el proceso creativo
170. Miedo a la dicha contra anhelo de la misma
171. La ley de la responsabilidad personal
172. Los centros de la energía vital
173. Prácticas para abrir los centros de energía
174. Autoestima
175. Conciencia
176. Superar la negatividad
177. El placer, la pulsación total de la vida
178. El principio universal de la dinámica del crecimiento
179. Reacciones en cadena dentro de la dinámica de la vida
180. El significado espiritual de las relaciones humanas
181. El significado de la lucha humana
182. El proceso de la meditación
183. El significado espiritual de la crisis
184. El significado del mal y su trascendencia
185. Reciprocidad, una ley y principio cósmicos
186. Aventura en la reciprocidad: la fuerza curativa para cambiar la voluntad interior negativa
187. Alternancia de los estados de expansión y contracción

188. Afectar y ser afectado
189. La identificación del ser determinada por los niveles de conciencia
190. Experimentar todos los sentimientos, incluyendo el miedo
191. Experiencia interior y exterior
192. Necesidades reales y falsas, y su relación con los estados de conciencia
193. Resumen de los principios básicos del Pathwork
194. La meditación: sus leyes y varios acercamientos: un resumen
195. La identificación con el ser espiritual para superar la intencionalidad negativa
196. El compromiso: causa y efecto
197. La energía y la conciencia distorsionadas: el mal
198. Transición hacia la intencionalidad positiva
199. El significado del ego y su trascendencia
200. El sentimiento cósmico
201. Desmagnetizar los campos de fuerza negativos
202. Interacción psíquica de la negatividad
203. Interpretación de la chispa divina en las regiones exteriores
204. ¿Qué es el Pathwork?
205. El orden como principio universal
206. El deseo: creativo o destructivo
207. El simbolismo espiritual y el significado de la sexualidad
208. La capacidad innata de crear
209. La conferencia Roscoe: inspiración para el Centro Pathwork
210. Proceso de visualización para el crecimiento hacia el estado de unión
211. Los eventos exteriores reflejan la creación del ser —tres niveles
212. Afirmar la capacidad total para la grandeza
213. El significado espiritual y práctico de "soltar y dejarlo en manos de Dios"
214. Puntos psíquicos nucleares

215. El punto del ahora
216. Relación del proceso de encarnación con la tarea de la vida
217. El fenómeno de la conciencia
218. El proceso de la evolución
219. El mensaje de Navidad —mensaje para los niños
220. Despertar de la anestesia al escuchar la voz interior
221. La fe y la duda en la verdad y en la distorsión
222. Transformación del ser inferior
223. La nueva era y la nueva conciencia
224. El vacío creativo
225. Conciencia individual y de grupo
226. Perdonarse a uno mismo sin perdonar al ser interior
227. Cambio de las leyes exteriores a las interiores en la nueva era
228. El equilibrio
229. La mujer y el hombre en la nueva era
230. El cambio: reencarnación en el mismo lapso de vida
231. La educación en la nueva era
232. Valores del ser contra valores de la apariencia
233. El poder de la palabra
234. La perfección, la inmortalidad y la omnipotencia
235. La anatomía de la contracción
236. La superstición del pesimismo
237. El liderazgo —el arte de trascender la frustración
238. El pulso de la vida en todos los niveles de manifestación
239. Conferencias de Navidad de 1975 y un mensaje de bodas
240. Aspectos de la anatomía del amor: amarse a uno mismo, estructura y libertad
241. Dinámica del movimiento y la resistencia a su naturaleza
242. El significado espiritual de los sistemas políticos
243. El gran miedo existencial en medio del anhelo
244. "Estar en el mundo y no ser del mundo" —el mal de la inercia
245. Causa y efecto
246. La tradición: aspectos divinos y distorsionados
247. Las imágenes colectivas del judaísmo y del cristianismo

248. Tres principios del mal
249. El dolor de la injusticia
250. Exponer el déficit —fe en la gracia divina
251. El matrimonio en la nueva era
252. Privacía y secreto
253. Continúa con tu lucha y deja de luchar
254. La entrega
255. El proceso del nacimiento —el pulso cósmico
256. El espacio interior, el vacío focalizado
257. Aspectos del influjo divino: comunicación, conciencia grupal, exposición
258. Contacto personal con Jesucristo

▼▼▼▼▼▼▼▼▼▼▼▼▼▼▼▼▼▼▼▼▼

▼ *Lista de centros del* ▼
Pathwork mundial

Estas conferencias pueden ser obtenidas poniéndose en contacto con los centros cuya lista aparece a continuación.

Para mayor información sobre el método Pathwork: Existen varios centros del Pathwork y todo un sistema de grupos de estudio que trabajan con las conferencias del Guía en América y Europa. Nos complacerá tener la oportunidad de ayudarle a entrar en contacto con otras personas interesadas en explorar este material a profundidad. Para solicitar alguna conferencia o libro del Pathwork, o para obtener más información escriba o llame a cualquiera de los siguientes centros regionales:

En EUA:

CALIFORNIA, E.U.A.
Pathwork of California
1355 Stratford Court #16
Del Mar, California 92014
Tel.: (619) 793-1246
Fax: (619) 259-5224
Correo electrónico:
CAPathwork@aol.com

REGIÓN CENTRAL
DE ESTADOS UNIDOS
Pathwork of Iowa
24 Highland Drive
Iowa City, Iowa 52246
Tel.: (319) 338-9878

REGIÓN DE LOS GRANDES
LAGOS
Great Lakes Pathwork
1117 Fernwood
Royal Oak, Michigan
48067
Tel. y fax: (248) 585-3984

REGIÓN DEL ALTÁNTICO
MEDIO
Sevenoaks Pathwork Center
Route 1, Box 86
Madison Virginia 22727
Tel.: (540) 948-6544
Fax: (504) 948-3956
Correo electrónico:
SevenoaksP@aol.com

NUEVA YORK, NUEVA JERSEY,
NUEVA INGLATERRA
Phoenicia Pathwork Center
Box 66
Phoenicia, Nueva York
12464
Tel.: (800) 201-0036
Fax: (914) 688-2007
Correo electrónico:
PATTHWORKNY.ORG

NOROESTE
Northwest Pathwork
811 NW 20th, Suite 103-C
Portland, Oregon 97209
Tel.: (503) 223-0018

FILADELFIA
Philadelphia Pathwork
901 Bellevue Avenue
Hulmeville, Pennsylvania
19407
Tel.: (215) 752-9894
Correo electrónico:
dtilove@itw.com

SURESTE
Pathwork of Georgia
120 Blue Pond Court
Canton, Georgia 30115
Tel. y fax: (770) 889-8790

SUROESTE
**Path to the Real Self/
Pathwork**
Box 3753
Santa Fe, New Mexico 87501
Tel.: (505) 455-2533

También puede llamar al
tel.: (800) PATHWORK
(728-4967).
Visite la red del Pathwork en:
http://www.pathwork.org

ARGENTINA
Pathwork
Castex 3345, Piso 12, Cap.
Fed.
Buenos Aires, Argentina
00541
Tel. y fax: 54-1-801-7024

LISTA DE CENTROS DEL PATHWORK MUNDIAL ▲ 337

BRASIL NORESTE
Conselho do Pathwork
Rua Waldemar Falcao,
377-Brotas
40295-001
Salvador - BA - Brasil
Tel.: 71-334-7151
Fax: 71-334-2729

BRASIL SURESTE
Grupos do Pathwork
Rua Roquete Pinto, 401
CEP 05515010
Sao Paulo, SP, Brasil
Tel.: 11-814-4678
Fax: 11-211-4073

CANADÁ
Ontario/Quebec Pathwork
P.O. Box 164
Pakenham, Ontario
KOA-2X0
Tel.: (613) 624-5474

ALEMANIA
Pfadgruppe Kiel
Ludemannstrasse 51
24114, Kiel, Alemania
Tel.: 0431-66-58-07

ITALIA
Il Sentiero
Via Campodivivo, 43
04020 Spigno Saturnia (LT)
Tel:.39-771-64463
Fax 39-771-64693
Correo electrónico:
crisalide@fabernet.com
Red:
http://www.saephir.it/crisalide

LUXEMBURGO
Pathwork Luxembourg
L8274 Brilwee 2
Kehlen, Luxemburgo
Tel.: 352-307328

MÉXICO
Pathwork México
Pino #101,
Col. Rancho Cortés
Cuernavaca, Mor. 62120
Tel.: 73-131395
Fax: 73-113592
Correo electrónico:
andresle@infosel.net.mx

HOLANDA
Padwerk
Amerikalaan 192
3526 BE Utrecht
The Netherlands
Tel. y fax: 035-6935222
Correo electrónico:
Trudi.groos@pi.net

URUGUAY
Uruguay Pathwork
Mones Roses 6162
Montevideo 11500, Uruguay
Tel.: 598-2-618612
Fax: 598-2-920674
Correo electrónico:
LGF@adinet.com.uy

▼▼▼▼▼▼▼▼▼▼▼▼▼▼▼▼▼▼▼▼▼▼▼▼▼▼

Eva Pierrakos nació en Austria y vivió en Suiza antes de llegar a Estados Unidos en 1939. En este tiempo se asumió como canal para el guía espiritual altamente desarrollado, quien dio la serie de conferencias con las cuales este libro fue conformado. En un período de veinte años, Eva atrajo a un número creciente de maestros, sanadores y terapeutas, que se sintieron atraídos a este camino de transformación personal. Trabajando con su esposo, el psiquiatra John C. Pierrakos, fundador de Core Energetics, Eva desarrolló un sistema completo de transformación personal. Eva murió en 1979, dejando el rico legado de doscientas cincuenta y ocho conferencias del Pathwork, dejó en florecimiento muchos centros del Pathwork, así como a miles de estudiantes de las enseñanzas alrededor del mundo entero.

Donovan Thesenga era terapeuta bio-energético cuando en 1973 encontró el Pathwork, y pronto fue miembro del grupo de liderazgo cercano a Eva Pierrakos. En 1976 donó una propiedad al Pathwork cerca de Madison, Virginia, que pasó a ser el segundo centro de Pathwork en Estados Unidos. Después de la muerte de Eva en 1979, Thesenga se ha dedicado a la edición y publicación de las conferencias del Pathwork, para que éstas puedan llegar a una mayor audiencia. Ahora es supervisor de la edición de la serie de libros del Pathwork. Su esposa, Susan Thesenga, es la autora de Vivir sin máscaras (*The Undefended Self*). Donovan y Susan siguen enseñando el Pathwork en Sevenoaks y alrededor del mundo.

▼ *Otros títulos del método* ▼
Pathwork

No temas el mal
Método Pathwork para transformar el ser inferior
Por Eva Pierrakos
Editado por Donovan Thesenga

No temas el mal ofrece un método práctico de una observación compasiva y transformadora de nuestro lado oscuro.

"***No temas el mal*** nos puede ayudar a enfrentar nuestras experiencias de vida negativas con una nueva luz de entendimiento que transformará nuestro dolor en alegría y placer."

BARBARA BRENNAN

Otros títulos del método Pathwork ▲ 341

Del miedo al amor
El Método Pathwork para transformar la relación de pareja

Por Eva Pierrakos
Editado por Judith Saly

Del miedo al amor nos reta a llevar valientemente la más grande aventura de la vida, el viaje hacia amar sin miedo y la realización con un espíritu hermano.

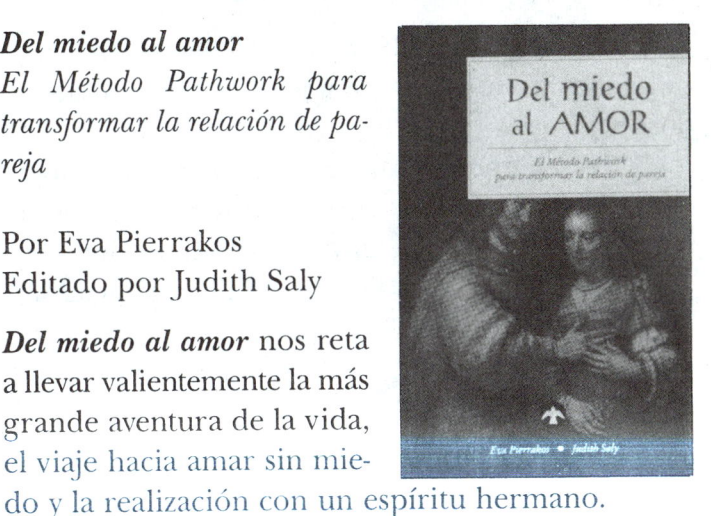

Del miedo al amor nos da un conocimiento profundo en el significado de nuestras dificultades inevitables en las relaciones y nos guía para resolverlas y lograr una pareja vibrante. Responde de manera compasiva a preguntas prácticas sobre la sexualidad y la espiritualidad, sobre el divorcio, la intimidad, la mutualidad y cómo mantener viva la pasión.

Vivir sin máscaras
Método Pathwork para enfrentar los patrones destructivos que limitan tu realización personal
Por Susan Thesenga

Vivir sin máscaras señala el proceso del Pathwork de transformación personal e incluye historias verdaderas de personas que cambian sus problemas en oportunidades para un movimiento y un crecimiento positivos.

"Recomiendo altamente *Vivir sin máscaras* para aquellas personas que están seriamente están interesadas en los niveles más profundos del ser y de su transformación. **Este es un libro obligado.**"

BARBARA BRENNAN

Esta obra se terminó de imprimir
en marzo del 2005, en los Talleres de

IREMA, S.A. DE C.V.
Oculistas No. 43, Col. Sifón
09400, Iztapalapa, D.F.